集人文社科之思　刊专业学术之声

集 刊 名：南开日本研究

主办单位：南开大学日本研究院

　　　　　教育部国别和区域研究基地南开大学日本研究中心

■ 南开日本研究

编辑委员会（按姓氏拼音排序）

委　　员：毕世鸿　陈秀武　程永明　崔世广　高　洪　关　权

　　　　　胡令远　江　静　李玉潭　李　卓　刘江永　刘晓峰

　　　　　刘　轩　刘岳兵　莽景石　庞德良　平力群　〔日〕平野隆

　　　　　乔林生　〔日〕山口辉臣　宋志勇　谭建川　陶德民

　　　　　王新生　王　勇　徐万胜　杨栋梁　尹晓亮　张建立

　　　　　赵德宇　〔日〕真边将之　张玉来

主　　编：刘岳兵

执行主编：乔林生

编 辑 部：程　蕴　丁诺舟　郭循春　王玉玲　张　东　郑　蔚

■ 2023年第1辑（总第28辑）

集刊序列号：PIJ-2022-465

中国集刊网：www.jikan.com.cn

集刊投约稿平台：www.iedol.cn

南开大学日本研究院

教育部国别和区域研究基地南开大学日本研究中心

主 办

南开日本研究

2023 年第 1 辑（总第 28 辑）

刘岳兵　主编

社会科学文献出版社

SOCIAL SCIENCES ACADEMIC PRESS (CHINA)

南开日本研究
NANKAI JAPAN STUDIES

2023 年第 1 辑
（总第 28 辑）

目　录

纪念南开大学日本研究院成立 20 周年

［编者按］

为纪念南开大学日本研究院成立20周年，我们特组织此专栏，以飨读者。第一，回顾了南开大学日本研究院的成立基础。南开日本研究从1964年历史系日本史研究室，到成立虚体日本研究中心（1988年）、实体日本研究中心（2000年），再到实体日本研究院（2003年），完成了"三级跳"的过程。第二，介绍了南开大学日本研究院20年的发展历程。南开大学日本研究院作为全国高校中唯一的院级实体"日本研究院"，由历史学（世界历史）、经济学（世界经济）和政治学（国际政治、国际关系、中外政治制度）三个学科组成，20年间全部实现了三个方向的硕士生和博士生招生培养。2012年本院经教育部批准设立教育部国别和区域研究基地"南开大学日本研究中心"，2016年成立中日农业发展研究中心，2022年成立日本古代史研究中心。第三，总结了南开大学日本研究院的研究特色。日本研究院的研究有深厚的学术基础、严谨扎实的科研学风、团体合作的传统精神、综合发展的学科优势。经历了四代人的学术积累和奋斗，日本研究院在人才培养、学术研究、社会服务和国际交流方面取得了令人瞩目的业绩。

南开日本研究院的成长与吴廷璆先生、俞辛焞教授的贡献

宋成有

　　时光匆匆，南开大学日本研究院已经走过不平凡的 20 个年头，可喜可贺。追根溯源，1949 年吴廷璆先生调任为南开大学历史系教授、系主任，与 1964 年吴先生支持成立历史系日本史研究室、俞辛焞教授出任主任，是日本研究院发展史上两个关键之年。1988 年日本研究中心成立，俞教授出任主任，继任的王家骅教授、杨栋梁教授继续推进中心的发展。在杨教授任主任期间的 2000 年，日本研究中心实体化为系所级单位，教学科研楼再添风采，为研究院的发展铺平道路。2003 年，水到渠成，南开日本研究院正式建立，成为中国日本史教学科研的一大学术重镇。

　　研究院建立后，杨栋梁、李卓、宋志勇教授等先后担任院长，不断将研究院推向新的发展阶段。现任院长刘岳兵教授继续努力开拓前进。日本研究中心成立后，笔者与南开日本史研究同人的学术交往越来越多。其间，评阅博士生的学位论文并参加答辩，或担任答辩委员会主席，参加研究院主办的国际学术研讨会、系列研究丛书发布会、课题设计研讨会等，内容丰富多彩。坦率地说，除了在北京大学历史系教学科研之外，笔者参加各种学术活动、得到研究资料最多，切磋学艺、热络友情，心之所系者，唯南开大学日本研究院而已。2022 年 4 月，笔者荣聘为日本研究院的客座教授、日本古代史研究中心的学术顾问。撰写此文，也就成了完成岳兵院长布置的第一个任务。动笔之际，惊悉俞辛焞教授病逝的噩耗，甚感痛惜，往事历历在目，百感交集。在这篇短文中，笔者主要纪念新中国成

立后南开日本史研究的开创者吴廷璆先生和日本研究院的奠基人俞辛焞教授，以表缅怀与纪念。

在很长一段时间里，明治维新性质问题是北京大学亚非拉近代史课堂讨论的老话题。1965 年秋天，在准备课堂讨论发言过程中，笔者拜读了吴先生的大作《明治维新和维新政权》（《南开大学学报》1964 年 7 月号），对作者的理论素养、论证的逻辑性与说服力印象深刻。当时中国日本史学界对明治维新性质的认识，主要有周一良先生的"不彻底的资产阶级革命说"与吴先生革命加改革的"非无产阶级（资产阶级）性质的革命运动说"两种说法。研读吴先生的文章，笔者开阔了视野，颇感欢愉，也因此记住了南开的吴先生。

1982 年中国日本史学会在庐山举行学术讨论会，笔者见到仰慕已久的吴廷璆先生。那时候，吴先生虽然年逾七十，但步履矫健，讲起话来思路敏捷，底气很足。主持会议时，循真理面前人人平等的精神，营造出随和轻松而不失学术研讨激活思维的氛围。会场上，来自全国的学者竞相脱稿发言，既无时间限定，也不设评论人。围绕某个争论问题，发言者各抒己见，甚至拍拍桌子以壮气势，但彼此并不因此而心存芥蒂，风气良好。会议在争鸣中进行，与会者的学术收获往往超出预想。庐山之会，与会者不仅饱览了天下秀庐的绝美景色，在熊达云同学带领下走了走毛泽东主席当年走过的路，更从会上发言和会后的思索与品味中，收获了学术思考的喜悦。吴先生待人接物平易近人，其大家风范给人留下深刻印象。也是在这次会议上，笔者得知吴先生是北京大学历史系 1929 级的本科生，又增添了一份系友的亲近感。

三十多前的 1990 年，笔者应邀到南开大学参加学术讨论会。对会议前半段的研讨主题记忆已有点模糊，但会议的后半段庆祝吴廷璆先生八十华诞的场面，笔者记忆犹新。端坐在会场中心位置的吴先生精神矍铄，神态谦和，笑容可掬。吴先生弟子辈的俞辛焞、王家骅、武安隆、米庆余、王振锁教授等南开日本史研究的"五大天王"，以及杨栋梁、李卓、赵德宇、宋志勇、熊沛彪等后起之秀和许多日本史的研究生们，如群星捧月，坐满了会议室。此时，南开日本史的研究梯队，已是老中青相结合，配置合理，整体实力强，在全国高校中首屈一指。

那一天，天津地区和全国其他地区兄弟院校及社会科学院的同人齐聚一堂，高朋满座，纷纷致辞祝贺。笔者在发言时，首先祝贺吴老先生八十华诞，衷心祝福先生健康长寿，也颇为南开日本研究"徒子徒孙济济一堂"而感到振奋和感慨。"徒子徒孙"一语，是对当时在座的南开日本史教学科研梯队阵容整齐的赞叹，并无失敬或调侃之意，会场上飘过一阵会意的笑声，大家都听得明白。祝贺吴老先生八十寿辰的场面之所以难忘，是因为笔者素来钦佩吴先生的学问与人品。

南开日本史研究梯队一派兴旺景象，有赖于吴先生坐镇帅帐。众所周知，新中国成立后，以周一良、吴廷璆、邹有恒三位老先生为代表的第一代学者，为新中国日本史教学科研的奠基人，学术建树各有千秋。1952 年周一良先生在北大历史系开设"亚洲古代史"课程，从原始社会至江户时代的日本古代史为其中的重头戏。1956 年，周先生在《日本"明治维新"前后的农民运动》中，采用唯物史观和矛盾论的研究方法，提出明治维新性质为"不彻底的资产阶级革命"。1958 年，周先生出版《亚洲古代各国史》；1961 年，与吴于廑着手主编《世界通史》4 卷，撰写日本古代史、近代史部分。

1955 年，吴廷璆先生在《南开大学学报》创刊号上发表论文《大化改新前后日本的社会性质问题》，首次运用社会经济形态论和阶级分析方法，提出"大化改新封建说"。1961 年，吴先生发表论文《建立世界史的新体系》，强调打破"欧洲中心说的世界史体系"，对周编《世界通史》予以支持。1964 年，吴先生发表论文《明治维新与维新政权》，认为在封建危机和民族危机双重压力下开展的明治维新运动，由于没有新兴资产阶级的领导，建立的明治政权是一个地主资产阶级政权，故明治维新是"一场不彻底的资产阶级革命"。吴先生主编的《日本史》（1994）、《日本近代化研究》（1997）等著作，提出了中国学者的观点，严谨求实，影响深远。

1951 年，邹有恒先生任东北师范大学历史系世界史教研室主任，1955年创立国内第一家日本史专门研究机构——日本史研究室，建成藏书 10 余万册的日文资料室，1978 年出任日本研究所所长，是东北师大日本史研究的奠基人。在探讨邪马台国位置、《田中奏折》真伪、战后日本经济高速发展中经济学家的作用等方面的论文中新论迭出。邹先生是东北地区日本史研究的领军人物，著名学者伊文成、杨孝臣、张声振、任鸿章、郎维成教授等均曾受教于邹先生。1984 年以来，邹先生多次倡导建立有中国特色的日本史研究体系，影响深远。

三位老先生的青年时代正值国家危难之际，他们以不同方式报效国家。获得京都帝国大学博士学位的吴先生投笔从戎，在硝烟弥漫的抗日前线和大后方开展抗敌工作；周先生在美国哈佛大学攻读博士学位，兼职教授在一线作战的美国军官日语；邹先生留学东京帝国大学期间，拒绝源自庚子赔款的奖学金，学成归来后宁肯做店员、会计，也绝不在伪满任职。三位老先生爱国主义意识根深蒂固，家国情怀超越个人荣辱。因为国学根底牢靠，天然形成文化的自信与自尊。治学则重对等交流而非膜拜，平视而非仰视；各抒己见而非一味追随日本学者的观点或者挟洋自重。新中国成立后，他们在以中年人的满腔热情和深厚的学术造诣投身教学科研工作，培养人才的同时，也在各种政治运动中经历风雨，体味人世间的酸甜苦辣。当三位老先生步入古稀之年，已是"文革"之后，各自的教学科研环境发生了巨大变化。

南开是幸运的，因为吴先生坐镇帅帐，大旗不倒。1977 年当吴先生当选为天津市政协副主席，重新部署南开的日本史教学科研之际，周先生尚在长期的审查中，此后则重拾魏晋南北朝史研究，兼治日本史。北大日本史组成立初期，与南开日本史研究室不相伯仲，但因人员的流动而风光不再。邹先生多年倡导创建中国学者的日本史研究体系，曾计划将多年讲授的日本史撰成书稿出版，可惜因病未能如愿。1980 年，中国日本史研究会（日本史学会前身）成立，吴先生当选首任会长，周先生、邹先生等任副会长，相互支持，密切合作。1981 年吴先生任国务院学位委员会第一届学科评议组历史组成员，担任第五、六、七届全国政协常务委员。吴先生为南开日本史研究的发展，撑开了一片蓝天。

毕竟是学者，吴先生在参与政务活动的同时，仍将主要精力投向南开日本史的教学科研、学术梯队建设和研究生培养方面。对南开的日本史学科发展而言，在吴先生的大旗招展之下，南开日本史研究形成老中青三结合的整体力量。1980 年，南开大学历史系、经济系招收首批日本研究方向硕士研究生，1985 年招收首批日本研究方向博士研究生，在人才培养上走在全国其他院校的前面。若无吴先生的开创与推进，上述进展难以想象，日本研究中心、日本研究院的成立同样难以想象。吴先生对南开日本研究，包括对中国的日本史研究的贡献，功莫大焉。因此，在纪念日本研究院成立 20 周年之际，新中国成立后拓荒南开日本研究的吴先生首先浮现在笔者脑海。

笔者继而想到的是俞辛焞教授，一位一生秉承南开"允公允能，日新月异"的校训，学术研究与团体建设两手抓，为推进南开日本史研究而不懈奉献的大学者。80 年代初期，中日学术交流春澜乍起，出现中国日本史研究易得到日方学术援助的有利时机。客观机遇难得，能否抓住，一在是否具有为公创业的"大我"意识和捕捉机遇、勇开新局面的魄力，二在是否具备与国际学术顺畅对话的学术造诣、语言能力。俞教授恰恰兼而有之，南开则为俞教授发挥作用提供了条件和支持。1986 年，笔者在早稻田大学遇到正在那里进修的俞教授。寒暄之后的聊天都是围绕中日关系、资料搜集和打开学术交流通道等问题展开，相谈甚欢。笔者很羡慕南开有俞教授这样不放过任何可能、一心拓展学术事业的人物，日语的娴熟，则使其如虎添翼。

1976 年，笔者初识俞教授。当时，京都大学的井上清教授来北大主讲日本近现代史。听讲的主要是来自京津冀、东北及湖北等地区的大学与社科研究单位的学者。当时来自南开大学的俞教授令笔者印象深刻。那时候他穿一身蓝色中山装，钻研劲头十足，日语流畅，又年富力强，讨论时很活跃。自从在讲习班上结识以后，我们结下深厚友谊。平时大家都很忙，难得坐在一起，但是一旦相逢，总有说不完的话，就像在早大的偶遇。在笔者的印象中，俞教授是位孜孜以求并勇于探索的学者，出国则善创新局面，广结学术交流善缘；回校则坐镇筹划，安心研究于书斋，堪称全才。笔者对这位爱国敬业、治学严谨、热心公益的学者，一直满怀敬意。

俞辛焞教授 1958 年毕业于南开大学历史系，留校任教。1964 年，历史研究所创设了日本史研究室，主任是俞教授，成员有米庆余和王敦书等。1978 年，武安隆、王家骅、刘予苇、王振锁等调入研究室。1985 年，杨栋梁、李卓等年轻博士加入，形成以中青年为主的教学科研梯队。1988 年，南开大学成立综合性的虚体单位日本研究中心。俞教授任理事长、主任，目标明确、精力充沛地埋头创业。1994 年，俞教授的长年努力终有重大收获。在日本友人和友好团体的资助下，南开日本研究中心设立日本研究基金，日本史的图书资料自日本源源而来，科研西楼拔地而起。楼内设有 35 间备有电话的研究室、教室、会议室、资料室，可以收看日本卫星电视的直播节目，教学科研的条件达到国内前列。同年，由吴廷璆主编，南开大学与辽宁大学的多名学者合著的百万字《日本史》出版。这部著作资料扎实丰富，条理清晰，新论迭出，充分体现了中国学者日本史研究的立场、方法与论述风格，广受读者好评。《日本史》的出版与科研西楼的启用，标志着南开的日本研究跃上新台阶。

2000 年，南开大学鉴于日研中心理事长俞教授与中心主任杨栋梁教授的多年努力，决定将日研中心由虚体升格为有编制、有经费、有科研楼的系所级实体单位，能自主招收培养日本史硕、博士研究生，迈出日研中心实质性发展的关键一步。此后，凭借吴先生的声望、俞教授开辟的交流通道以及以杨栋梁教授为首的中心全员的共同努力，日研中心继续获得日本友人的专项资助与多种援助，其中包括家永三郎、江口圭一等多名日本学者或团体捐赠约 4 万册图书充实资料室。2001 年，科研东楼竣工，内部增设多频道同声传译的国际会议厅、轨道式移动书架、成果展示厅等设施。日研中心的家业越来越大，蒸蒸日上。

毋庸赘言，科研团队是否赢得同行的赞许与看重，科研楼与各种设施的齐备固然重要，但关键还是学术观点的创新与论文著述的质量。正是在这方面，俞教授的论著确立了南开日本史研究的标尺及其在国内学术界的地位。改革开放以来，俞教授多年积累的学术功力猛烈喷发，新的研究成果接连在国内外推出。1986—2002 年，俞教授先后出版《满洲事变时期的中日外交关系》（东方书店）、《孙中山的革命运动与日本》（六兴出版社）、《孙中山与日本关系研究》（人民出版社）、《辛亥革命时期的中日外交史研究》（东方书店）等著作 5 部，高质量的学术论文 90 余篇。2004年，俞教授的论文集《躬耕集》出版。2019 年，日本研究院出版《俞辛焞著作集》10 卷，收录了上述研究成果。著作集的出版，是对与病症顽强搏斗的俞教授最大的心灵慰藉和精神支持，体现了同人之间的深厚关爱和南开的团队精神，令人感动。

俞教授治学的三大基本特色，一是注重搜集、考证并使用第一手资料；二是坚持中国学者的理论分析立场；三是提出富有创见的学术观点，对中国日本史研究的整体发展贡献良多。例如，《试论日本的战后民主改革》（《世界历史》1980 年第 5、6 期连载）一文，首次全面、客观、辩证地评价日本战后民主改革，提出诸多经得起时间考验的观点，成特色独具的一家之言。

利用赴日本长期研修或短期访问的机会，俞教授沉浸在对资料特别是原始资料的搜集与整理中，在新资料的发掘与整理方面颇有建树。在此基础上，推出一篇篇资料扎实、观点新颖的力作，引起学术界的注目。辑入《躬耕集》的 17 篇论文，如《辛亥革命时期日本的对华政策》《二次革命时期孙中山的反袁策略与日本的关系》《南京临时政府时期的中日外交》《孙中山对日态度再认识》《1913 年至 1916 年孙中山在日革命活动与日本的对策》《日本决定对孙中山政策诸因素探析》《孙中山的"满洲借款"和〈中日盟约〉考释》等，均用出国搜集的大量原始史料写成。

考察孙中山与日本的关系，是俞教授的一个研究重点。在国内外佳作如云的情况下，俞教授另辟蹊径，从日本近代史、国际关系史、思想史等不同角度切入，使用纵向与横向比较的方法、第一手资料的原典分析方法，在认真而周密的考证和思考之后，提出了许多富有启发性的见解。若史料不足，则不急于下结论，留待新史料的佐证，如在追究犬冢和山田与"盟约"关系的处理上。再如对《田中奏折》真伪的探讨，俞教授在利用档案资料尽量复原"东方会议"的全貌之后，又对《对华政策纲领》的 8 条内容逐条加以分析，并点破了田中内阁的侵略政策的实质。至于《田中奏折》中所写"侵吞全中国、征服亚洲、称霸世界"等全球性战略问题，认为据现有史料考释，"东方会议"没有涉及。同样，在研究辛亥革命、五四运动、九一八事变时期的中日关系方面，俞教授也注重辨析史料真伪，提出创新观点。以史料特别是第一手史料为研究的依据，是历史学研究者做学问的基本路径。多年来，俞教授深谙此道，这就使他的学术研究成果不仅可以在立论上开智，也可以在史料的引用上增添论证的说服力，令读者受益匪浅。

2003 年，南开大学党委再次做出重大决定，宣布日研中心脱离历史学院，独立组建日本研究院。在首任院长杨栋梁和副院长宋志勇领导下，研究院下设办公室、资料室，以及历史、经济、政治与对外关系等三个研究部，组建《日本研究论集》编辑部，形成专兼职相结合的研究队伍，独立招收培养日本研究方向的史学、经济学硕博士研究生，以及政治学硕士研究生，培养复合型高级人才。以日研院的成立为标准，南开日本研究进入新时期。

就在 2003 年，吴先生谢世而去，俞教授亦退休居家养疴，但南开日本史研究的两位先行者亲手开创的事业后继有人，兴旺发展。在首任院长杨栋梁教授任职期间，日本国际交流基金会的资助力度有所减弱。日研院发扬群体攻关的优势与团队精神，大力争取国内科研基金的援助，接连拿下"日本现代化历程研究""近代以来日本的中国观"等国家社科基金重点项目以及其他国家级、地方级的科研项目，出版多卷本研究丛书，展示了日研院的整体实力。

2007 年，李卓教授继任日本研究院院长。面对日本国际交流基金会资助锐减的困难，日研院继续发挥学术研究的群体优势，分工合作，推出新成果，尤其是日本近世史、社会史、文化史的研究令人瞩目。其间，日研院成为教育部的国别史研究基地，增加了南开日本研究的学术分量。2012年，宋志勇教授担任研究院第三任院长。立足开发国内资金，以项目促科研，宋院长任期内累计获得国家社科基金、教育部人文社会科学研究项目在内的科研项目 29 项，其中包括国家社科基金重大项目"新编日本史" 1项；从国内获取科研经费超过 300 万元，攀上新台阶。获得省部、天津市等各级奖项 8 项，名列全校之首。2017 年，刘岳兵教授出任研究院第四任院长，日本思想史基本史料集的翻译出版取得新进展。2022 年，日研院与时俱进，在国内日本古代史研究逐渐升温之际，设立日本古代史研究中心，拓展了学术研究的视野，搭建了新的学术平台。

在新世纪，日本研究院继续在各方面大步前进。完成科研项目多、系列丛书出版多、科研成果获奖多、培养硕士博士多、国内外学术交流多等"五多"，构成了南开日本研究院的新业绩。在这里，笔者祝愿南开日研院继续遵循"允公允能，日新月异"的南开校训，牢记"伯苓爱国三问"，继承并光大奉献群体、团队合作、勇于创新、勤奋耕耘的学术传承，不断攀登新高峰。笔者相信，吴先生、俞教授有知，亦当含笑九泉。

（宋成有，北京大学历史系教授）

诠释"执着"

——怀念业师俞辛焞先生

杨栋梁

2022 年 8 月 14 日，俞辛焞先生与世长辞。噩耗传来，悲痛万分。俞先生 1997 年 8 月患脑梗死，一年后基本康复。2004 年病情复发后卧床不起，顽强地与病魔搏斗 18 年，创造了生命的奇迹。

俞辛焞先生性格刚毅，一生矢志不渝，追求进步，笃学力行，诠释了"执着"的意涵。

我于 1982 年毕业留校后便一直在俞辛焞先生麾下工作，从学习、工作到生活，承蒙先生倾注心血，呵护栽培，诚可谓师恩重如山！这里，谨以此文纪念业师俞辛焞先生。

一 多彩的人生足迹

俞辛焞（1932 年 9 月 22 日至 2022 年 8 月 14 日），出生于朝鲜咸镜北道罗津郡素清里一个普通医生家庭。1941 年初，举家迁居中国吉林省汪清县生活。1944 年在汪清县春明小学毕业，1947 年在汪清县联合中学毕业。1948 年 4 月返回朝鲜故地，在咸镜北道罗津郡素清里人民委员会工作，参加了当地的土地改革运动，其间加入朝鲜民主青年同盟。10 月，进入咸镜北道清津市清津第一高中学习。1950 年 7 月毕业时，由于朝鲜战争爆发，遂进入平壤的朝鲜人民军炮兵军官学校学习，三个月后结业，担任朝鲜人民军第一军直属炮兵联队火力排长。1951 年 1 月，任朝鲜人民军第四军一〇五机械化师炮兵联队指挥排长，战斗中多次受到表彰，获得 "近卫兵" 称号。同年加入朝鲜劳动党。1952 年 10 月，因患严重脑神经衰弱症和肺病退伍，经朝鲜劳动党中央组织部批准回到中国治疗。在沈阳疗养期间，经东北转业建设委员会批准，获得中国国籍。后来转到北京疗养，并从 1954 年 9 月起，在北京第四十七中学学习了一年汉语，在学期间于 1955 年 2 月加入中国新民主主义青年团。1955 年 9 月，以 "调干生" 身份考入南开大学历史系学习，在学期间品学兼优，于 1956 年 12 月加入中国共产党。1958 年 10 月提前毕业，留校担任历史系教师，直至 2003 年离休。下面从不同侧面入手，梳理一下俞先生在南开大学的工作足迹。

1964 年，根据国务院关于加强外国问题研究的指示，南开大学历史系日本史研究室成立，是研究室创始人吴廷璆先生麾下的首席研究室成员。

1974 年，担任日本史研究室主任。

1980 年，赴日本爱知大学法学部研修一年（指导教师是江口圭一教授）。

1985 年，晋升教授。赴日本早稻田大学法学部合作研究一年半。

1988 年，获得早稻田大学法学博士学位。领导组建南开大学日本研究中心（跨系所、跨学科的横向联合研究机构），担任日本研究中心第一届理事会理事长、主任。

1990 年，被国务院学位委员会评定为历史学博士生导师。

1991 年，赴日本早稻田大学法学部合作研究一年。

1992 年，卸任日本史研究室主任。

1993 年，连任日本研究中心第二届理事会理事长、主任。

1996 年，连任日本研究中心第三届理事会理事长。

1999 年，连任日本研究中心第四届理事会理事长。

2003 年，离休。

在教学与人才培养方面，俞辛焞先生从教 45 年中，为本科生和研究生开设了 "日本近现代史" "朝鲜史" "国际关系论" "日本现代外交史研究" "九一八事变时期中日外交史研究" "孙中山的革命运动与日本" "战后日本史研究" 等课程。

从 1982 年起招收硕士研究生，培养了谯大俊、宋志勇、张健、冯潇、密萍、熊沛彪、寇曙春、胡晓丁等 8 名历史学硕士。从 1991 年起招收博士研究生，培养了熊沛彪、徐思伟、张健、李广民、王珊、徐显芬、宋志勇、安成日等 8 名历史学博士。

在科学研究方面，著作等身，成就斐然。出版学术专著、编译著和论文集十余部，其中代表作三部，原稿均用日语撰写，并在日本出版，之后译成中文在国内出版。这三部专著是：1986 年《九一八事变时期的中日外交史研究》由日本东方书店出版，1994 年该书韩语版由韩国高丽园出版社出版，1997 年中文版以《唇枪舌剑：九一八事变时期的中日外交》为题由广西师范大学出版社出版；1989 年《孙文的革命运动与日本》由日本六兴出版社出版，1996 年该书中文版以《孙中山与日本关系研究》为题由人民出版社出版；1996 年《辛亥革命时期的中日外交史研究》日文书稿交付日本东方书店，1999 年该书中文版以《辛亥革命时期中日外交史》为题由天津人民出版社出版，2002 年日文版由日本东方书店出版发行。

发表论文百余篇，其中在国内重要学术期刊《历史研究》上发表《巴黎和会与五四运动》（1979 年第 5 期）、《美国对日政策与太平洋战争的爆发》（合作，1979 年第 12 期）、《二次革命时期孙中山的反袁政策与日本的关系》（1988 年第 1 期）、《孙中山对日态度再认识》（1990 年第 3 期）；在《世界历史》上发表《日本的进步史学家——井上清教授》（1979 年第 2 期）、《试论日本的战后改革》（1980 年第 5、6 期）、《1980 年的日本史研究》（合作，1981 年第 3 期）；在《近代史研究》上发表《孙中山图片考》（1992 年第 1 期）、《孙日关系与矛盾论》（1995 年第 2 期）、《孙中山的中日盟约问题辨析》（1997 年第 2 期）；在《抗日战争研究》上发表《九一八事变时期的张学良与蒋介石》（1991 年第 1 期）、《九一八事变后国联与中日的外交二重性评析》（1993 年第 3 期）；在《史学月刊》上发表《试论 1936 年德意日反共协定的实质与作用》；在《南开学报》上发表《朝鲜人民争取民族独立的爱国运动》（1979 年第 2 期）、《日本对直奉战争的双重外交》（1982 年第 4 期）、《东方会议真相与〈田中奏折〉问题》（1985 年第 1 期）、《孙中山的反帝策略——以关余商团事件为中心》（1993 年第 4 期）。在日本发表论文《中国近代中外关系史研究动态》（《历史学

研究》1983 年第 7 期）、《九一八事变与币原外交》（《日本史研究》1983
年第 9 期）、《李顿调查团与日本外务省的对策》（《历史评论》1984 年第 4
期）、《1932—1945 年的"满洲国问题"与日本外交》（《外交史料馆报》
1988 年创刊号）、《天皇的战争责任》（《文艺春秋》1989 年特刊号）；在新
加坡发表《孙中山与日本》（《亚洲文化》1986 年第 7 期）；等等。

俞先生一生获得诸多荣誉和表彰，如：

1984 年，论文《巴黎和会与五四运动》获得第一届天津社科优秀成果
二等奖；

1986 年，论文《九一八事变与币原外交》获得第二届天津社科优秀成
果一等奖；

1988 年，日文专著《九一八事变时期的中日外交史研究》获得第三届
天津社科优秀成果一等奖；

1991 年，日文专著《孙文的革命运动与日本》获得第四届天津社科优
秀成果二等奖；

1992 年，获得天津市劳动模范称号，编译的《孙中山在日活动密录》
获得孙中山基金会二等奖；

1894 年，获得天津市民族团结进步先进个人称号；

1995 年，日文专著《九一八事变时期的中日外交史研究》获得首届中
国高校人文社会科学研究优秀成果二等奖；

2005 年，日文专著《辛亥革命时期的中日外交史研究》获得第九届天
津社科优秀成果荣誉奖；

2006 年，中文专著《辛亥革命时期中日外交史》获得第四届中国高校
人文社会科学研究优秀成果三等奖。

二　鲜明的治学特点

俞辛焞先生的童年和少年时代是在日本的统治下度过的，从小学到中
学二年级时日本战败投降，一直接受日本的殖民教育。在学校里，日语是
"国语"，被强制说日本话，写日本字，唱《君之代》，讲日本"礼仪"。

但是，奴化教育未能泯灭俞先生的民族解放意志，倒是其与日本人无异的日语能力为后来从事日本史研究奠定了坚实的语言基础。

在北京第四十七中学学习期间，俞先生十分珍惜宝贵的学习机会，汉语能力突飞猛进。进入南开大学历史系后，更是加倍努力，刻苦学习马克思主义理论，掌握和运用历史唯物论、辩证唯物论等史学研究的理论方法。吴廷璆先生的马克思主义史学研究方法和现实关怀意识，郑天挺先生的实证史学探微功力，对俞先生治学产生了重要影响。同辈学者中，俞先生与中国古代政治思想史研究大家刘泽华先生、清史和中国社会史研究大家冯尔康先生交往密切。

在学术研究上，俞辛焞先生秉承南开史学惟真惟新、求通致用的优良传统，同时发挥自身精通朝鲜语和日语的语言优势，独辟蹊径，开辟新的研究领域，取得了国内外学界高度认可的优秀学术成果。

大而观之，俞先生治学有三个鲜明特点。

一是研究视野宽阔，研究特色鲜明。俞先生的研究涵盖日本近现代史、近现代中日关系史、近现代朝鲜史等三个紧密关联的方向，每个方向都能抓住重点问题展开研究。在日本近现代史研究上，代表性研究成果是在吴廷璆先生主编的百万字《日本史》中，撰写了一战后日本共产党的活动、日本帝国主义的对外扩张、政党内阁时期的对内对外政策、日军在太平洋战场的败北、日本法西斯的灭亡、美国对日占领与战后改革、从独立自主到经济起飞的政治经济等相关章节的内容，执笔约 14 万字。与此相关，在《历史研究》《世界历史》等学术期刊上发表多篇专题学术论文。近现代中日关系史研究成果最为丰硕，除了多语种《九一八事变时期的中日外交史研究》《孙中山与日本关系研究》《辛亥革命时期的中日外交史研究》等三部代表作外，还出版专著《孙中山宋庆龄与梅屋庄吉夫妇》，编译出版《孙中山在日活动密录》和《黄兴在日活动秘录》。在中外重要学术期刊上发表专题论文和文章数十篇。在朝鲜史研究方面，在《南开学报》《历史教学》等期刊发表了《朝鲜人民争取民族独立的爱国运动》《朝鲜史学通讯》《朝鲜三一运动研究情况》等论文。

二是实证研究功力深厚，原始资料的发掘和使用独树一帜。俞先生践行论从史出、言必有据的治学理念，在实证研究上狠下功夫。为了获得第一手资料，以日本国会图书馆、外交史料馆、早稻田大学图书馆为重点进行查阅，并以复印、抄写、购买缩微胶卷等方法获取原始资料，进而以这些新资料为根据，在若干重要历史问题的考证上取得突破。例如，日文版《九一八事变时期的中日外交史研究》出版后，日本学者认为"利用了连日本也尚未充分利用的史料，是以独到观点写出的高密度研究成果"。再如，俞先生以日本警视厅所藏手写密档为根据编译的《孙中山在日活动密录》和《黄兴在日活动秘录》，佐证、澄清或补充了辛亥革命与日本、孙中山等革命领导人在日活动的诸多问题，具有很高的史料价值，开拓了相关研究的新领域，获得了中日两国学界的重视和好评。

三是跨学科研究，锐意探索理论创新。在《九一八事变时期的中日外交史研究》中，引入国际政治学和国际关系学的理论方法，以万宝山事件、中村事件、九一八事变、一·二八事变、李顿调查团、伪满洲国建立、日本退出国际联盟等一系列历史事件的演进为纵轴，以日本、中国、国际联盟的应对为横轴，层层剥茧、丝丝入扣地展开分析。在考察日本政府的应对时，更是具体问题具体分析，以鲜活的实证材料为根据，指出外务省与军部对华政策的共同点和不同点，认为外交和军事是战前日本对外侵略的两个车轮，进而提出日本推行"二重外交"的观点。这部力作出版后，日本学界反响强烈，《朝日新闻》《日本史研究》上刊载的 7 篇书评不吝溢美之词，认为该书的出版"指出了日本外交史研究存在的封闭性和漏洞"，"对日本史学界是一次强烈的刺激"，无疑是相关专题研究"新的必读文献"。在辛亥革命时期中日关系研究的系列成果中，跨学科研究方法的运用更加娴熟，日本政界、军界、财经界、知识界、大陆浪人的对华认识与对华政策，中国南方革命党、北洋政府的对日态度，均被纳入研究视野，从而立体地揭示纷纭复杂的中日关系的动态变化，推进了专题研究的深化。

三　学科建设的劳绩

俞辛焞先生是杰出的日本史学者，也是南开大学日本研究的组织者，其敏锐的学科发展意识和出色的组织运筹能力为人称道。

1964 年，根据国务院关于加强外国问题研究的指示精神和高教部的具体部署，南开大学历史系成立日本史、美国史和拉丁美洲史三个研究室。日本史研究室由著名学者吴廷璆先生领衔，成员有俞辛焞、王敦书和米庆余三位年轻教师。当时研究条件差，资料奇缺。不久，"文化大革命"开始，研究活动完全停止。从 1970 年起，研究与教学活动逐步恢复。1974 年，俞先生接任日本史研究室主任，负责编辑出版了 8 期内部刊物《日本问题研究》，在国内日本史学界产生了一定影响。

1978 年，中国进入改革开放的新时代，南开大学的日本史研究迎来发展的新契机。同年，在吴廷璆先生的大力支持下，俞先生经过深入调研，发现并成功地从外单位调入武安隆、王家骅、刘予苇、王振锁四位教师，日本史研究室的师资力量得到加强。

80 年代初，由日本史和美国史构成的地区国别史学科成为国务院学位委员会认定的首批硕士学位授权点和博士学位授权点，吴廷璆先生担任中国日本史研究会（后更名为中国日本史学会）首任会长，南开大学日本史研究室在中国日本学界的地位得到公认。80 年代中期，在俞先生提议下，日本史研究室根据国内外日本研究的动态，通盘考虑日本史研究的中长期规划及个人的重点研究方向问题。经过反复讨论，认为专门史研究是未来日本史研究深化的突破口，因此决定在搞好日本通史和断代史研究的基础上，每位教师都要有自己的专门史研究方向。最后确定的个人科研主攻方向是：俞辛焞，近现代中日关系史；米庆余，日本近代外交史；武安隆，日本文化史；王家骅，日本思想史；王振锁，日本政治史；杨栋梁，日本经济史；李卓，日本社会史。当时，中国的日本史研究还未细化到专门史研究的程度。因此，从学科建设的角度看，这一事关日本史研究布局的战略安排颇具超前意识。以吴廷璆主编的百万字《日本史》为代表，南开学者不仅在日本通史及断代史研究上做出了学界高度认可的贡献，而且在日本政治史、外交史（含中日关系史）、思想史、文化史、经济史、社会史等主要的专门史领域抢占先机，推出前沿成果，彰显研究优势和特色，并于 2010 年出版"日本现代化历程研究丛书"10 本，内容涵盖日本近现代政治史、外交史、对华关系史、经济史、思想史、文化史、社会史、文学史、教育史。这套丛书开国内学界日本近现代专门史系列研究的先河，出版后得到学界重视，在日本也产生了一定影响。

随着改革开放政策的全面实施，日本成为中国实现四个现代化的重要参考，学界也出现了日本研究热潮，单纯的日本史研究已无法满足知日、学日本、赶超日本的现实需要，时代的发展呼唤多学科交叉的日本研究。有鉴于此，1988年，在俞辛焞先生的倡议和组织下，全校分布在历史、经济、外语等相关系所的日本研究人员实现横向联合，成立南开大学日本研究中心（简称"日研"）。当时日研的管理体制是：日研成员推选理事并组成理事会，理事会选举理事长，理事长主持的理事会为日研决策机构；日研的日常行政工作由中心主任负责，主任由理事会选举产生并对理事会负责，主任聘任秘书长协助其处理行政事务。1988年至1996年7月，俞先生任日研理事长和主任，带领全体日研成员白手起家，艰苦奋斗，硬是把这个原本无固定人员编制、无固定办公场所、无日常办公经费的"三无"虚体，办成了研究设施先进、研究经费充实、研究活动活跃的新型科研机构。1994年，日研筹资建设的1200平方米办公楼投入使用，楼内有研究室，教室、会议室、资料室35间，室内均配备电话，可以收看日本电视的直播节目。当时，国内高校教师基本没有个人研究室，但南开日研不仅教师有独立的研究室，硕士和博士研究生也可享受专用研究室的待遇。对此，北京大学校长吴树青先生视察日研时颇为赞许，认为南开日研就是"211工程"的建设目标。以此为基础，南开大学日本研究中心于2000年成为实体研究机构，2003年升格为日本研究院，成为国内高校唯一的院级综合性日本研究和多学科培养日本研究专门人才的机构。

四 "学术外交"的贡献

与两耳不闻窗外事的"学究"不同，俞辛焞先生有开阔的国际视野，极为重视国际学术交流，善于通过学术交流掌握最新研究动态，以其特有的人格魅力，在学界内外广交朋友，为开展日本研究争取各种资源。在他的直接运作下，南开大学与日本爱知大学、早稻田大学、国学院大学签订校际交流协议，在国际教育交流与合作方面走在了前面。

这里，拟举三件事例，管窥俞先生"学术外交"的实践及其亮丽的"学者外交家"风采。

一是为日本研究中心募集发展基金。1982 年，俞先生首次赴日研修，指导教师是爱知大学法学部的进步学者江口圭一教授。在为期一年的研修中，俞先生深受江口教授理论观点和研究方法的影响，确定了九一八事变时期中日外交史研究的方向，并用日文撰写 4 篇论文在日本学术刊物上发表。1985 年，俞先生利用在早稻田大学研修一年的机会，完成《九一八事变时期的中日外交史研究》书稿，1986 年在日本东方书店出版发行后，引起日本学界震动。1988 年，早稻田大学审查通过这部著作，授予俞先生法学博士学位。这一成就是俞先生经年努力的结果，同时也包含江口等学者的心血。看到俞先生的学问突飞猛进，江口教授无比欣悦。实际上，江口教授与俞先生同庚，确切地说俞先生只比江口教授小一个月，因此两人的关系可谓亦师亦友，惺惺相惜。1988 年，俞先生领导建立日本研究中心后，活动经费不足一直是困扰中心发展的难题。对此，江口教授看在眼里急在心上，1992 年毅然决定把家里积攒的 5000 万日元赠送给南开大学日本研究中心。江口教授的家庭是个依靠工薪收入的普通家庭，夫人长期患病，膝下两个子女还在依赖父母生活。江口教授的善举，充分展现出宽阔的胸襟和崇高的品格，不仅出于促进学术交流、增进中日友谊的美好愿望，而且出于对俞先生学识和人品的高度信任，出于对俞先生领导的南开大学日本研究中心发展前景的美好期许。对此，日本的《朝日新闻》和中国的《人民日报》（海外版）相继报道并高度评价了江口教授的善举。"江口圭一日本研究基金"设立后，日本研究中心依靠基金利息收入，开始有了基本的经费来源。

二是为日本研究中心筹款建造办公楼房。日本研究中心成立后，一直没有固定的办公场所。1991 年，俞先生获得"日本万博纪念会"资助海外日本研究活动的信息，于是和秘书长王振锁老师一起，精心填报了一份包括购书、科研、出版和建房内容的"一揽子计划"申请书。申请书提交给日方后，日本兴业银行常务理事吉永正藏先生于1992年首次访问南开大学，表示为促进中日文化交流，愿意出资在南开大学校内修建一个书店。俞先生得到消息后，立即带着"万博申请书"的留存复印件拜访，力劝吉永先生资助南开日研建造办公楼。吉永先生为南开日研的宏伟发展规划和俞先生的真诚所打动，很快便正式回复，表示愿意出资建造南开大学日研中心办公楼。正所谓好事成双，不久，日本大阪万博纪念会也批准了南开日研的建楼申请。经过协商，吉永先生和大阪万博纪念会决定共同资助南开日研建造办公楼。1994年，日本研究中心办公楼竣工，一时作为南开校园的一个地标性建筑，颇为引人瞩目。

三是为日本研究中心争取到日本国际交流基金会的海外重点日本研究机构资助。经过多方面努力，俞先生领导的南开大学日本研究中心于1995年成为日本国际交流基金会定点资助的中国华北日本研究重点基地。在1995—1999年的第一个五年资助期，资助额达到6500万日元。利用这笔资助，日本研究中心率先在南开大学购入并使用计算机、复印机、传真机等现代办公设备，开展各种合作研究项目，举办学术会议、出版学术著作、聘请外国专家来校讲学、派遣学者赴日研究或组团调研、派遣学生组团赴日短期研修、购买日文图书资料等。研究环境的显著改善，推动了南开日研的事业迈上了新台阶。

为了日本研究中心的发展，俞辛焞先生在千方百计"筹资"的同时，还花大力气"引智"，邀请日本著名学者京都大学井上清教授、东京大学石井宽治教授、拓殖大学秦郁彦教授、早稻田大学鹿野政直教授和依田憙家教授等来校讲学，聘请日本兴业银行常务理事吉永正藏先生、欧姆龙公司社长立石信雄为中心顾问，聘请爱知大学江口圭一教授、早稻田大学大畑笃四郎教授、庆应大学山田辰雄教授、东京大学桥本寿朗教授、青山学院大学三和良一教授等著名学者为中心客座教授。这些专家学者通过来校讲学、接收和指导赴日留学生、参加合作研究、共同策划和组织召开国际学术会议、赠送图书资料和报纸杂志等方式，有力地支持了日本研究中心的事业发展。

五　立德树人的楷模

俞辛焞先生一生追求进步，是信念坚定的中共党员。他生在朝鲜，但在 1952 年取得中国国籍后，一直生活在中国。在他心里，中国和朝鲜都是"祖国"，在书面报告中，俞先生多次感谢中国政府为他治病疗养、加入中国国籍、到中学学习汉语、以调干生身份到南开大学学习所提供的恩惠。他说：我钦佩中国革命的伟大实践，钦佩中国共产党，钦佩中共党员的爱国主义思想、国际主义精神和为人民服务的艰苦朴素思想品质。我热爱中国，愿意为中国的革命事业贡献自己的一切力量，甚至生命；我生在朝鲜，热爱朝鲜，所以愿意为朝鲜的革命事业贡献自己一切力量，这两者并不矛盾；我生活的目的就是为人类谋幸福，是为维护劳动人民的利益而斗争。在这里，我们看到了俞先生忘我工作、无私奉献的动力之源。

俞先生性格坚毅，是身体力行的实干家。他认准的事，必然全力以赴，不达目的绝不罢休。1992 年在早稻田大学撰写《辛亥革命时期的中日外交史研究》书稿期间，他是早大图书馆来得最早、走得最晚、全天候常驻的"钉子户"。据笔者亲眼所见，整日抄写资料和执笔写作，使先生右手腕损伤而无法握笔，但他用手帕勒住手腕，坚持笔耕不辍，最终用日语写就洋洋 80 万字的大作。1997 年患脑梗死后，出现严重语言障碍，一年后稍有好转，便不听亲友劝阻，重新投入研究工作。2004 年病情复发，右半身瘫痪以致卧床不起，但他神志清醒，积极配合治疗，每天坚持床上锻炼两三个小时，其顽强意志令人动容。

俞先生做学问有拼命三郎的"狠劲"，做事情同样一丝不苟，不遗余力。1993 年建造日本研究中心办公楼时，从楼房选址、图纸设计、建楼手续审批到建筑队招募、建筑材料选购、工程质量把关、房屋装修、设备采购和安装，事无巨细，无不亲力亲为。可以说，他为日本研究中心发展所付出的心血，不亚于对子女教育的投入。建楼过程中，每层楼封顶时，俞先生都会亲自采购猪肉等食品，置备佳肴犒劳施工人员，这样做不只是为了保证楼房建造的质量和进度，更是出于其对劳动人民的由衷感激和尊重。

俞先生是重感情、重名节、有社会责任担当的仁者。俞先生夫妇都是南开大学职工，生活来源靠工资收入。他 1997 年患病住院半年多，病情缓和后回家疗养，生活基本不能自理。尽管如此，为了节省费用，基本没雇护工，夫人金贞淑女士一人挑起护理病人和家庭生活的重担。1999 年，俞先生身体基本康复后，携夫人回到故乡吉林省汪清县，专程访问母校春明小学和汪清中学，向两所学校赠送了个人奖学金。

2003 年，年逾古稀的俞辛焞先生离休，可以颐养天年了。但是，为了回报几十年来南开大学的培养和关怀，帮助贫困少数民族学生实现成才报国的理想，俞先生夫妇毅然决定拿出一生的有限积蓄，向学校捐款 30 万元，建立 "俞辛焞助困奖学金"，资助家在农村的朝鲜族等少数民族贫困学生。2004 年 6 月 12 日，捐款仪式在学校行政楼会议室举行，俞先生在发言中表示："看到还有少数民族孩子因为地处偏远、生活困难上不起学，我心里不安。这笔钱如能对他们有所帮助，那就是我们最大的幸福。" 校领导薛进文书记、侯自新校长出席捐赠仪式，高度赞颂了俞先生夫妇的奉献精神。同年 9 月，俞先生脑梗死复发，从此卧床不起。2009 年 12 月，南开大学在天津医科大学总医院病房举办了一场特殊的奖学金颁发仪式，俞先生在病床上向该年度 28 名获奖学生颁发了奖学金。至此，已有 140 名学生获奖。对获奖学生来说，从身卧病榻的老者手中接到的不只是一笔物质上的奖学金，更是一种精神上立德树人的洗礼，是接过了一份沉甸甸的社会责任。学生们表示：俞先生身患重病，清贫节俭，心系他人，令人感怀。我们会以一颗感恩的心努力学习，回报先生的关爱，并像先生那样报效国家和人民。

业师俞辛焞先生已然驾鹤远去，然其道德文章作为一笔精神财富，必与日月同在，永留人间。

（杨栋梁，南开大学日本研究院教授）

吃水不忘挖井人

—— 纪念南开大学日本研究院成立20周年

米庆余

南开大学日本研究院自 2003 年设立，至今走过了 20 年的历程。其成立与发展值得纪念，其前景与未来令人期许。

一 "南开日本研究"的历程与纪念

新中国成立后，南开大学的日本研究成建制的发展，始于 1964 年日本史研究室的成立，至今大体上走过了近 60 年的历程。其间，大致可以分为三个阶段：一是日本史研究室阶段，二是日本研究中心阶段，三是直到今天的日本研究院阶段。

纪念日本研究院成立 20 周年，首先不应忘记我们"南开日本研究"的创始人吴廷璆先生。没有这一杆"大旗"，就没有今天我们这一大批人。可以说，吴廷璆先生开创了新中国的日本研究事业，是首先认真思考、研究日本问题的创始人。他做了许多创始性工作，比如，第一部《日本史》是吴廷璆先生主持编写的，应该说，这是与吴先生的资历和学识相吻合的；再如，吴廷璆先生是教育部批准的首批日本史博士生指导教师，他不仅指导了新中国第一批日本史研究的博士生，此前也指导了第一批日本史研究的硕士生。对于吴先生，我们应当抱有充分的认识：他作为一名共产党员，做了自己应该做的事。吃水不忘挖井人，我们应该永远怀念吴廷璆先生。而且，俞辛焞教授在日本史研究室的基础上，集结全校各个研究领域的日本研究者，成立了综合性的日本研究中心；杨栋梁教授在日本研究中心的基础上，又创建了全国高校第一所日本研究院，应该说他们都做出了巨大的贡献。

日本研究院成立以后，取得了学界瞩目的研究成果。其中包括杨栋梁教授主编的"日本现代化历程研究丛书"（10卷）、"近代以来日本的中国观"（6卷），刘岳兵教授主编的"百年南开日本研究文库"（19卷）。这是我们"南开日本研究"继续发展的结果，也显示出我们的团队力量在成长，必须给予肯定。

研究日本历史问题也好，研究日本各个领域的问题也好，一个总的宗旨，是认真思考日本这个国家的前世、今生和未来。这是我们日本研究人员应该肩负的一种责任和义务。

二 日本史研究室的初创与早期工作

南开大学日本史研究室，主要根据国务院加强对世界三大宗教研究、国际关系问题研究的内部指示精神而建立。据我所知，同时成立的还有辽宁大学日本哲学研究所、河北大学教育研究室。南开大学日本史研究室大概成立于1964年5月。因为，当时吴廷璆先生、俞辛焞老师参加了我们学生毕业论文的研讨会，我发言的题目是"明治维新的性质"。我不清楚他们对我怎么评价，但据悉大概是5月前后，甚至更早一点，我就已经知道自己要留校工作，这和计划建立三个研究室有关。最后留校的有拉美史的梁吉声、美国史的吕元良、日本史的我。

日本史研究室建立时，初始成员是吴廷璆先生、俞辛焞先生、我，还有系资料室的王敦书老师。美国史、日本史、拉丁美洲史三个研究室建立起来以后，吴廷璆先生主持日本史研究室，杨生茂先生主持美国史研究室，梁卓生先生主持拉美史研究室。当时，三个研究室在一起工作，开会基本上就在一个大教室，被称为"三点"；有关日本史的日文书籍也有限，是将图书馆仅有的少量日文书借过来，陈列在"三点"的大教室里，大概占据了两三个书架。

后来，研究室的成员逐渐增加。最早有杨兴国老师，他是井上清、铃木政四合著《日本近代史》的译者，当时署名"杨辉"，后来因病去世；还有刘予苇老师，他后来到天津航天航空学院，担任学报编辑部主任。进入 70 年代，便有王家骅、武安隆、王振锁三位老师先后加入。

日本史研究室最初所做的主要工作，就是发行自己的内部刊物《日本历史问题》，将之作为研究室对外交流的资料。当时，为了贯彻教育必须为无产阶级政治服务、教育必须与生产劳动相结合的方针，研究室把《日本历史问题》交流到兄弟单位，其中包括河北大学的教育研究所、辽宁大学的哲学研究所，甚至邮寄给了周恩来总理、乔冠华部长、中联部部长张香山等人的办公室，是想作为研究日本问题、进行学术交流的一个"发声"。另外，当时天津市和日本神户市建立了友好城市，廖隆干作为当时招收的第一批研究生（吴先生最早招的研究生还有管宁、李秀石），留下来以后就翻译了日本的《神户市史》，刊登于《日本历史问题》。可见，当时研究室办刊物和办学的宗旨与精神，均是遵循国家的教育方针，服务于社会的需要。

可以说，日本史研究室创建之初，研究人员不多，研究资料有限，办公场所狭窄。然而，研究室所做的科研与交流工作，却与国家和地方社会的需求紧密相连。

三　个人研究与学术感悟

我个人针对日本的研究，是按照过去教育方针的思路，主要着力于琉球历史问题、钓鱼岛问题、中日关系问题、日本侵华问题、日本的东亚战略和政策问题。从主导思想上来讲，我就是研究了日本是个什么样的国家，它在整个东亚近代以来的历史当中做了些什么。我是根据日本的原始文件来认识日本的，我用得非常多的是日本外务省出版的《日本外交年表并主要文书》（上下册），《日本外交文书》用得也比较多。从这个意义上讲，我是根据日本的国家政治、国家政策来思考日本，而不是凭空设想，也不是感情用事。我考察日本政府怎么决策、元老如何建议、国家军队怎样计划安排等，均是根据日本的原始资料。

关于琉球问题，琉球在明代封王之前，其名是"流水"的"流"、"要求"的"求"，我认为其含义是"顺流而求之"。后来，明代开始封王，封中山王、山南王、山北王。于是，"流求"变成带"王"字旁的"琉球"。至于为什么研究琉球，原因是日本总在中国钓鱼岛问题上挑起争端，认为钓鱼岛是日本的。实际上，对琉球历史的研究可以证明：钓鱼岛自古以来就是中国的领土。

对于我的相关研究，北京大学历史学教授宋成有所做的评价，可以说道出了我的一番苦心（见《实事求是，激浊扬清——评米庆余〈日本东亚政策研究〉》，《中华读书报》2020年7月15日，第10版）。我不敢说自己有多大贡献，但能够有知我者，能有人知道我做了这些工作，我就很满意了。

另外，对于日本历史的某些重大问题，我也有自己的看法。例如，有关日本明治维新的性质问题，吴廷璆先生谈明治维新问题时是1964年，我曾给吴先生誊抄《论日本明治维新的性质》的稿子。当时，吴廷璆先生和北大的周一良先生观点不同，周一良先生认为明治维新是"资产阶级革命"，其理论依据就是阶级斗争，即一个阶级推翻另一个阶级，因此称之为"革命"；吴先生的依据是列宁帝国主义论里把明治维新作为革命和改革，以这个思想来立论。当然，现在人们仍然都在思考：究竟日本明治维新是革命、王政复古，还是社会变革？这个不好说。后来，万峰先生认为，日本明治维新既不是"革命和改革"，也不是"革命"。在某种意义上，我认同万峰先生的观点，我认为明治维新既不是完全的"王政复古"，也不是所谓的"资产阶级革命"，而是一场社会变革。"社会变革"这个名词似乎很笼统，但它基本上可以讲明白，即涵盖了日本的王政复古和专制政权的建立——自由民权破产、自由民主被扼杀、《大日本帝国宪法》颁布，使日本变成君主立宪的专制主义国家。虽然日本在明治维新中也发展了近代资本主义经济，但在君主、专制这两方面，仍与此前的封建社会具有连续性，所以我称之为"社会变革"。这一观点是否合理，还有待继续研究。

再如，关于古代中日关系问题，众所周知，日本过去游离于东亚的华夷秩序之外，始终不承认中国的大国地位。古代，中国作为一个历史悠久的古老国家，农业文明高度发达，成为东亚文化的代表，琉球、越南、朝鲜等周边国家都成为中国的臣属国，自然形成了东亚的华夷秩序。然而，日本始终游离在华夷秩序之外。当时，日本对中国称"东天皇敬白西皇帝"，即"我是天上的皇，你是人间的皇"，他的天皇要高于人间的皇帝，这是一个不平等的关系定位。所以，当年中国的隋炀帝对此很不满意，不同意他这种写法。具体内幕，还有待继续研究，但这是历史的记载，我们不必改变，也无权改变。不能否认的是，日本强烈的神国意识，是与当时的东亚国际秩序不相容的。我们也应该从历史资料中看到古代中日关系的真相：虽然"遣唐使"到中国来有学习的一面，但并不是朝拜，而是来看看中国究竟是一个什么样的国家。当然，中国的文字、文化、农业技术等传到了日本，日本也学到了一些东西。但是，日本并未因此就认为中国是一个泱泱大国，并没有像越南、朝鲜和琉球那样的态度。我认为，历史认识需要有一个深刻的本质认识，不能光看到"遣唐使"，就觉得好像日本崇拜中国，我觉得中日之间不是这种关系。

我认为，国际关系基本上还是一种政治关系：经济是基础，政治是主导，政治高于经济。从经典作家的观点来看，我们应该有比较明白的、对国家的关注和认识。

总之，新中国的"南开日本研究"从最初的三四个人，到七八个人，直到今天的二十余人，有新生的研究力量逐渐加入进来，招收的研究生也逐渐增加，是一个发展壮大的过程。就目前来看，人们能不能理解我们所研究的各个不同领域的要点之所在，能不能理解每个人不同的研究方向？因为，现在每个人的研究方向都不太相同，进入了比较具体的研究方位。但是，作为一个团队的力量，我希望大家对于未来的发展前景有一个共识。对此，我作为一名初始人员，期待着今后我们南开的日本研究，能够将具体问题的研究与日本总体的前世、今生和未来挂钩，个体研究与国家的需求联结起来，同时密切关注日本国家的发展走向。

（米庆余，南开大学日本研究院教授）

我与南开日研

王振锁

一　缘来南开

20 世纪 60 年代初，我高中毕业填报高考志愿时，南开大学是我填报的三个重点院校之一（当时第一志愿可以报三个大学，我的另外两个志愿是北京大学和北京师范大学），但因有幸被北京大学录取，与南开大学擦肩而过，这是我人生第一次与"南开大学"四个字联系在一起。

1966 年 5 月 25 日，第一张"马列主义大字报"出现在北大地处"金三角"的大饭厅墙上，不久，"文革"开始。我们毕业班期盼已久的毕业分配也就变得遥遥无期了。

进入 1967 年，在无法进行统一分配之时，我有幸被提前选调到新华社（我班另一位同学选入人民日报社）。这一信息"走漏风声"之后，正值"派别之争"的同学提出异议，说是此次选调走了"中农路线"（因为我们提前选调的两个人正好都是中农出身，1965 年提前选调到中央对外联络部的两位同学恰好也是中农出身）。"路线问题"在当时可是个涉及"政治正确"的大问题（当时的说法是"阶级立场问题"），系里负责分配工作的老师唯恐犯"路线错误"，经过慎重考虑和"复杂操作"（因为新华社调令已经下达到学校），便把我换成了另一个贫农出身的同学。又经过一段漫长的"协调"之后，一个偶然的机会，我来到天津海关下属的塘沽海关。

70 年代初，南开大学历史系的老师响应"开门办学"的号召，到天津港去帮助写港史。以此为契机，在天津海关塘沽分关工作的我有机会认识了"写港史"的俞辛焞、米庆余和王敦书三位老师。在此之前，我曾被"借"到市里接待"日本访华朋友"，与同样借去的俞辛焞老师有过"一面之交"，所以我们二人认识得更早一些。

1976 年是中国发生巨变的一年。"文革"结束，中国翻开了新的一页，教育系统也慢慢步入正常轨道。1977 年，高考恢复，一批批年龄参差不齐的青年才俊从祖国各个角落重新聚首在大学校园，开始如饥似渴地"恶补"各种知识。与此同时，各行各业"改革开放"的春汛也在缓慢启动。

在这一大潮之下，极具事业心的俞辛焞老师为重启南开的日本研究，利用当时学校较为宽松的进人政策，在 1978 年一年之内，便招进武安隆、王家骅、刘予苇（他们三位都是南开大学历史系毕业，刘不久便调出南开）和我四个人充实到历史系日本史研究室。

日本史研究室成立于 1964 年，创始人吴廷璆教授，成员有俞辛焞、王敦书、米庆余三位老师。历史系世界史专业同时成立的还有美国史研究室和拉丁美洲史研究室。

1964 年，以"四清"为主的政治运动已经渗透到全国各个领域。大学当然也不例外，教师和学生"下乡下厂"已是家常便饭，老师教书和学生学习几成"副业"。我当时作为学生就去过北京近郊通州和远赴四川搞"四清"，还去过北京近郊的清河毛纺厂"下厂劳动锻炼"。不久"文革"开始。

1978 年 10 月，我来校报到时，多数教师还住在唐山大地震后"临建"地震棚里，我被安排到单身教工宿舍（学生第九、十、十一宿舍都住过）。因为不坐班，每星期五坐"塘沽短"（津塘之间供上班职工乘坐的短途火车）到学校一次，名义上是开会，但多数情况下是无事可议，闲扯一番了事，每周却要占去我一两天的时间（有时要在学校过夜），每月花去我四五元交通费（月工资的十分之一）。这样的日子度过了将近十年时间，1988 年 2 月，家属调入南开大学附中，我成为天津市区的正式市民。

我简述这段历史，是想印证以下事实：在"文革"前后的数十年间，国家基本上处于非正常"政治生态"之中，在这样一个大背景下，早在1964年就成立的日本史研究室，虽有其名，并无其实。也就是说，并没有（也无法）真正开展什么学术研究，对研究者个人来说，是"非不为也，是不能也"。据现存资料，至1982年为止，日本史研究室共付印（不是出版）过8期内部资料《日本历史问题》，这在当时的"铅字印刷"时代，已经是难能可贵的成果了。当然，在"政治挂帅"和"以阶级斗争为纲"的大前提下，就其"研究"内容而言，今天看来大多是不可卒读的。

二 我的南开生涯

我是1978年10月调入南开大学的。当时，77、78级学生已入学，世界史专业一部分学生选学日语。1981年前后，系里派我教他们"专业日语"，没有教学经验的我，"摸着石头过河"，教了一两个学期的课。这些"沙里淘金"的学生，个个优秀而用功，后来大都成为栋梁之材。

与此同时，在"研究"还没有上路的情况下，我先从"翻译"入手，和王家骅老师合译了《满洲事变》一书（1983年6月由上海译文出版社出版），这是我来南开五年之后出版的第一本书。

80年代初，中日两国就日本历史教科书问题展开论争，中国的日本研究者也紧跟形势，参与了"日本历史教科书问题"的大批判，南开日本史研究室责无旁贷也参与其中，编写付印了《日本历史问题》第8期（日本历史教科书问题批判专辑）。为了给政府提供参考，吴廷璆先生特地派我将这一期的复印件送递外交部。记得当时我在传达室说明来意后，时任亚洲司日本处处长的丁民亲自下楼来取回资料。

70年代末，教育部委托吴廷璆教授领衔主编高等学校教材《日本通史》。南开大学历史研究所日本史研究室全体成员和辽宁大学日本研究所部分教师近20人参与编写，历时10余年，几经周折，终于于1994年由南开大学出版社出版。我参与编写了日本战后史的部分章节，并负责该书的出版联络事宜（我时任日本史研究室主任）。

这部百万余言的日本史，原列入人民出版社的重点图书出版规划，由吴廷璆教授统筹组织，南开大学和辽宁大学的相关教师集体编写，但作为主编的吴廷璆教授时任天津市政协副主席和全国政协常委，社会活动频繁，无暇顾及具体统筹和审稿工作，该书迟迟不能脱稿付梓，故人民出版社撤销了出版计划。在此情况下，南开大学出版社将该书列入出版计划。当时，吴廷璆先生经学校批准，聘请无正式工作岗位而又颇有几分学术功底的郑彭年先生为助手（编外），负责该书的具体编审工作。郑彭年先生数年如一日，全身心地投入这一工作，同时还关照着吴先生的家庭琐事，但由于年龄关系，郑彭年最终也未能转为南开大学正式职工。作为亲身经历者，我个人认为，假如没有郑彭年全力以赴的具体操作，该书会拖至何时才能面世真的很难说。

虽然在编写和出版过程中历经诸多蹉跎，但《日本史》迄今仍是中国国内内容最全最翔实的日本通史。作为南开大学出版社的"拳头产品"，该书曾多次获奖，重印十余次，为南开大学出版社赢得了声誉，是国内日本史研究人员的案头必备之物。当然，也为南开大学的日本研究起到了奠基性作用。

80 年代中期，我做了几年日本农业政策的研究，1987—1988 年在日本京都立命馆大学做访问学者期间，有机会去京都郊区农村做过几次考察。我撰写的有关日本农业的论文主要有《日本农业现代化的途径和措施》（《南开学报》1984 年第 6 期）、《日本农民兼业化问题探析》（《南开学报》1985 年第 5 期）、《日本关于农业发展方向问题的论争》（《日本问题》1990 年第 4 期）、《日本农业现代化的几点启示》（《日本学刊》1992 年第 1 期）等。在立命馆大学研修期间，发表了《中国人的日本史研究》（《立命馆史学》1987 年 11 月）、《解放后中国农业发展的道路——中日两国农业比较》（《立命馆经济学》第 36 卷第 6 号，1988 年 2 月）、《农协在日本战后农业中的地位和作用》（《日本史论文集》1985 年 8 月）、《日本农村高龄化问题及其对策》（焦必方编《日本的农业、农村和农民——战后日本农业的发展与问题》，上海财经大学出版社，1997）。1991 年，我的第一部专著《日本农业现代化的途径》出版（天津社会科学院出版社）。

90 年代以后，随着国内外形势的变化，中日两国关系逐渐进入"蜜月期"，国内研究环境也有了较大改善。在这一大背景下，学界出现了"国际化"研究热潮，我也被裹挟其中，写过《日本的国际化与近代化》（吴廷璆主编《日本近代化研究》，商务印书馆，1997）等文章。

但是，我根据自己的实际情况，将总的研究方向基本确定为日本战后史，主要侧重于日本战后政治史和政党政治方面。这期间，利用数次去日本研修的机会，积累了一定的相关资料，申请批准了一些相关科研项目，陆续发表了一些科研成果。主要著作有《日本战后五十年（1945—1995）》（世界知识出版社，1996）、《自民党的兴衰——日本"金权政治"研究》（天津人民出版社，1996）、《战后日本政党政治》（人民出版社，2004）、《日本近现代政治史》（与徐万胜合著，2010，杨栋梁主编"现代化历程研究丛书"之一）、《近代以来日本的中国观》（第5卷，与乔林生、乌兰图雅合著，杨栋梁主编，江苏人民出版社，2012）、《日本政治民主化进程研究》（合著，李剑鸣主编"外国政治民主化进程研究丛书"之一，上海三联书店，2011）、《日本现代政治史论》（刘岳兵主编"百年南开日本研究文库"之一，江苏人民出版社，2019）。

相关论文主要有《政治资金与自民党的兴衰》（《日本学刊》1996年第3期）、《政治资金规正法述论》（《日本研究论集》1996年）、《解除公职及其对日本政党的影响》（《世界历史》1998年第2期）、《自民党派阀初探》（《日本研究论集》第4集，1999）、《试论日本自民党政权》（《世界历史》2000年第2期）、《日本自民党的分裂与新党的诞生》（《东北亚学刊》2001年第2期）、《战后日本政党的恢复》（《世界近现代史研究》第1辑，中国社会科学出版社，2004）、《日本政府的对华认识与行动》（《南开日本研究》，世界知识出版社，2011）等。

这期间，主编和译著主要有《亚太地区经济关系与中国》（合著，南开大学出版社，1992）、《亚太主要国家历史与文化初探》（主编之一，天津人民出版社，2001）、《东亚区域经济合作：中国与日本》（主编之一，天津人民出版社，2002）、《孙中山在日活动密录》（合译，南开大学出版社，1990）、《战后日本企业家群像》（天津大学出版社，1994）、《日本通商产业政策史》（合译兼全书译审，中国青年出版社，1995）、《商务信函实例事典》（译审，天津大学出版社，1996）、《黄兴在日活动秘录》（合译，天津人民出版社，1998）、《再创辉煌——重建有魅力的日本》（天津大学出版社，1999）等。

在研究生培养方面，我 1990 年晋升为副教授，1993 年开始招收硕士研究生。1996 年晋升为教授，1998 年被批准为博士生导师，2000 年开始招收博士研究生。至 2006 年退休前，经我门下毕业的硕士、博士研究生共18 人，毕业后绝大多数在高等院校和国家科研部门从事教学科研工作。

博士研究生的毕业论文，经修改后有 10 余部公开出版，其中主要有徐万胜著《日本自民党"一党优位制"研究》（天津人民出版社，2004）、孙政著《战后日本新国家主义研究》（人民出版社，2005）、华桂萍著《护宪和平主义的轨迹——以日本社会党为视角》（人民出版社，2005）、乔林生著《日本对外政策与东盟》（人民出版社，2006）、刘迪瑞著《日本国有铁路改革研究》（人民出版社，2006）、向卿著《日本近代民族主义》（社会科学文献出版社，2007）、淳于森泠著《宪政制衡与日本的官僚民主化》（商务印书馆，2007）、连会新著《日本的联合国外交研究》（天津社会科学院出版社，2007）、李莹著《日本战后保守政治体制研究》（世界知识出版社，2009）、李海英著《日本国会选举》（世界知识出版社，2009）、万鲁建著《近代天津日本侨民研究》（天津人民出版社，2010）、刘少东著《日美冲绳问题起源研究（1942—1952）》（世界知识出版社，2011）。

值得庆幸的是，我的这些硕博士毕业生，没有人弃学经商或从政，目前大都是日本研究的中坚力量，活跃在国内教学科研领域。我退休迄今已16 年有余，在南开园度过了我的大半生。

三　南开日研的创建与壮大

一般认为，1978 年是中国改革开放的起始，但实际上，前十年的改革和开放可以说步履维艰，我认为，如果把这一时期叫作"艰辛探索"的过渡期，可能更恰如其分。真正的改革开放应该是在 80 年代后期开始的。

在这样一个大背景下，中国的高等教育也有了空前的大发展。封闭太

久的中国人迫切要求更快地了解外部世界，而日本和美国等发达国家无疑
成为中国人了解、研究的目标。于是，各大学和科研部门纷纷成立与之相
应的研究机构。南开大学、北京大学、复旦大学等几乎在同一时间成立了
日本研究中心。

南开大学历史学科人才济济，实力雄厚，名师荟萃，在国内史学领域
占有一席之地，当时中国史专业和世界史专业都被批准为博士点。成立于
1964 年的日本史研究室，80 年代初开始招收日本史硕博士研究生，是全国
最早的硕士点和博士点，吴廷璆教授是全国最早的世界地区国别史博士生
导师。几十年来，日本史研究室（日本研究中心）培养了数百名日本史教
学科研人才。

1982 年，"中国日本史研究会"（后更名为中国日本史学会）成立，
时任日本史研究室主任的吴廷璆教授当选为第一任会长。1985 年，历史研
究所从历史系分离出去，成为系处级实体单位，日本史研究室归属于历史
研究所，成为历史所四个研究室之一（其他三个是美国史研究室、明清史
研究室、周恩来研究室）。

南开日本研究中心就是在历史研究所日本史研究室的基础上成立的。
经过一段筹备之后，1988 年 4 月，在俞辛焞教授的主持下，成立了以日本
史研究室为核心、以南开大学外文系日语专业和经济学系世界经济专业的
部分教师为成员的南开大学日本研究中心。"日研中心"设理事会，俞辛
焞教授为理事长，日本史研究室、外文系和经济系的部分教师为理事会成
员。行政方面，俞辛焞先生为日研中心主任，我是秘书长，协助处理一些
日常事务。

当时，南开大学成立了国际问题研究中心，冯承伯教授为中心主任，
其下有美国研究中心、拉美研究中心、欧洲研究中心、日本研究中心等。
这些研究中心都是虚体，没有专职人员，成员编制都归属于各个系所，平
时开展一些学术研究方面的活动。其中日本研究中心和美国研究中心分别
以日本史研究室和美国史研究室为依托，人员比较集中，所以开展活动比
较多。

1990 年新图书馆（逸夫楼）启用后，由于美国史研究室教授冯承伯先

生时任图书馆馆长，所以国际问题研究中心及其所属各研究中心都在新图书馆分到一间研究室，从此有了固定的活动场所。日、美研究中心还在新图书馆辟有一间共用的资料室，学校图书馆专门派员负责管理、借阅图书。资料室的图书来源有二，一是经学校同意，从学校图书馆提取的一部分日文图书，二是日本方面的赠书。这一局面维持了几年时间。

作为虚体的研究中心，开展活动的最大困难是缺乏资金。当时国家百废待举，对教育的投入很少，学校的正常开支都很困难，所以虚体机构不可能得到学校的财政支持，我们深感要生存下去必须有一定的经费做支撑，否则"中心"将形同虚设。

1991 年秋，我第二次被公派去京都立命馆大学做访问学者，有幸结识了京都的慈善家冈松庆久先生，他热衷于中日文化交流。我们通过交往有相见恨晚之感，我帮他翻译了"自传"在中国出版，向他介绍了南开日研的情况，他爽快地给了我 1 万美元现金，作为南开大学日本研究中心的经费，这可以说是南开日研的"第一桶金"。钱不多，但可以解燃眉之急。后来，王家骅教授赴日研修期间，冈松庆久先生又通过家骅教授向南开日研中心提供了 5 万美元的赞助。

此后好事连连。

1991 年下学期，我接受俞先生的建议，向"日本万博纪念会"提交了一个包括购书、科研、出版和建房等内容的"一揽子计划"申请书。该申请书项目繁多，内容庞杂，包括附件长达几十页。

申请书提交后不久，一位叫吉永正藏的日本友人来南开大学访问，向校方提出出资在南开大学修建一个书店的意向。当时我们并不认识吉永正藏，但俞辛焞先生听到这一消息后，力劝吉永不要建书店，希望他资助南开日研建房，并向他出示了我们拟定的"万博申请书"和附件的复印件。吉永先生将这份资料带回日本后一周内便回复：你们向万博申请的建房一项内容可以取消，由我出资为南开大学日研中心建楼。

我们当然喜出望外，随即致函日本万博方面要求修改计划，撤销盖房一项的申请。但阴差阳错，做事一向缜密的日本人，在审核申请书时却偏偏没有注意到我们提交的改变计划报告，不但按原计划批准了我们的申请额度，而且要求我们必须将资助款项全部用于建房，并取消了其他申请项目。

当时我正在京都立命馆大学"访学"，得此消息后我立即去大阪万博总部交涉此事，这时他们才发现我们申请撤销建房的报告放在文件夹的最后面，他们没有注意到，所以也无从采纳。但木已成舟，已批准的申请是不可变动的。

这样，我们几乎在同一时间获得了吉永和日本万博两笔建房款项。后来经过斡旋，吉永先生同意与万博方面联合盖楼，万博也予同意。于是我们将原来计划的二层小楼盖成了如今的四层大楼，这也是要在楼门口墙壁上同时刻有吉永正藏和日本万博纪念文字的原委（重新装修时已移至别处）。1994 年春，大楼正式启用，成为中国国内大学唯一依靠自己力量筹资建楼的日本研究中心。后来，在杨栋梁教授的主持下，又从日本多方筹资扩建了大楼东面的图书馆和报告厅部分，使楼体扩大了一倍，为后来南开日研的实体化创造了良好的物质条件。

1992 年春，俞辛焞先生在日访问期间，经过艰苦努力，从他的老朋友、爱知大学教授江口圭一那里得到一笔数量可观的资金，这就是后来设立的"江口圭一日本研究基金"。"江口基金"为南开日研的进一步发展奠定了稳定的基础。

更值得一提的是，从 90 年代初开始，日研中心作为中国的日本研究基地之一，多次承蒙日本国际交流基金会全方位的资助。基金会在南开日研的创建与发展过程中，在人才培养、科学研究、成果出版和购买图书等方面，都发挥了至关重要的作用，这是人所共知的事实，自不必在此赘述。

南开日研走到今天这一步实属不易。据我所知，八九十年代中国各大学相继建立了数量可观的日本研究中心（日本研究所），但能名实相副地维持到现在的已经不多了，而将虚体的日本研究中心发展为实体的日本研究院，全国只有我们一家。南开日研之所以能够创建并发展到今天，我想可以归功于天时、地利、人和这三个方面的因素。

所谓天时，从大的方面讲，是当时改革开放的大好形势，中日关系的顺利发展和国内日本研究的方兴未艾。但我觉得那是"大话"。具体而言，所谓天时，就是机遇。机遇的要素有二，一是要有机遇，二是要善于抓住机遇，二者缺一不可。如上所述的几次赞助，可以说都是机遇，但都具有一定的偶然性，为什么在那短短的一两年时间里，好事连连出现，至今似乎仍然是个谜，但"机会总是留给有准备的人"，如果机会来了不去抓住，机会便会瞬间消逝或擦肩而过。我想，如果当时吉永正藏不来访，如果我们当时手头没有一套详尽而完备的"万博申请计划"提供给素不相识的吉永正藏，如果万博方面不是在审查时阴差阳错，事情可能完全是另一种情况。

所谓地利，在日本研究方面，天津在全国占有一席之地。中国的日本研究，大体可分为东北、京津和浙沪三大块。从总体实力上讲，天津无法与北京同日而语，但天津的优势是人员相对集中。就南开大学而言，大都集中在历史学系、经济系和外文系，组织起来比较容易。另外，南开大学的校系领导对日本研究还是比较重视和支持的。这些条件对南开日研的创建和发展都十分有利。

所谓人和，是"人心归向，上下团结"之意。日研中心成立之初，虽为虚体，一无所有，但"中心"的成员心齐劲足，不畏困难，献计献策。经济系和"日专"方面的老师不图回报，积极参加"中心"组织的各项活动，日本史研究室的老师更是把"中心"和研究室视为一体，对内是日本史研究室的成员，对外是日研中心的成员，处处发挥着核心成员的作用。

不过，我认为，在这里，"人和"还有另一层含义，那就是"集体实力的体现"。日研中心的骨干成员，都是学术上有一定造诣和知名度的学者，他们功底深厚，成果丰硕。正是由于有了这些颇具实力的学者做后盾，有了这些学术成果为基础，具体责任者才敢于"理直气壮"地向外宣传，争取对方的支持和赞助。从这一意义上讲，南开日研从无到有、从虚到实、从小到大的发展历程，归根到底是"以人为本"，是全体成员谱写了南开日研的成功篇章。

现在的南开日本研究院，已是包括历史学、经济学、政治学三个学科的实体综合研究机构，人员配备精干，科研方向齐全，人才济济，成果丰硕，在国内日本研究方面优势明显。今后的南开日研，任重道远，未来可期。

（王振锁，南开大学日本研究院教授）

我和南开日本研究

周维宏

本人 1978 年 2 月考入南开大学历史系世界史专业，1990 年 6 月从南开大学历史所世界地区史国别史专业日本史方向博士课程毕业，前后在南开学习本科、硕士和博士课程共 10 年时间，可以说是地道的南开学人了。值此南开日本研究院成立 20 周年之际，回顾自己的南开学习经历，撰写此文，以资纪念。

一 本科时期的我与南开日本研究

我们是恢复高考后的南开大学第一届学生，虽然叫 77 级，入学却是在 1978 年的 2 月，属于冬季入学。后来的 78 级开始才是规规矩矩的秋季入学，9 月份。

我和南开日本史研究的第一个因缘，是间接的，就是和南开日本史、中国日本史研究的第一人吴廷璆先生（也是我未来的硕士和博士导师）的三公子弘宝一个宿舍且住上下铺。报到的第一天，一进宿舍，已经有两个天津的同学在了。一个是李仲恺（来自天津日报社，毕业后回了报社，后去日本留学并就业、创业至今），另一个就是弘宝，先前曾在天津郊区农场插队。弘宝身材高大，相貌堂堂，却出奇地性格温和，与人为善。未曾说话先满脸笑容，而且特别勤快。在我们到之前就一直不停地在打扫房间。出身高级知识分子家庭却特别爱干活，这是我们这些所谓劳动人民家庭出身的人都自愧不如的。不仅是刚开学，以后整个四年，他都是我们宿舍的劳动模范，抢着打水和整理房间，让我们感动不已。后来我们知道了他是日本史大家吴先生的公子，更感叹他的家教和为人是如此完美。唯一遗憾的是弘宝学的外语不是日语，没有子承父业。

　　和日本研究的第二个因缘发生在大学外语选语种的时候。我们入学时的专业是南开历史系世界史专业。这个专业据说在国内当时只有两家：南开和武大（这一说法也许并不准确，但让我们颇感一些自豪）。当时历史系有一个虚体机构历史研究所，其中四个研究室就有美国史研究室和日本史研究室是属于世界史的，另外两个是明清史研究室和周恩来研究室）。该专业招生时是按外语专业招生要求进行的，其中一半学生来自天津，均具有不亚于外语系学生的外语水平，为世界史专业后来赢得南开"外语二系"的雅号奠定了基础。但外地的考生因外语成绩不计入考分，未能体现这一招生要求。像我，中学学了四年的俄语，但高考并未要求考外语。这样所有的外地学生入学后均遇到了重新选择外语种类的课题，而外语种类的选择实际上大致等于今后研究方向的选择。历史系为学生提供了三种大学外语语种供选择。首先是英语，学过英语的学生自然首选继续学习英语，鉴于中苏关系尚未恢复正常，我也想选择英语，于是报名参加了英语班。但第一堂英语课老师选择了广播英语教材作为课本，带领大家从上册第一课一直读到最后一课，发现大家毫无困难，于是决定下次课从中册开始。对于 26 个字母还没有记全的我，只能放弃了。除了英语外，还有两种外语是日语和俄语，均从零起点开始。还是出于中苏关系的理由，我选择了学习日语，大胆放弃了学过四年的俄语（当时自己有过这样的一丝念头：俄语毕竟学过，将来有时间可以恢复。然而学了日语以后很快就意识到需要学习英语，竟再也没有时间去恢复俄语了）。大部分没有学过英语的外地学生，也和我一样，选择了日语，只有个别的选了俄语。

　　大外通常两年，第一年的老师是从哲学系来的李约瑟老师，据说是个尚未平反的"反革命"，故没有安排在本系教书，派来历史系教大外日语。但李老师据说精通德、英、法、日多国文字，主要专业是德国哲学。教了一年以后，李老师得到平反，回哲学系去了，多年以后听说李老师改行去做计算机汉字编码研究了，果然语言天赋了得。第二年，换了一个临时聘请的天津国棉二厂职工大学的日语教师李德绵老师。李老师据说毕业于伪满的建国大学，其哥哥李德纯是中国社会科学院文学研究所的日本文学专家，后来用日语写过小说。这两位老师教学都很认真。李约瑟老师选了北大东语系"文革"前的日语课本即陈信德主编的《日本语》作为教材，因封面蔚蓝色，简称"小蓝皮"，从五十音图开始教。李德绵老师则自编教材，侧重日常口语。

选了日语，在世界史专业上就大体意味着选择了日本史作为研究方向。80 年代正是中国步入改革开放的年代，需要学习邻国日本的经验，而南开日本史又是 60 年代就成立了国家基地，有吴廷璆先生这样的领军人物主持，未能选择英语我也并不觉得有太大后悔。出于对公共外语教学时间不足的担心，我们学习日语的学生还自发地组织了业余日语学习小组，利用课余时间自主学习日语，以弥补每周仅四课时的教学不足。虽然我已经不记得这个小组是如何活动的，但这一举动象征了当时我们这届学生的外语学习热情。这个小组应该有八九个人，但后来真正以日本研究为职业的，现在看来只有张健、李卓、邵建国和我四个了吧？

公共外语学制两年，两年以后就没有课了，主要靠自学。学英语的同学开始选择第二外语，大都是德语或法语。我则在自学日语的同时跟英语摽上了劲。主要是因为我们宿舍六个人，三个人来自天津，英语都不错，尤其老大李天元来自虹桥区教育局外语教研组，英语已经相当了得，在他的引导下，三个学英语的天天在宿舍里练口语，还给同学取英语外号，哈哈大笑，我们三个学日语的外地生一句也听不懂，像个傻子。急于摆脱这种尴尬局面，我开始跟着他们学英语。弘宝和仲恺教我发音，我自己天天查字典。渐渐地，他们三个在笑谁，我大致能猜出来，也就脱离了当傻瓜的境地。另一方面，教日语的李约瑟老师也曾强调，日语中有不少外来词，需要学习一点英语。这些都促使我放弃重拾俄语，把精力投入了英语学习。我还选过黎国彬教授（这也是一个精通英、德、法多国语言的厉害角色，归国华侨）的专业英语课，他用美国小说《飘》做教材，让我们自己翻译，我根本跟不上，考试时好歹连蒙带抄混了个 70 分及格。不过在高年级，经过自学，我的日语水平接近快班学英语同学的英语水平。我是日语班第一个背会五十音图的，得到了李约瑟老师的课堂表扬。在本科阶段我已经背完日语小辞典，有了近一万的日语常用词汇量。我记得我每天早上背词背得太猛，老大李天元有时会忍不住模仿我的调子调侃一下。

自学外语最大的难题是听力和口语。我的办法是听广播和看电视日语节目，同时不放过任何一场学校的日语学术报告。我记得大四的时候历史系请日本敦煌学专家藤枝晃来讲学，虽然跟日本史没有什么关系，为了练听力，我从头至尾，听了一个多月，从一个词也听不懂到最后能听懂 70%以上。其他还听过井上清和依田憙家等日本史学者的讲学。好在学校和日本的学术交流很多，不管哪个系的讲座我们都会去听，主要是为了练听力。历史系的日语讲座，担任翻译的主要是吴先生招的第一批硕士生，如廖隆干、管宁和李秀石。廖是高中在日本读的华侨，来自天津社科院，管是北大日语系毕业，李是大连外大日语系的。尤其是李秀石，她的翻译中日文俱佳，反应又快，一直是我想要追赶的榜样。为此我认真问过廖师兄，需要多长时间才能达到他们的水平，廖师兄说要七八年。后来我第一次单独担任日语学术口译，是在读博的第一年，可见廖兄此言不差。为了在高年级继续学习日语，我们曾邀请日本史教研室的王振锁老师开设专业日语课，王老师毕业于北大日语系，从天津海关调来南开。也曾请南开公外教研室的外聘日语老师开过业余口语练习课，这位老师有意调入南开，故很乐意在学生中树立口碑，可惜我已经忘了他的名字。

本科阶段除了日语以外，和日本史相关的课程似乎并不多。吴先生大名鼎鼎，但也公务繁忙，高年级阶段提倡名教授开课，他似乎开了一门"中西交通史"，但我因选课已满，没有正式选，还是忍不住慕名去旁听。不过因为吴先生三天两头开会出差，这课似乎没有上完。因此，可以说，除了和弘宝兄上下铺的兄弟关系，本科期间和未来的导师并未有交集的时间关系。倒是通过弘宝，认识了他的大哥和二哥，大哥在天津社科院历史研究所工作，结婚的时候计划去浙江老家绍兴旅游路过我的老家无锡，有幸让我尽了一次地主之谊。二哥也在天津社科院工作，并且唯一继承了吴先生的衣钵，研究日本历史。本科阶段我倒是选过其他名师的课程，如杨生茂教授的"美国史"、杨翼骧教授的"中国史学史"、刘泽华教授的

"中国古代思想史"等。唯一的日本史课程是由俞辛焞老师带领日本史教研室的主要成员联手合开的"日本史专题"，每个老师讲一段，主讲的老师记得除了俞老师，还有米庆余老师、武安隆老师、王家骅老师和王振锁老师。

我的日本史研究开始于本科毕业论文。分配给我的指导老师是王家骅老师，他当时主要从事日本思想史研究。我当时对日本的洋学研究感兴趣，于是选择了日本兰学对近代日本思想界的影响作为论文题目。因为我发现，日本的兰学研究主要集中在医学和天文学等自然科学部门，涉及社会科学的内容很少。于是我收集了兰学中社会科学方面的书籍目录，和兰学家的社会思想进行了对比，完成了毕业论文。当时对本科论文也没有具体要求，只要写了也就大致合格，符合毕业要求了。但后来我将该文投给《历史教学》，获得了发表，并被中国社科院世界史所的《史学情报》杂志收入，摘要了一千多字。署名责任编辑的就是武寅，后来担任社科院副院长。我到北京工作后曾有机会当面致谢。这也算是我的第一篇学术论文。

二　硕士时期的我与南开日本研究

本科毕业后我被分配到江苏的南京师范大学（当时还是学院）参与筹建历史系（以前只有政教系），并在世界史教研室担任世界近代史课程，培养了第一届毕业生，工作了两年后1984年又考回南开大学，成为吴先生的硕士研究生。

在南师大工作期间，我报名参加了教师的业余外语进修班，英语主要是《新概念英语》的中高级学习班，日语则是高级教师班，教师是原解放军洛阳外国语学院的王述坤老师，他当时是解放军国际关系学院（南京）的团职教师。王老师选用了上海外国语大学日语系编的基础日语教材第3、4册教我们，他的特色是课堂上大量做中译日的句子翻译练习，帮助我们突破了日语语法、句型和语感的障碍。我们开始时是作业满堂红，一学期下来就上路了。此外我还有幸参加了复旦大学吴杰先生举办的井上清先生日本史讲习班，在复旦听了井上先生三个月的日本史课程。在南京大学日语系旁听了不到一学期日本老师的日语写作课程。

吴先生在我们毕业那年开始招收硕士出国预备生，当年李卓考了，但没有出国去读。第二年邵建国考了，并出国留学，一待就是 12 年，拿到了博士学位后，回国到了我所在的北外工作，直到退休。我毕业当年曾因家庭因素计划考复旦大学吴杰先生的硕士，但他没有名额，建议我改考中国经济史，我放弃了。第二年南京师大规定不满两年不能报考，我错过了最后一届的出国预备生机会。第三年报考时国家已经取消了文科的出国预备生计划。

记得硕士考试初试是在南京大学考的，在回南开参加复试时，俞辛焞老师特地来到我的住处看我，欢迎我重回南开读书。他没有明说，似乎也有意思希望我改做外交史，但我一则英语水平还不行，没有做外交史的自信，二则惦记着将来考吴先生的博士，没有敢贸然转向。弘宝毕业后留校工作，复试前特地邀请我去赴家宴，饭后请示老爷子是否见见。吴先生传话说，考试前还是不见（避嫌），以后再说。

1984 年 9 月，我和盛国雄（从福建考来）两个人成了也许是吴先生录取的最后一届硕士。吴先生此后转向了博士招生，硕士生由俞辛焞老师等下一代学者负责。记得吴先生此时年事已高，加上担任了民盟中央常委、天津民盟主委、政协天津副主席等职务，有许多校内外行政工作，基本不再进行教学和科研，对学生以个别辅导形式为主。开学后在我去拜访时约定，每月去他家面谈几次，作为他的指导课程，每学期给两个学分。我记得他的一个重要指令，是要求我们全部转向日本经济史，不然不予毕业。我是本科时就对政治经济学有兴趣，因此并不觉得有什么问题。但盛国雄似乎还想申辩，被吴先生斩钉截铁地挡了回去。他强调，南开传统的日本史研究基本上是通史、政治外交史和思想文化史，唯独没有经济史。80 年代国家进入快速的经济现代化进程，需要配合国家需求，形成南开的日本经济史方向。

硕士课程的日常教学主要由教研室主任俞辛焞老师负责。他带头为我们开了论文写作讨论课，把他自己已经发表的论文一篇篇拿出来，发给我们，要我们推测这些论文的写作时间和方法。这种针对性很强的案例讨论课，给我们很大启发。"写论文就像十月怀胎，发表就是一朝分娩"；"论文写完要先放在抽屉里，冷却一段时间再进行修改"；"在副教授之前要多打井（多写论文），副教授以后要打深井（有自己的主攻方向，专写高水平的论文）"。这些说法我们都是在课上听俞先生言传身教得知的。此外，俞先生和米庆余老师合开过外交史，武安隆老师和王家骅老师合开过文化史，王振锁老师开过战后史。武安隆老师在身体不适的时候，还特地把他已经写了一半的论文转给我接着写，让我和他一起署名发表，可以说是手把手地指点了我的写作。

在日本史研究室各位老师的指导下，我的硕士课程读得很顺利，差一点有机会走硕博连读的"捷径"，后因种种人事关系未能达成。我硕士的研究课题选择了日本农村工业化史的方向，原因一是自己上学前下过乡，做过生产队队长，体验过农村生活的艰难；二是自己的故乡是江南农村工业化最发达的地区，一直有许多争议问题在讨论；三是一次参加接待日本著名经济学家南亮进先生，他在和日本史研究室师生座谈时，直接提出了希望：中国的乡镇企业正在蓬勃兴起，希望你们好好研究。于是我就想，我们是不是可以研究日本的农村工业化道路来给中国农村做借鉴？这个题目得到了导师的同意，硕士期间我把目标定在战后的日本农村工业化道路，按时写出了论文，并发表在《南开学报》上，后来又被中国社科院的《世界经济》杂志摘编。我记得论文答辩时，吴先生特地请来了当时的中日友好协会会长孙平化先生担任答辩主席，让我们既惊又喜。日后我工作时的一本著作又有幸获得了第一届孙平化日本研究奖励基金专著奖，也是一种因缘吧。

三　博士课程期间的我与南开日本研究

1987 年 6 月，经过三年的硕士课程，我顺利毕业，并报考了导师吴廷璆先生的博士课程。吴先生很早就获得了招收博士研究生的资格，但开始时对学生要求很高，据说希望来考的至少要相当于副教授水平，可以直接撰写日本史研究的专著。因此先生早期的几届硕士毕业生未能直接报考。

一直到 1985 年第一届（77 级）大学生出身的硕士生毕业，吴先生才招收了第一个博士生，我记得是河北大学哲学系 77 级本科毕业、延边大学日本思想史专业硕士毕业的崔世广，成了南开日本史的第一届博士生，从而也成了我们的"大师兄"（现为中国社科院日本研究所研究员）。第二届则有两位从东北考来的师兄：辽宁大学日本研究所的讲师孙承和东北师大历史系的硕士祝乘风。我则是第三届了（87 届）。和我同届的还有两人，一位是从广州外国语大学日语系考来的钱国红，一位是从日本早稻田大学考来的华侨叶英树。叶英树据说是依田熹家先生推荐的，是一位双腿行走不便的残疾人士，因此几乎没有实际来学习，钱国红后来也去了依田先生处留学，实际只有我一个是在南开完成的博士课程。在这一届报考的人中我还记得有辽宁大学日本研究所的徐平，但分数差了一点，没能来，据说他后来在本校读的博士，并最终从事行政，当上了副校长。

在读博期间，我印象很深的是导师继续要求博士也转向经济史，我和上届的祝乘风因为硕士论文都做的是经济史，所以顺其自然地接受了。但师兄孙承一直做的是政治史，从未做过经济史，当时处境相当狼狈。和导师交涉了多次，都被顶了回来，还是一句话，不改经济史就不要毕业。最终孙承居然"痛苦地"做出了一篇很好的博士学位论文《日本国内资本主义市场的形成》，但毕业以后还是改行做了国际关系，进了国务院国际问题研究中心。钱国红和叶英树因不在国内读，由依田先生代为指导，也就没有被逼转向的问题。

我和祝乘风读博期间来往较多。我们一起奉吴先生的指令，去经济系找薛敬孝老师请教如何补足经济学基础，薛老师要我们读一本厚一点的《政治经济学》。我们一起去外语系日语专业选修"古典日语文法"，开课的李树果老先生人很好，自编教材，我们跟他学了一年，为研究日本史打下了古文基础。我们还一起去国际经济系选修了日本著名经济学家南亮进先生为国际经济硕士班开的"日本经济发展百年史"课程。我们又一起翻译了《日本人和中国人》这本书。1986 年毕业他先去了新华社香港分社，之后又进了深圳市政府并最终下海经商。近几年终于回归学术圈，进了辽宁大学历史系。

　　读博期间的 80 年代，可以说是南开日本史研究对外交流的高潮时期，经常有日本学者来系所访问交流。我自己印象最深的就是三位学者的讲学。一位是著名日本近代经济史学家、名古屋市立大学教授芝原拓自先生，他的日本近代经济史讲座，这也是我第一次担当课堂学术口译的讲座。讲座为期一个月，最初是由管宁师兄担当翻译的，但时间长了以后略显疲惫，吴先生希望各位博士分担一些。先是广外日语出身的钱国红做了几次，但他由于不是学历史的，翻译得不很熟练，于是我被推上了火线，替换管师兄。结果大出我的意料，大家反响良好，从此树立了我担任日语口译的自信。在校期间我给校长做过翻译，毕业以后也曾经受雇三菱商社，担任日本能源经济研究所和国家科委合作的大型学术研讨会翻译，有一段时间还受雇于日本贸易振兴会北京代表处，专门陪同他们访问中国各级贸易部门，翻译日薪高达 1200 元人民币。

　　另一位是早稻田大学文学部的日本近代史专家安在邦夫先生，安在先生是我所认识的日本人中脾气性格最好的一位学者，在他的课结束后，我和祝乘风还一起护送他去北京，从北京回日本。记得在陪同安在先生逛王府井时，安在先生还特意在新华书店购买了一本我刚出版的译著《东京审判》，向我表示祝贺。自此，安在先生就成了我和祝乘风的终生师友。90 年代我去日本其他学校做访问学者时，承蒙安在先生厚意，还特地在他任学部长的文学部挂了一个特别研究员的名义，经常出入早大向他请教。

　　第三位其实是南开社会学系硕士研究生班请的专家，日本社会学会会长、东京大学教授富永健一。当时南开社会学硕士班请他来讲"中日现代化进程比较"，我很感兴趣，一直坚持旁听，并曾帮助做日本史人名地名的翻译。为此，担任翻译的硕士班学生董兴华很感谢我，特地将富永先生送给他的一本书《现代的社会科学家》（讲谈社）借给我先看。这本书后来打开了我的"天眼"，把我从历史学引入一门新的学科——社会学。我和社会学的因缘始于南开本科时期，记得大三的时候，费孝通在南开办班恢复全国的社会学专业。当时主要从全国各高校的 77 级文科中选拔 40 名学生作为第一批学员，我们班分到了两个名额。我虽报了名，但因从未学过社会学，未被选上，选上的是年龄长于我的韩广生和马和建。我虽没有进社会学班，但通过这个班结识了当时从南京大学和南京师大来的两位老乡，一位是宋林飞，南京大学后来的社会学专业创始人，后任江苏社科院院长，另一位南师大的后来进了江苏新华日报社，后任江苏广播电视厅厅长。不过，真正为我后来工作以后主要从事日本社会史研究打下伏笔的，还要说是和富永先生这本大作的相遇。我一直想把这本书译成中文，但后来听硕士班的严立贤说他们班已经有人在译了，也就作罢。但我至今也没见到这本书的中文版面世。

经过三年的博士课程学习，我最终以《日本农村工业化史研究——兼及中日比较》为题，写出了学位论文。在论文里，我总结了有史以来各种学科关于农村发展的理论，特别整理和发掘了列宁关于农村工业的理论，重新定义了农村工业化概念，并设计了农村工业化测量指标，进而对明治维新迄今的日本农村工业化历史进行了梳理和总结，提示了日本农村工业化的主要发展途径，并和中国进行了对比。该论文得到了导师吴先生和副导俞先生的肯定，顺利通过了答辩。导师还曾经邀请中联部的张香山部长来为我们担任答辩委员会主席，后因公事日程冲突而作罢。毕业以后曾有机会当面拜访张香山先生，表示了谢意。我的博士学位论文后来得到日本国际交流基金会的出版资助，由人民教育出版社正式出版。上海书店网曾将其列入"建国以来经济学理论研究经典目录"，出版时售价仅数元的简装本，现在在旧书店里居然标价到近百元，给我很大的心理安慰。

回顾在南开的 10 年学习经历，南开给我留下了很深的影响，其一可以说是南开的日本研究很重视外语学习，吴先生、俞先生、王振锁老师的日语自不必说，王家骅老师等中途转向的老师也在日语上投入了大量精力，给我们树立了很好的榜样。其二可以说南开的日本研究始终在和日本学界进行直接对话，通过大量的国际交流来提升自己的研究水平。我自己的成长就是享受了这些国际交流过程的结果。其三就是南开日本研究也具有广阔的胸怀，积极吸收国内各个地区各个专业的日本研究人才，不排外不保守，从而形成了溪水长流的研究队伍，我很自豪是其中的一员。

（周维宏，北京日本学研究中心教授）

南开日研成长记

王美平

2003 年，我有幸于南开日本研究院成立之初入学，开启了我的日本史学习与研究生涯。南开日研师资力量雄厚，学科方向与课程设置较为全面综合，吸引了一批国内有志于日本研究，且有较好日语基础的学子前来求学。

我是内蒙古呼和浩特市托克托县人，中考时选择进入巴彦淖尔盟中等师范学校学习，1999 年被保送进入内蒙古师范大学历史系。在内师大学习期间，我从零起点学习日语，大学三年级通过了日语国际能力一级考试。我在学习日语的过程中逐步萌生了对日本的兴趣，于是听从丁晓洁老师的建议，立志到国内日本史研究之重镇南开大学日本研究院深造。

当年在全国日本研究机构普遍走向与其他研究方向合并的潮流中，南开日研独树一帜，成为院级实体独立单位。南开日研有历史学、经济学、政治学三个方向，历史学研究方向齐全，故我在日研所学也较为综合全面。当时我聆听了米庆余教授开设的日本外交史、王振锁教授开设的日本政治史、杨栋梁教授开设的日本经济史、李卓教授开设的日本古代史与社会史、赵德宇教授开设的日本文化史、宋志勇教授开设的中日关系史等课程。另外，我还跟随井上亘老师与温娟老师学习了专业日语，也旁听过莽景石教授的日本经济、郑蔚老师的日本金融等课程。课程学习之外，我也拜读了各位老师的代表作。刘岳兵教授调到南开时，我已修完学分到日本留学，故无缘上刘老师的课，但我也通过拜读大作、信件求教、参与课题等方式，得到刘老师的诸多赐教，尤其是对刘老师的"原典主义"治学方式印象深刻。

我从各位老师身上不仅学到了专业知识，更体会到了根植于他们学术生涯的一系列可贵精神，爱国主义与理性主义兼容并包，认真严谨的治学风格与和蔼宽容的处事方式相得益彰，这些都使我终身受益。

入学半年后，我面临选择硕士生导师的问题。日研采取的是导师、学生双向选择制。由于我对中日关系史感兴趣，也有幸宋志勇老师不嫌我愚钝而愿收我为徒，宋老师成为我的硕士生导师，引领我进入日本史研究领域，指导我写了第一篇小论文《南开大学与太平洋国际学会》，引导我确定了硕士学位论文题目。宋老师指导学生较为细腻，从题目拟定，到史料所藏，再到写作方法，均有关怀指引。2006 年，我顺利通过硕士学位论文答辩，获得硕士学位，并荣获南开大学优秀硕士毕业论文奖。2008 年，我以硕士论文为基础在《近代史研究》上发表了《太平洋国际学会与东北问题——中、日学会的交锋》一文，并被人大复印资料全文转载，得以在攻读博士学位期间小露头角。

2006 年，我考取了南开大学日本研究院的博士生课程，师从杨栋梁教授。南开日研培养博士生的方法多种多样，我以导师之教书育人为例做一介绍。

其一，课堂教学法。上博一时，杨老师开设了古代中日关系史的课程。导师是经过精心准备才来给我们上课的，因此每次上课我都能有所收获。我记忆最深的当属古代日本的几次对华寻衅开战、对朝贡关系的不满与挣脱以及中方的骄傲自大与自欺欺人。其实导师这门课最主要的结论就是否定"中日两千年友好"之定说，后将此观点通过大量资料的考证发表在《史学月刊》，并被《新华文摘》转载。敢于挑战权威，不被定论压倒，用自己的思考与亲见的史料，尽可能地恢复历史原貌，得出客观的历史结论，这是导师言传身教于我们的治学精神。

其二，课外研讨法。这是导师召集门下弟子就自身的博士学位论文进行发表研讨的教授形式，主要针对留在国内尚未开题的学生。我参加的次数不多，只有两次，但从中也聆听到导师的治学之法。其中关于论文写作的"豆腐块"理论让我记忆最深。我所理解的"豆腐块"法，就是对于一个问题，按照时间顺序叙述是纵切法，按照问题进行解析式论述是横切法。两种方法各有优劣，可以按照需求进行选择。

其三，课题带领法。这是导师让弟子亲自参与课题，以课题培养学生的方法。这种方法虽不能普及于每个学生，却能让有幸参与其中的弟子终身受益。我入学不久，幸遇导师领衔申报教育部重大攻关项目"近代以来日本对华认识及其行动选择研究"并成功"中标"，我与同届的田庆立都获导师栽培参与其中，因此在课题设计、论证、组织等方面都学到了一定的知识、技能与经验。这些所学已经极大地帮助了我现在的工作。

其四，博士论文指导法。每个学生在写作博士论文期间都会得到导师的点拨与指教。导师之学问大气恢宏，而又言之有据，史论结合，宏观与微观并具。我个人从本科阶段便已偏好考据，喜欢微观实证。但仅重微观实证，易缺乏高度、宽度与厚度。在写作博士论文时，导师对我的论文每章必读，并用红笔批注修改，给了大量的肯定意见，唯对终章之结构感到不满，使我深感不善宏观之缺陷。恩师帮我设计了终章结构，才使我的博士论文不仅没有虎头蛇尾，反而得到了升华。对于恩师的恢宏结合细腻之学风与文风，学生至今不能效仿到位，有待今后的继续努力。

其五，论文发表亲领法。这是导师与学生一起写作、发表论文以培养学生的方法。我因参与导师领衔的重大攻关项目，有了更多向导师学习的机会，并在恩师带领下发表了两篇论文。在导师帮我修改论文期间，我切身领悟到导师对学问的科学态度与精神、严密敏捷的思辨能力，这些都令我大为折服，并立志学习效仿。一直以来，导师对我夸赞有加，虽也曾指出我过于粗放的缺点，但态度非常温和。唯一一次较为严厉的批评，是我与导师合作两篇论文之后，在文字上依然不改啰唆、日化之弊。那次批评颇为奏效，此后我开始有意地追求语言之精练、科学与准确，并按此标准进行修改，才得以将《甲午战争前后日本对华观的变迁——以报刊舆论为中心》一文发表于《历史研究》2012 年第 1 期。如果没有导师的谆谆教导与严厉批评，我想不会有这篇文章的发表。

其六，聚会培养法。导师领衔同门聚会，不仅能增进师门的感情与交流，杨老师还通过聚会指导我们治学、做人。治学之道、为人之道、师生之道、夫妻之道、父子之道、同事之道，导师都会或多或少，或直接或间接地教导学生，这些都让我倍感受益。

在杨老师的精心栽培下，2009 年 12 月，我的博士学位论文《中国近代国民国家形成期日本的对华观——从甲午战争到九一八事变》顺利通过答辩，成绩优秀，我获取了历史学博士学位。

南开大学日研的国际化程度较高，使我开阔了国际视野。在南开求学期间，我两次获得出国留学的机会。在硕士三年级时，我参加校际交流项目，到日本立命馆大学留学一年。在立命馆大学留学期间，除了搜集我写硕士论文所需资料之外，我的日语听、说、读、写能力都接受了专业训练。攻读博士学位期间，我又有幸获得参加国家公派留学项目的机会，到早稻田大学留学了两年，这为我较高质量地完成博士论文提供了良好的条件，并有幸结识了加藤阳子、山冈道男等日本著名学者，为此后的教学研究工作奠定了良好的基础。此外，在南开日研我还聆听了入江昭、户部良一、三和良一、毛里和子、北冈伸一、天儿慧、田中明彦、加藤阳子等国际著名学者的讲座，也常有机会聆听汤重南、宋成有、高洪、周颂伦、韩东育等国内著名日本史学者的讲座与指教。

南开日研藏书丰富，每年都能购入大量新的日文图书。四层白色独栋小楼内一楼设有硕士研究生的共同研究室，四楼设有博士研究生的双人研究室。我在日研就读期间，常在研究室与资料室之间往来，徜徉于无限丰富的图书海洋之中，倍感幸福。

另外，南开日研很像一个大家庭，每次学术盛会与元旦晚会、毕业答辩及毕业生欢送会等，师生们都会积极参与其中，在每种活动中都洋溢着各位老师对学生的谆谆教导与殷殷期待，也充满了学生对老师的敬仰爱戴、衷心感谢与依依惜别之情。那种温暖而其乐融融的氛围，令我至今难以忘怀。杨老师是日本研究院的首任院长，学术能力与行政能力兼强，事务繁忙。导师却不仅指导、督促我的学业，且与师母周淑华老师常嘱咐我注意身体，使我倍感温暖。

博士毕业后，我到天津大学就职。在天津大学工作六年期间，我也不忘南开日研各位老师的教诲，兢兢业业地做好本职工作，在学术研究上也小有成绩，被评为天津大学"北洋学者·青年骨干教师"荣誉称号。之后，在杨老师、宋老师与历史学院江沛老师的不懈鼓励和指导之下，我于2016 年底入选"南开大学百名优秀青年学科带头人培养计划"，2017 年 3 月调回母校南开大学历史学院工作。

2021 年，我获得校内外领导与专家的鼓励与支持，有幸入选教育部"长江学者奖励计划"青年学者。我深知这一成绩的取得，得益于南开日研与史院深厚的学术底蕴、无私的育人良师与卓越的学术平台。

总之，我学于南开日研，受恩于南开日研，今后我愿承南开史学严谨朴实之风，继往开来，砥砺前行。

衷心祝愿南开日研院永葆科研活力，宏图更展，再谱华章！

（王美平，南开大学历史学院教授）

历史与文化

军权失衡与失控：七七事变前日本军政平行机制的解体

王希亮

内容提要 明治政府以来，在"统帅权独立"及明治宪法的法理法规下，日本实行军政平行机制。然而，这种相向而行的平行机制随着日本国内外环境的变化不断受到冲击。1928年6月的皇姑屯事件开日本驻外军队蔑视政令之先河，也意味着军政平行机制遭到军权的挑战。1930年，日本军部及社会右翼势力借《伦敦海军条约》签字，掀起"统帅权独立"论争风波，导致"统帅权独立"的法理理念空前强硬，酿成难以逆转的军权上位趋势。随之，以陆海军精英派和少壮派为旋风中心的"国家改造运动"，策划了一系列以树立军事独裁体制为目标的军事政变及暴力恐怖活动，严重冲击了宪政体制的权威性，并导致政党内阁的崩溃。七七事变前，日本军政平行机制终于解体，军人独裁内阁登堂入室，这也标志着日本从国家体制层面构建起准战时体制的指挥塔。

关键词 军政平行机制 "统帅权独立" 国家改造运动 二二六事件

日本明治政府成立初期，军事机构几度变迁，先是设立兵部省，后一分为二设置陆军省和海军省。1878年参谋本部成立，其条例规定，"参谋本部掌管国防及用兵事宜"（第一条）；"参谋总长由陆军大将或陆军中将亲补，直隶天皇，帷幄参画军务，掌管有关国防及用兵计划，统辖参谋本部"（第二条）。① 参谋本部的成立以及参谋本部条例的出台，表明"参谋本部长的最大权限是……可不经过内阁直接上奏天皇，获得天皇的亲裁，即帷幄上奏权，内阁对于军队的统帅，一切不得干预"。② 这也说明，日本军政平行机制早在明治宪法颁布之前就已经初步确立。

1882 年，在山县有朋的筹划下，《军人敕谕》以天皇名义颁布，开头一句是"我国军队世代由天皇统帅及养育"。③ 1885 年，日本改行内阁制，内阁设陆军和海军省，分别负责陆、海军军政，军令则由参谋本部掌管。④ 1889 年，《大日本帝国宪法》颁布，其第十一条规定"天皇统帅陆海军"，第十二条是"天皇决定陆海军之编制及常备兵额"，还规定"各国务大臣担负辅弼天皇之责"（第五十五条）。⑤ 作为国家大法的《大日本帝国宪法》明确规定统帅权独立于行政权之外，军部大臣"与一般（国务）大臣有别，与政务机关同样，具有帷幄机关的二重地位"。⑥ 因此有学者评论认为，"军部在天皇制国家中，构筑起'国家中的国家''政府中的政府'这一牢固的堡垒"。⑦

为了确保统帅权独立之原则，从太政官体制的兵部省起，即规定由现役将官担任兵部卿及大辅（次长）。改行内阁制后，内阁中的陆海军大臣仍由现役将官充任。尤其是 1898 年山县有朋第二次出任首相后，于 1900 年修改陆海军省官制，明文规定内阁中的陆海军大臣（含总务长官）必须

---

① 陸軍省『統帥権並びに関聯する諸問題の研究』（甲参拾部之内第貳拾号・大正 14 年 11 月 1 日印刷）、アジア歴史資料センター、Ref. C13171294000。

② 大江志乃夫『日本の参謀本部』中央公論社、1991、34、35 頁。

③ 内務省『公文類聚第六編巻之十四』（明治 15 年）、アジア歴史資料センター、Ref. A15110074200。

④ 海軍軍令部于 1893 年成立，此前参謀本部下設陆军部和海军部，海军军令由参谋本部的海军部掌管。豊田穣『海軍軍令部』講談社、1987、51 頁。

⑤ 毎日新聞社『別冊・1 億人の昭和史〈昭和史事典〉』毎日新聞社、1980、411 頁。

⑥ 陸軍省「所謂『一蓮托生』と軍部大臣」（1932 年）、アジア歴史資料センター、Ref. C12120045800。

⑦ 粟屋憲太郎『昭和の政党・政党政治の崩壊と戦後の再出発』（『昭和の歴史』第 6 巻）、小学館、1989、92 頁。

由现役将官担任，以体现对军部负责而非对内阁负责的"统帅权独立"原则。① 直到1913年，在政党政治的强烈反对以及护宪运动的冲击下，"现役将官"字样被删除，这意味着退役或预备役将官亦可充任陆海军大臣，一定程度上避免了军部拒绝推荐人选，或陆海军大臣辞职，要挟内阁无法运转的非常理机制，使军权不得不"囿于"军政平行机制的框架之下。然而，日本军政平行机制并非一直是相向而行、相安无事，一旦行政权不符合军部意旨，尤其是在国内外环境发生变化的节点，军部势力总要试图挣脱行政权的藩篱，甚至计谋颠覆宪政体制，建立军人独裁政权。他们手中的重磅武器就是"统帅权独立"，这也是明治政府以来任何势力不可撼动的"铁则"。

　　从1928年到1936年，即七七事变前短短的八年时间里，日本军政界发生了一系列不仅影响日本国策走向，而且牵扯到中日、东亚乃至全球关系的重大历史事件。1928年的皇姑屯事件，是驻外军队第一次罔顾政府决策，开驻外军队蔑视政令之先河。1930年，日本军部借《伦敦海军条约》签字，掀起"统帅权独立"论争，其实质是挑战宪政体制的政治权威性，同时孕育了军权至上的舆论氛围。1931年3月和10月，发生了两起日本军人及社会右翼势力武装叛乱、阴谋推翻政党内阁的未遂事件。而在此期间，关东军发动侵犯中国东北的九一八事变，扶植建立伪满洲国。也正是在这个时间段，陆海军精英派和少壮派以及社会右翼以建立军事独裁政体为目标的"国家改造运动"形成规模，直至1936年爆发"二二六事件"呈现高潮，现役将官充任内阁陆海军大臣的制度得以恢复，军政平行体制终于被军人独裁内阁取代，实现了国家体制层面的彻底变身，为构建准战时体制乃至后来的战时体制、总体战体制奠定了基石。那么，从1928年皇姑屯事件到1936年"二二六事件"的短短八年时间里，日本军政平行机制为何失衡？日本军权为何能够压制或超越行政权？这就是本文想探讨的问题。

　　涉及日本近现代史的历程、走向以及体制政策等方面，日本学界有大

---

① 军部泛指陆军的参谋本部、海军的军令部，以及军事参议院、教育总监部等，负责军令。内阁中的陆海军大臣专司军政，亦必须对统帅权负责。

量的论著出现。① 这些成果系统地论述了日本的"大陆政策"，天皇、军部与政党内阁体制，日本的"满蒙政策"，日本的侵华战争，日本"国家改造运动"等。但出于各自选题和问题意识的需要，对七七事变前的八年时间里日本军权"突兀"演变的过程及其影响因素尚缺系统的研究或探讨。

中国学界在日本近现代史研究方面也有大量的成果涌现，尤其是日本侵华史、日本侵华决策史以及日本军国主义史等方面有大量的著述。② 中国方面的成果较全面地阐述或解析了日本"大陆政策"的制定与推行，天皇、军部与内阁的关系，日本军国主义的产生与兴衰，日本的侵华决策、

---

① 如吉野作造『二重政府と内閣制』昭和刊行会、1944；渡辺几治郎『明治天皇と軍事』千倉書房、1936；国民経済新報社『軍人の政治干渉と広義国防』国民経済新報社出版部、1936；亘理章三郎『軍人勅諭の御下賜と其史的研究』中文館書店、1932；松下芳男『日本軍閥の興亡』芙蓉書房、1977；毎日新聞社『二・二六事件と日中戦争』毎日新聞社、1975；井上清『大正期の政治と軍部』岩波書店、1976；林茂・辻清明『日本内閣史録』第一法規出版株式会社、1981；秦郁彦『戦前期日本官僚制の制度・組織・人事』東京大学出版会、1981；栗原健『対満蒙政策史の一面』原書房、1966；鈴木隆史『日本帝国主義と満州』塙書房、1992；緒方貞子『満洲事変と政策の形成過程』原書房、1966；馬場伸也『満洲事変への道』中央公論社、1972；江口圭一『十五年戦争の開幕』小学館、1989；稲葉正夫・小林龍夫等『太平洋戦争への道』朝日新聞社、1963；戸川猪佐武『近衛文麿と重臣たち』講談社、1982；高橋正衛『二・二六事件』中央公論社、1972；大江志乃夫『日本の参謀本部』中央公論社、1991；大江志乃夫『張作霖爆殺』中央公論社、1989；古川万太郎『近代日本の大陸政策』東京書籍株式会社、1991；千田夏光『天皇と勅語と昭和史』汐文社、1983；栗屋憲太郎『日本の政党』小学館、1989；木下半治『日本右翼の研究』現代評論社、1977；等等。

② 如万峰《战前日本军国主义》，三联书店，1962；中国社会科学院近代史研究所：《日本侵华七十年史》，中国社会科学出版社，1992；吴廷璆：《日本近代化研究》，商务印书馆，1997；王芸生：《六十年来中国与日本》，三联书店，2005；步平、王希亮：《日本右翼问题研究》，社会科学文献出版社，2005；蒋立峰、汤重南：《日本军国主义论》，河北人民出版社，2005；沈予：《日本大陆政策史（1868—1945）》，社会科学文献出版社，2005；宋成有主编《新编日本近代史》，北京大学出版社，2006；雷国山：《日本侵华决策史研究》，学林出版社，2006；宋志勇等：《日本现代对华关系史》，世界知识出版社，2010；徐勇、臧运祜主编《日本侵华决策史料丛编》，社会科学文献出版社，2018；胡德坤：《中国抗战与日本对华政策的演变（1941—1945）》，《世界历史》1985 年第 9 期；张跃斌：《1945 年以前日本右翼与军国主义的关系》，《日本学刊》2005 年第 4 期；刘景瑜：《近代日本海军统帅权的独立及派系思想的形成》，《日本研究》2009 年第 2 期；张东：《近代日本的军国主义与统帅权独立》，《西南大学学报》（社会科学版）2016 年第 3 期；韩东育：《战后七十年日本历史认识问题解析》，《中国社会科学》2015 年第 9 期；李庆辉：《论明治大正时期的"军部大臣现役武官制"》，《延边大学学报》（社会科学版）2016 年第 1 期；臧运祜：《七七事变历史必然性再思考》，《中国社会科学报》2017 年 7 月 10 日；等等。

侵华战争以及战争指导体制，七七事变的历史必然性，等等。同样，由于学者各自选题的不同，七七事变前日本军政平行机制的解体以及军权上位的演变过程，尚待进一步探索和研究。尤其对皇姑屯事件、"统帅权独立"论争、九一八事变、日本"国家改造运动"以及"二二六事件"等各个貌似"孤立"的中日重大历史事件，探讨其间的关联性，解析日本军权膨胀的内张力，尚有创新与思考的空间，进而揭示其历史的客观性。

本文在借鉴和吸收中日学术成果的观点、视角以及问题意识的基础上，试图揭示七七事变前短短的八年时间里，日本军政平行机制是如何一步步走向解体，日本军权是如何一步步挣脱行政权的制衡藩篱，甚至超越和绑架行政权，直至建立军人独裁内阁的几个重要节点及其影响因素，进而解析日本发动九一八事变乃至七七事变侵华战争的历史必然性。

一　军政权力平行机制及其破局嚆矢

1898 年，日本历史上第一个政党内阁大隈重信内阁成立，但成立伊始就遭到陆军大臣桂太郎及海军大臣西乡从道的刁难，其根本原因是"对政党势力过于敏感"。① 结果该内阁仅仅维持四个月，因桂太郎与西乡从道联手倒阁，大隈不得不宣布辞职。1912 年，第二次西园寺内阁没有批准陆军大臣上原勇作拨款增设两个师团的提案，② 上原辞职，参谋本部又拒绝推荐新任人选，导致内阁崩溃。"陆军被批评利用军部大臣现役武官制'毒杀'了西园寺内阁。"③ "军部实质上从内阁独立，推荐陆军大臣与否成为制约内阁的死穴。"④

1913 年 3 月 8 日，时值日本第一次护宪运动高涨，众议院代议士林毅

---

① 〔日〕户部良一：《现代的异化：日本陆军史（1878—1945）》，韦平和、孙维珍译，社会科学文献出版社，2019，第 120 页。
② 西园寺内阁只是综合各方面的客观状况，主张延期一年批准增设两个师团的预算，而陆军派认为这是政党在"争夺统治正统性"。〔日〕户部良一：《现代的异化：日本陆军史（1878—1945）》，第 134 页。
③ 〔日〕户部良一：《现代的异化：日本陆军史（1878—1945）》，第 134 页。
④ 藤村道生『山県有朋』吉川弘文館、2009、197 頁。

陆、尾崎行雄等 30 人向内阁提出质疑："依照现行官制，陆海军大臣（任职资格）限于现役大中将，当今内阁是否认为有碍宪政之实施？"① 3 月 12 日，犬养毅、尾崎行雄等 84 名议员再次提出质疑："关于限制陆海军大臣任用（资格）问题，现内阁能否在本次议会上实现？"内阁首相山本权兵卫答辩表示："现行制度无论如何难以确保宪政的运行，政府对此当慎重审议，以期予以适当之改正。"② 1913 年 6 月 13 日，山本权兵卫内阁颁布第 165 号敕令，宣布删除陆海军省制度附表中"现役将官"的字样，表明非现役将官也可担任陆海军大臣及其次官。然而事实却是，从 1913 年到 1936 年"二二六事件"后恢复现役将官制，"非现役军人担任大臣并没有实现"，"即使因政变或主义政策不同，内阁多次更迭，继续平稳留任的军部大臣并不少见。这样，军部大臣成为陆海军利益的代言人，成为确立责任内阁制度的最大障碍"。③ 例如从 1924 年 1 月清浦奎吾内阁至 1929 年 7 月滨口雄幸内阁，其间更迭了 5 届内阁，陆军大臣宇垣一成却一直留任，财部彪则担任其中 4 届内阁的海军大臣。再如 1916 年 10 月寺内正毅内阁、1918 年 7 月原敬内阁、1922 年 6 月加藤友三郎内阁，均由加藤友三郎充任海军大臣。④

　　毕竟非现役武官可以充任陆海军大臣制度，至少使军部失去陆海军大臣人选的唯一推荐权，乃至唆使陆海军大臣辞职、要挟内阁听从军部指挥棒的伎俩也难以奏效。为此军部上下如鲠在喉，一遇时机便打起"统帅权独立"旗号，把恢复陆海军大臣现役将官制度作为攻讦内阁的切入点之一。1925 年，日本掀起第二次护宪运动，加藤高明护宪三派内阁成立，提

---

① 陸軍省「文官大臣問題に関する経過」『統帥権並びゝに関聯する諸問題の研究』（甲参拾部之内第貳拾号・大正 14 年 11 月 1 日印刷）、アジア歴史資料センター、Ref. C13071294200。

② 陸軍省「文官大臣問題に関する経過」『統帥権並びゝに関聯する諸問題の研究』（甲参拾部之内第貳拾号・大正 14 年 11 月 1 日印刷）、アジア歴史資料センター、Ref. C13071294200。

③ 粟屋憲太郎『昭和の政党・政党政治の崩壊と戦後の再出発』（『昭和の歴史』第 6 巻）、93、94 頁。

④ 陸軍省「所謂『一蓮托生』と軍部大臣」（1932 年）、アジア歴史資料センター、Ref. C12120045800。

出削减 4 个师团、缩短兵役年限、推行行政财政整顿等改革方案，意外的是陆军大臣宇垣一成赞同削减师团，而其真实目的是利用节省下来的经费增设航空、战车部队，推进日本军备现代化，同时"瞄准总体战体制，采取措施，壮大国民支持军队的基础"。[1] 他在进呈摄政（后来的昭和天皇）的《关于陆军大臣所管业务大要》中，借机渲染武官制的重要意义，称"军令军政两者密不可分，军部大臣应以通晓军令，此外尚通晓细微精密军事的堪能者任之，方为理想之制度"，"军部大臣任用非军人，督统军事将非常困难，而且不为适合"。[2] 连任 5 届内阁陆军大臣的宇垣一成"借裁军之名"，行的是"整备军备"，他还主张在中学以上学校设置现役军人军事教练，针对青年设立带有军事意义的青年训练所，其本意是"构想在非常时期建立军部独裁的政治体制"。[3] 同年 5 月，参谋本部也抛出《关于文官任用陆海军大臣制度是非论》，强调"文官担任陆海军大臣制度，难免带来党弊之结果……而且随着内阁的更迭，在军部内产生朋党之弊端，破坏国军成立之基础"。[4] 参谋本部还在另一份文件中强调："出于统帅权独立之必要，要求排除国家作用的其他干涉，因此，参与辅佐及运用统帅权之人，必须限定为平素在统帅权的支配下领会统帅的精神实质，且与国家作用没有关联之武官。对统帅（权）毫无经验且经常与国家作用有关联之文官，不便参与辅佐及运用统帅权，说到底，完全不能运用统帅（权），其自身也难免招致国家作用对统帅的干涉。"[5]

　　尽管军部对陆海军大臣非现役武官制度耿耿于怀，但随着宪政体制的日臻完备，尤其是日本面对的内外环境以及政策走向相对平稳，军政平行

---

① 栗屋憲太郎『昭和の政党・政党政治の崩壊と戦後の再出発』（『昭和の歴史』第 6 巻）、98 頁。

② 宇垣一成「陸軍大臣所管業務の大要に就て」（「摂政殿下への宇垣陸軍大臣臨時進講原稿」、1925 年 11 月 5 日）、アジア歴史資料センター、Ref. C13071293800。

③ 栗屋憲太郎『昭和の政党・政党政治の崩壊と戦後の再出発』（『昭和の歴史』第 6 巻）、100 頁。

④ 参謀本部第一課「文官を以て陸海軍大臣に任用するの制度に関する是非論」（1925 年 5 月）、アジア歴史資料センター、Ref. C13071293300。

⑤ 陸軍省「統帥権並びに之に関聯する諸問題の研究」（甲参拾部之内第貳拾号・大正 14 年 11 月 1 日印刷）、アジア歴史資料センター、Ref. C13071294000。这里的"国家作用"当指行政权。

机制尚未受到根本威胁。1927 年 4 月，"对华强硬派"田中义一上台组阁，抛出"满蒙特殊权益论"和"积极满蒙政策"。同年 6 月召开"东方会议"，会议的重要议题之一是攫取"满蒙新五路"的筑路权，以高压手段逼迫张作霖政权解决包括"满铁平行线"在内的"满蒙悬案"问题。1927 年 7 月 20 日，田中向驻奉天总领事吉田茂发出《关于满蒙交涉之训令》，指责"东三省当局违反条约及其他不法措置日甚一日，或者强征各种不法课税，或者开展违反日支协定的打通线、海吉线铁道工程，阻碍我在满蒙的经济发展"。训令还明确提出准备采取"断然措置"向东北政权施压，包括"南满铁路拒绝承运东三省的军事运输""停止供应奉天兵工厂煤炭及其他材料""京奉铁路军用列车禁止通过（满铁）附属地"等。① 田中内阁的"积极满蒙政策"迎合并助长了军部势力以武力维护和扩大"满蒙权益"的诉求，从某种意义上说，客观上为军权扩张提供了机遇，也为军政平行机制的平稳运转埋下了隐患。

　　1928 年 4 月，蒋介石发动以推翻张作霖安国军政府为目标的第二次北伐，张作霖政权岌岌可危。5 月 18 日，田中内阁出台"极密"级别的《关于解除进入关外南北两军武装的方针》，内中强调，"表面上对南北两军绝对公平严正，但在实行时由驻地军司令官酌情考虑"，"有必要保持奉天派的势力，所以望勿对北军为难"，"既不表露强制张作霖下野的意图，也无强烈支援张作霖的意愿，张作霖的进退由北方势力顺其自然维持"。② 此方针明显透露出偏袒奉系军阀及张作霖的态度，其真实目的在该方针第一条里有明确表白，即"当然，关联我国对满蒙诸问题的解决"。③ 可见，此时的日本政府并没有借机除去张作霖的意向。5 月 19 日，日本驻华公使芳泽谦吉向张作霖面呈日本政府的《维持满洲治安备忘录》，劝说张作霖退回东北。同日，日本驻上海总领事也向国民政府代表王正廷递交了备忘录。

---

① 「満蒙交渉に関する訓令」（1927 年 7 月 20 日）、アジア歴史資料センター、Ref. B02030038000。
② 「二、満州治安維持に関する覚書と張作霖爆死関係」日本外務省『日本外交文書デジタルアーカイぶ：昭和期 1 第 1 部第 2 巻』、84、85 頁。
③ 「二、満州治安維持に関する覚書と張作霖爆死関係」日本外務省『日本外交文書デジタルアーカイぶ：昭和期 1 第 1 部第 2 巻』、84、85 頁。

　　针对张作霖迟迟不肯在"满蒙新五路"等条约上签字，日本关东军一直鼓动采取军事手段解决所谓的"满蒙悬案"。早在4月17日，关东军司令官村冈长太郎向陆军大臣白川义则提交一份报告，要求增加一个师团或一个混成旅团的兵力，并相应扩大各兵营的面积，预算经费为30万日元。① 但陆军参谋本部对增加兵力的目的持有异议，质疑道"是补充平时兵力的不足，还是有事之时（对俄？对支？——原注）的临机增兵，目的不明难以判断"，② 因此增兵一案没有下文。日本政府《维持满洲治安备忘录》提出后的5月20日，关东军制定"应急出动计划"，以司令官村冈长太郎的名义发给陆军大臣白川义则。5月27日，又将同一计划以关东军参谋长斋藤恒的名义发给陆军次官畑英太郎。③ "应急出动计划"决定调动第十四师团、第四十混成旅团分别进驻锦州和奉天，并把关东军司令部移至奉天，计划待奉军退回关外后，一举解除奉军武装，以实现独占东北的野心。

　　外务省明确反对关东军一系列的军事举动，发训电告诫关东军："只要北伐军不追击至关外，没有必要解除奉军武装。"④ 另据皇姑屯事件制造者河本大作供认："田中总理却对于执行自己亲自召开的东方会议的决议表示犹豫不决，一拖再拖，终于使关东军丧失了向锦州西方移动的机会……关东军当即做出判断：为了完成保护在满日侨（约20万——原注）和满铁的任务，能够避免同东北军交战的唯一方策是消灭张作霖，打乱东北军的指挥系统，除此之外别无妙策。"⑤ 在这样的背景下，村冈长太郎擅自决定采取"非常手段"除掉张作霖，经与驻北京公使馆武官建川美次少将、驻天津军司令官铃木一马少将等密谋，最后商定委派关东军高级参谋

① 「関東軍に兵力増加の場合に於ける配置並収容案報告」（昭和3年4月19日）、アジア歴史資料センター、Ref. C01007465500。
② 「関東軍に兵力増加の場合に於ける配置並収容案報告」（昭和3年4月19日）、アジア歴史資料センター、Ref. C01007465500。
③ 「関東軍応急出動計画訓令の件報告」（昭和3年5月20日）、アジア歴史資料センター、Ref. C01005599800。
④ 大江志乃夫『張作霖爆殺』、15頁。
⑤ 中央档案馆、中国第二历史档案馆、吉林社会科学院编《九一八事变》，中华书局，1988，第28页。

河本大作具体筹划和指挥。1928 年 6 月 4 日，在关东军上下以及驻京津武官的周密策划下，皇姑屯事件发生，张作霖遇害身亡。

显然，皇姑屯事件是关东军无视政府政令及外交决策，擅自调动兵力制造的一起恐怖事件。日本《陆军刑法》第二章第三十七条规定："司令官对于权力外不得已之事，没有理由擅自进退军队，违者处死刑、无期徒刑或七年以上徒刑。"[①] 然而，陆军部统一口径，决心"掩盖或模糊事件的真相"，[②] 并组成以作战部部长荒木贞夫为首的对策团队，商议如何为事件制造者开脱，"全陆军似乎要赌上组织的命运挑战田中首相"，[③] 陆军大臣白川义则甚至以辞职表明强硬态度。结果"田中屈服了陆军（部）"。[④] 直到一年后的 1929 年 7 月 1 日，日本当局才以"警备责任"给予河本大作停职处分，关东军司令官村冈长太郎、关东军参谋长斋藤恒以及铁道守备队司令官水町竹三等三人转为预备役。[⑤]

以强硬派著称的田中义一自组阁以后，出兵山东、召开"东方会议"、出台"积极满蒙政策"，其一系列举措与陆军部合拍。但是，陆军部并没有因此与田中内阁合流，相反却借助皇姑屯事件展开了倒阁的切实步骤。其根本目的并不是针对田中内阁，而是借机铲除政党，排除财阀，建立军人执掌朝纲的军事独裁体制。

事件发生后，陆军精英派组织"双叶会"便开始串联活动，频繁走访拜会军部大员，商讨掩盖事件真相、压制政界惩处真凶呼声以及救助河本等肇事者的具体措施。先是陆军大臣白川义则上奏天皇，认为"揭发张作霖爆死事件对国家不利，宜予搁置，奏请以守备区域责任对村冈司令官以

---

① 『陸軍刑法』（明治 41 年 4 月 9 日・法律第 46 号）、アジア歴史資料センター、Ref. C13070649900。
② 日本国際政治学会・太平洋戦争原因研究部編『太平洋戦争への道』（1）、朝日新聞社、1963、319、320 頁。
③ 日本国際政治学会・太平洋戦争原因研究部編『太平洋戦争への道』（1）、320 頁。
④ 大江志乃夫『张作霖爆殺』、122 頁。
⑤ 在日本，军官转为预备役不属于处分。一年后，河本的停职处分撤销，转为预备役，1932 年 10 月又被任命为满铁理事（理事并非虚职，掌有较大权力），进入中国活动。

下予以处分"。① 白川将事件性质定为"守备区责任"，无疑为减轻肇事者罪责定了调子。1929 年 5 月 24 日，在"一夕会"② 的推动下，军事参议院会议"做出（皇姑屯事件）与国军毫无关系的结论"。随后，"陆相白川特派次官阿倍向田中首相申述陆军的主张"，③ 上原勇作元帅也出面"鼓动军部采取断然反对首相方针的强硬态度"。④ 陆军派的一系列举动为田中内阁设下一个个难以逾越的障碍，不得不从最初赞同西园寺等元老派以及在野党严厉惩罚肇事者的态度，转向屈服陆军的压力，模糊事件的真相，弱化对肇事者的处罚。因此在几次向天皇报告事件真相时支吾暧昧，首鼠两端，遭到天皇训斥。⑤ 无奈之下，1929 年 7 月 1 日田中内阁宣布辞职。"政党政治围绕事件的因应，成为致命的污点，同时推进了关东军参谋们包括推翻政党政治、更周全地武力占领满洲的计划。"⑥

日本驻外军队无视政令，擅自制造皇姑屯事件，为军权突破行政权的藩篱撕开一道缺口，也预示着日本军政平行机制面临解体的征兆。换言之，皇姑屯事件是日本军权挑战行政权的第一次较量，结果是内阁败下阵来。更重要的遗患是，驻外军队超越行政权约束，独断专行擅动武力之举，事后不仅没有受到应有惩处，反而获得军部上层的赞许和庇护，等于为军权放肆开了绿灯，怂恿军权凌驾行政权，以至于愈演愈烈，最终成为一匹挣脱缰绳的野马，把日本拉向战争的深渊。

二　"统帅权独立"论争与军权上位

1930 年 3 月 13 日，秉承日本政府的旨意，出席伦敦海军裁军会议的日本代表若槻礼次郎等人与西方大国达成意向性条款。消息传来，首先在

---

① 粟屋宪太郎『昭和の政党・政党政治の崩壊と戦後の再出発』（『昭和の歴史』第 6 巻）、131 頁。
② 1929 年 5 月，"双叶会"与士官生团体"国策研究会"合并，改称"一夕会"。
③ 日本国際政治学会・太平洋戦争原因研究部編『太平洋戦争への道』（1）、326 頁。
④ 大江志乃夫『張作霖爆殺』、104 頁。
⑤ 日本国際政治学会・太平洋戦争原因研究部編『太平洋戦争への道』（1）、327 頁。
⑥ 粟屋宪太郎『昭和の政党・政党政治の崩壊と戦後の再出発』（『昭和の歴史』第 6 巻）、132 頁。

海军首脑人物中掀起轩然大波，随即扩展到陆军和民间右翼社会，由此引发一场撼动军政平行机制的"统帅权独立"大论争。

3 月 19 日，海军军令部部长加藤宽治拜会滨口雄幸首相，明确表示"决定兵力量之事，乃统帅权独立之立国根本……如果政府专断决定，则事态重大"。① 3 月 31 日，加藤行使"帷幄上奏"权，在给昭和天皇的"上奏文"中指责美国提案"包藏着让帝国海军作战时出现重大缺欠的内容"，"实质是使日本的兵力及占比降低，如果协定成立，基于大正 12 年（1923）陛下裁定的国防方针而制定的作战计划势必发生重大变更，务须慎重审议"。②

4 月 1 日，为商定回复全权代表的"回训案"，内阁在进行阁议表决前，特意征求军事参议官冈田启介、军令部部长加藤宽治、海军省次官山梨胜之进（海军大臣财部彪时为伦敦谈判代表）意见，冈田及山梨态度暧昧，未明确表示反对内阁的"回训案"，加藤则表示"如采取美国方案，作为军令部部长在用兵作战上难负其责"。③

4 月 21 日，日本召开第 58 次议会。滨口首相在演说中称，《伦敦海军条约》"始终是以保有国防上必要军事力量为方针而制定的，取得了一致之意见，值此条约成立，对内可同时减轻国民之负担"。外相币原喜重郎也强调："（伦敦）条约的结果使我国实现了军费的节约，至少在条约期间，国防的安固可以得到充分之保障"。然而意想不到的是，首先发难的是反对党政友会。政友会总裁犬养毅质疑道："首相和外相都谈到国防安全……却没有提到作为用兵责任者，即负有全责的军令部。所谓军事专家的意见，军令部应该是中心。"政友会大员鸠山一郎也质疑道："政府无视军令部的意见，不，是反对军令部部长的意见，决定国防计划，我质疑其在政治上的责任。"滨口答辩称："政府不仅斟酌了海军军令部的意见，也

---

① 「ロンドン海軍会議一件/条約批准関係/日本の与論と新聞論調」（昭和 5 年 7 月）、アジア歴史資料センター、Ref. B04122576000。
② 「加藤軍令部長上奏文」（1929 年 4 月 2 日）、稲葉正夫等編『太平洋戦争への道（別巻・資料編）』朝日新聞社、1963、47、48 頁。
③ 中村政則『昭和の恐慌・大不況と忍びよるファシズム』（『昭和の歴史』第 2 巻）、小学館、1989、184、185 頁。

充分考虑了军部专家的意见，无视其意见不是事实"。① 政友会出于党的利益站在军部的立场，旨在重返执政党地位，却没有料到"目光短浅的愚钝之举"，导致的竟是"大约两年后的五一五事件中，犬养毅被鼓吹统帅权独立的军部断送了性命，这实在是历史的残酷奚落"。②

4月22日，滨口就"回训案"上奏天皇，"天皇明确予以裁可"。"天皇同意回训案，说明干犯统帅权（说）不能成立"，"遵从天皇的意思，首相的行动即使没有依照军令部部长的意图，也不能视为干犯统帅权"。③ 当日，若槻礼次郎等全权代表团收到"回训案"后在《伦敦海军条约》上签字，该条约正式生效。

《伦敦海军条约》签字后，海军军令部部长加藤宽治"呈现一种歇斯底里的状态，指责首相、海军省和铃木侍从长……指责滨口首相的行为是干犯统帅权，并将其通过末次信正等身边之人传递给新闻记者和政友会。当年春以后，掀起了干犯统帅权的波澜"。④

5月2日，海军军令部发布《关于伦敦会议善后策研究》，内称"根据伦敦海军条约，我兵力的保有量不能充分保障帝国国防之安固"，"在缔结条约的手续方面出现的问题，是政府干犯统帅权，退一步说，是政府无视或者轻视统帅部"。为此提出"要以适当的方法戒饬政府，以拥护统帅权独立，昭示统帅部的存在"。其"发力手段"具体包括"议会结束后，在适当时机由参谋总长与军令部部长联名向政府表示回训程序上的遗憾意见"；"天皇批准前，在帅府咨询之际，基于上述意旨予以奉答"；"向枢密院阐明军部意旨……戒饬政府在手续上所犯错误"；等等。⑤

同日，陆军省也发布《关于决定兵力之意见》，认为"决定兵力历来是

① 「昭和 5 年於第五十八議会統帥権及軍部大臣事務管理に関する質問及答弁の抜萃」（昭和 5 年 5 月 21 日、陸軍省第一課印刷）、アジア歴史資料センター、Ref. C08051999600。

② 中村政則『昭和の恐慌・大不況と忍びよるファシズム』（『昭和の歴史』第 2 巻）、188 頁。

③ 豊田穣『海軍軍令部』講談社、1987、130 頁。

④ 豊田穣『海軍軍令部』、130、131 頁。

⑤ 軍令部「ロンドン会議善後策に関する研究」（昭和 5 年 5 月 2 日）、「昭和 5 年於第五十八議会統帥権及軍部大臣事務管理に関する質問及答弁の抜萃」（昭和 5 年 5 月 21 日、陸軍省第一課印刷）、アジア歴史資料センター、Ref. C08051999600。

由军令机关立案，同政府协定后上奏获取亲裁。这一事实即使在将来也不能变更，即便必须由政府做出变更兵力的议案，上述程序也不能改变"。①

5 月 19 日，参加伦敦海军裁军会议的全权代表之一海军大臣财部彪回国，"海军裁军国民同志会""爱国勤劳党""建国会"等右翼团体围在东京车站，散发"欢迎降将财部丑陋骸骨""放逐卖国奸臣财部彪""降将财部迅速自决！"等传单，②煽动社会各界声讨参加伦敦海军裁军会议代表。

同日，加藤通过财部彪向天皇呈交一份"骸骨上奏文"，意思是辞去军职，告老还乡。上奏文中指责"政府不与统帅部交涉，专断上奏变更兵力之重大事项，蒙蔽统帅大权，危害作战用兵基础"。③财部考虑该上奏文"不够稳妥"，将其压下，没有呈报天皇。④

就在加藤提交"骸骨上奏文"的第二天，即 5 月 20 日，海军军令部参谋草刈英治少佐在前往东京的列车上自杀，留下"意义不明"的遗书，右翼团体却宣扬草刈"完全出于纯真的动机，实乃（反对）伦敦条约的第一位牺牲者"。⑤一时间，军部上下反对《伦敦海军条约》的呼声噪起。

5 月 20 日，陆海军将官团体"恢弘会"与陆军精英派团体"偕行会"联合召开干部大会，会议形成《关于统帅权独立问题恢弘会态度之件》，内称"非经统帅机关同意，内阁决定常备兵额乃违反宪法，干犯统帅权"；"国务大臣是否倾听统帅机关意见，牵扯到宪法上的大权干犯问题"；"现行制度乃我国体之体现，无视之将开启大权下移、国家紊乱之端绪"。⑥

---

① 陸軍省「兵力量の決に関する意見」「昭和 5 年於第 58 議会と統帥権及軍部大臣事務管理に関する質問及答弁の抜萃」（昭和 5 年 5 月 21 日、陸軍省第一課印刷）、アジア歴史資料センター、Ref. C08051999700。
② 警保局保安課編『日本革新運動秘録』（昭和 13 年 8 月）、アジア歴史資料センター、Ref. A06030088800。
③ 豊田穣『海軍軍令部』、131 頁。
④ 豊田穣『海軍軍令部』、131 頁。6 月 10 日，加藤直接上奏天皇，被天皇驳回，认为"依照这样的论据，干犯统帅权不成立"。6 月 11 日，加藤被改委军事参议官，由谷口尚真接任军令部部长。财部也于 10 月 3 日辞去海军大臣，由安保清种接任。
⑤ 警保局保安課編『日本革新運動秘録』（昭和 13 年 8 月）、アジア歴史資料センター、Ref. A06030088800。
⑥ 「統帥権問題に対する恢弘会の態度に関する件」（昭和 5 年 5 月 21 日中第 780 号）、アジア歴史資料センター、Ref. C08052002100。

同年 7 月，由海军大将枥内曾次郎、有马良橘、黑井悌次郎，中将坂本一、佐藤铁三郎等 194 名海军预备后备役将官组成的"洋洋会"，也针对《伦敦海军条约》的签字发布《关于统帅权之意见》，内称"兵力的决定属于天皇大权，政府没有此权限。政府行使此权限，明显违反国体精神，日本国民断然不能首肯"；"无视直属天皇的军事辅弼及咨询机关，即可谓干犯大权"。①

军部上下以"统帅权独立"为武器，攻击《伦敦海军条约》的声浪很快蔓延到右翼社会。右翼头面人物头山满、内田良平、大川周明、岩田爱之助等人纠集徒众成立"海军裁军国民同志会"，攻击政府的"弱化政策"，渲染《伦敦海军条约》是"美英旨在统治世界的阴谋"。② 其他社会右翼势力以及反对党基层支部也纷纷行动起来，先后成立了"裁军问题同盟""伦敦条约反对同盟""全日本学生改革联盟""反对卖国条约全国学生同盟"等团体，喊出"坚决反对卖国的伦敦条约""维护统帅权独立""打倒软弱外交"等口号。③ 1930 年 11 月 14 日，右翼团体成员佐乡屋留雄在东京车站行刺首相滨口雄幸，首相重伤（翌年死去）。凶手事后供认，"滨口内阁无视军部意见，屈从美国主张……乃我外交一大侮辱，不仅干犯决定兵力之大权，而且威胁国防安全……出于激愤决定以一己之力捣毁滨口内阁，杀掉内阁总理大臣滨口雄幸"。④

1931 年 7 月 13 日，"爱国勤劳党"召开"追悼草刈少佐演说会"，强调"草刈是反对裁军会议的牺牲者，决非巷间传闻的死于神经衰弱"。⑤

1931 年 8 月 2 日，政友会茨城县支部召开讲演会，听众达 2000 余人。

---

① 洋洋会「統帥権に関する意見」（昭和 5 年 7 月）、アジア歴史資料センター、Ref. C08052002300。

② 中村政則『昭和の恐慌・大不況と忍びよるファシズム』（『昭和の歴史』第 2 巻）、191 頁。

③ 「ロンドン海軍会議一件/条約批准関係/日本の与論と新聞論調」（昭和 5 年 7 月）、アジア歴史資料センター、Ref. B04122576000。

④ 中村政則『昭和の恐慌・大不況と忍びよるファシズム』（『昭和の歴史』第 2 巻）、206 頁。

⑤ 警保局保安課編『日本革新運動秘録』（昭和 13 年 8 月）、アジア歴史資料センター、Ref. A06030088800。

讲演者"批判现政府的施政"，明确表示"在对外关系复杂……国难即将到来的今日，断然反对现政府缩减军备"。[①] 8 月 18 日，"国粹大众党"在大阪天王寺公会堂召开讲演会，听众 1400 余人。讲演者"高喊太平洋、满蒙问题危机紧迫，阐述美、中、俄（军备）现状及军备的必要性，抨击（赞同）裁军论者"。[②] 8 月中旬，"大日本国防义会"在东京集会，强调"大日本国防义会从来对统帅权及裁军问题持强硬意见"，并向各团体、听众等散发了 1.5 万份致世界裁军会议的请愿书及理由书。[③] 1931 年 8 月 28 日，预备役步兵中佐赤仓弥太郎在大阪发起成立"国防同志会"，主张"普及国防思想"，并制作 5 万余份会则及宗旨书到处散发。[④] 9 月 1 日，国粹大众党本部创刊机关刊物《国粹大众》，以"面对以满蒙问题为中心的国难，激发国民之觉悟"为创刊宗旨，呼吁"奋起！国民！""国难紧迫，日本国民觉悟！"并刊载陆军大臣南次郎在师团长会议上的训词，右翼巨头内田良平、吉田益三的祝词，以及建川美次少将的《关于帝国的国防》、蜷川新的《满洲问题与国民》、笹川良一的《起来！忧国之士、忠诚之人站出来！》等文章。[⑤]

　　右翼社会之所以强烈支持"统帅权独立"理念，甚至不惜动用恐怖手段，一个重要原因是军权至上崇拜逐渐在右翼社会甚至民间弥漫，其目标是扩充军备，殖民扩张，以武力维护所谓的"满蒙权益"，借以扭转日本上下由资本主义世界经济危机带来的困境。这从他们喊出的"满蒙问题危机""国难紧迫""日本国民觉悟"等口号亦可略见一斑。因此，"统帅权

---

① 「軍縮運動状況に関する件報告」（憲兵司令部外山豊造致参謀次長二宮治重報告、憲高秘第 436 号、昭和 6 年 9 月 4 日）、アジア歴史資料センター、Ref. C15120133700。
② 「軍縮運動状況に関する件報告」（憲兵司令部外山豊造致参謀次長二宮治重報告、憲高秘第 436 号、昭和 6 年 9 月 4 日）、アジア歴史資料センター、Ref. C15120133700。
③ 「軍縮運動状況に関する件報告」（憲兵司令部外山豊造致参謀次長二宮治重報告、憲高秘第 436 号、昭和 6 年 9 月 4 日）、アジア歴史資料センター、Ref. C15120133700。
④ 「大阪に於ける反軍縮運動に関する件報告」（憲兵司令部外山豊造致参謀次長二宮治重報告、憲高秘第 451 号、昭和 6 年 9 月 9 日）、アジア歴史資料センター、Ref. C15120134600。
⑤ 「大阪に於ける反軍縮運動に関する件報告」（憲兵司令部外山豊造致参謀次長二宮治重報告、憲高秘第 451 号、昭和 6 年 9 月 9 日）、アジア歴史資料センター、Ref. C15120134600。

独立"论争，实质是一场军国主义思潮的萌发和扩散，其结果是冲击和动摇了行政权的政治权威性，削弱了行政权对军权的约束力，导致"统帅权独立"的法理空前强硬，军权超越政权，军权上位成为不可逆转的趋势。更严峻的是，一场由激进派军人及右翼团体发动的带有军事政变性质的日本"国家改造运动"揭开了序幕。

三　"国家改造运动"终结政党内阁体制

在"统帅权独立"论争的潮流中，还有一条更为凶险的暗流在日本朝野上下涌动，此即催动日本军政平行机制彻底瓦解、奠定军事独裁体制基石的"国家改造运动"。"国家改造运动"的思想发源于右翼思想家北一辉。1919 年 8 月，北一辉推出《日本改造法案大纲》（以下简称《改造大纲》），在《改造大纲》中，北一辉主张"停止宪法"，"为确立天皇与全日本国民共同的国家改造根基，发动天皇大权，三年间停止宪法，解散两院，颁布全国戒严令"。为此，北一辉提出建立"国家改造内阁"和"国家改造议会"，"改造内阁阁员，排除历来的军阀、吏阀、财阀、党阀，从全国广泛地选拔精英担当此任"，"在戒严令实施期间通过普选召集国家改造议会"。北一辉还主张以政变形式进行"国家改造"，称"政变应该被视为国家权力即社会意志的直接发动"。①

受北一辉影响，积极参与这场"国家改造运动"的大体有三股势力。第一股势力是陆军精英派，即掌控参谋本部参赞权力的幕僚军官，这些人大多是"天保组"的成员，② 后来"占据了陆军省中枢和一线的要职"。③ 1921 年，日本驻瑞士武官永田铁山、驻苏联武官小畑敏四郎和巡回武官冈村宁次三人在德国的巴登巴登旅馆"邂逅"，此三人一直胸怀"改造陆军""国家维新"的"大志"，会面后毫无顾忌地畅谈各自的"维新抱负"，商

---

① 北一輝「日本改造法案大綱」警保局保安課編『国家改造論策集』（昭和 10 年 5 月）、13、17 頁、アジア歴史資料センター、Ref. A04010495200。
② 日本陆军大学毕业徽章类似江户时代的货币"天保钱"，故称陆大毕业生为"天保组"，这些人毕业以后多在陆军省或参谋本部任职，握有幕僚重权。
③ 高橋正衛『二・二六事件』、145、146 頁。

议如何联络军部中层精英，影响上层，逐步控制军部权力，进而建立军事独裁体制。三人还串联在军队任职的皇族北白川亲王、朝香宫亲王等权贵，获得他们的支持或赞同。因精英派发起于德国的巴登巴登旅馆，所以被称为"巴登巴登集团"。20 年代中期，永田铁三等三人相继回国，利用职务之便经常邀集同学好友，聚集在东京涩谷区的"双叶亭"饭店，因此被称为"双叶会"。其主要成员均是后来执掌陆军大权甚至"国权"的重要人物，包括石原莞尔、板垣征四郎、东条英机、土肥原贤二、武藤章、山下奉文、冈村宁次、铃木率道、根本博、铃木贞一、河本大作、矶谷廉介、草场辰巳、田中新一等陆军派精英。虽然这些人当时只是大佐级以下军官，但他们掌控着陆军中枢参赞军务的权力，主张以"合法手段"实现军队和国家的"改造"。

除"双叶会"外，1930 年 10 月，陆军决策层还出现一个主张以暴力手段实施"国家改造"的激进派团体，名为"樱会"，头目是参谋本部第二部（情报、谍报部）俄国班班长桥本欣五郎中佐，主要成员包括后来官居陆军要职的富永恭次、根本博、影佐祯昭、河边虎四郎、武藤章、牟田廉也、长勇、松村秀逸等人。[1] 樱会抨击"为政者对上蒙蔽圣明，对下欺瞒国民，泱泱政局腐败至今，已达极点"，宣称"必要时不惜行使武力"，"一扫政界暗云，铲除邦家祸根"。[2] 同时，樱会积极鼓吹对外扩张，声称"军部政权如果不把满洲、中国纳入日本的版图，则不可能期待日本政治、经济、国防的安定"。[3]

第二股势力是陆海军中的少壮派，成员多来自陆海军下层官兵。1927年 7 月，陆军少尉西田税秘密联络同道组建"天剑党"。其"战斗指导纲领"指出，"国家者非一二人私有，亦非一部分阶级支配，实乃全国民之国家"；"革命的根本力量是军队军人（剑），必须认识到把剑从国家窃取者手中夺回来，乃是不可或缺之条件"；"天剑党面前之敌，乃高居当今日

---

① 戸川猪佐武『犬養毅と青年将校』講談社、1982、191、192 頁。
② 警保局保安課編『日本革新運動秘録』（昭和 13 年 8 月）、アジア歴史資料センター、Ref. A06030088800。
③ 戸川猪佐武『犬養毅と青年将校』、192 頁。

本及国民之上、骄恣不义的亡国特权阶级和阀族……他们是维新革命的反动者，是当代的将军、老中①之流，无论是政友会出身者，还是宪政党出身者……他们是国家灭亡崩溃的直接原因"。天剑党明确提出"从那些盗取天子统治大权，并傲居全体国民之上、骄恣不义的亡国之徒手中，把国家夺回来"。② 这些预示着一场流血的"国家改造运动"即将掀起。

在海军部队里，1928 年 3 月，海军少佐藤井斋联络一批海军下级军官，秘密组建"王师会"，其纲领是"奉天命完成明治维新，建设大乘日本"。"王师会"的宣言称，"明治维新中道，国家理想消失，国民精神腐败动摇，恶鬼政党之流、吸血鬼黄金大名③以及无为放荡的贵族阶级垄断了政权"，"经济生活困苦的良民相率堕落、犯罪或自杀，马克思的奴隶、苏俄的走狗之流趁机驱动工农民众热衷阶级斗争，诅咒国家，变革国体，依附苏俄"，"吾人必须打破一切陋习，歼灭一切恶因，奉至高无上之大命，断行国家改造"。④

第三股势力来自民间右翼团体。如 1928 年成立的"爱国社"，其主张"扑灭欺瞒政治及非国家主义思想"，"确立积极大陆政策"，"基于爱国真义充当祖国防卫之士"。⑤ 该社又是最先用恐怖手段暗杀政要的团体之一，前述刺杀滨口首相的佐乡屋留雄就是爱国社的骨干成员。另外，1931 年成立的以头山满为顾问、内田良平为总裁的"大日本生产党"，煽动"打破金融寡头及专制政治"，"打击金融财阀的寄生虫政（友会）、民（政党）两党"，"建立大日本主义政权，推行强硬外交"，"驱逐侵略的白人势力，建设新兴亚细亚"。⑥ 其他还有 1931 年 2 月成立的"国粹大众

① "老中"指幕府时代仅次于将军的官吏大员。
② 警保局保安課編『日本革新運動秘録』（昭和 13 年 8 月）、アジア歴史資料センター、Ref. A06030088800。
③ "黄金大名"寓指财阀。
④ 警保局保安課編『日本革新運動秘録』（昭和 13 年 8 月）、アジア歴史資料センター、Ref. A06030088800。
⑤ 「国家主義（農本主義）運動」（内務省警保局・社会運動の概況、昭和 7 年下）、844頁、アジア歴史資料センター、Ref. A04010458600。
⑥ 「国家改造運動と其の具体案 5」（外務省記録・本邦内政関係雑纂第四巻、昭和 10 年 7月）、241—243 頁、アジア歴史資料センター、Ref. B02031284300。

党"，其头目为笹川良一，鼓吹"基于神武肇国之精神，拥护发展我国特有文化，铲除产业竞争之弊害"，"打破浸透在立法、行政及地方自治之弊害陋习，伸张神洲正义"。① 1931 年 4 月成立的"爱乡塾"，头目为橘孝三郎，其宗旨是"排除独裁政治"，"以国民共同意志机关取代议会制度"，"实现一君万民主义"。② 上述各"国家改造"团体所宣扬的宗旨、主张等各有不同，但有两点是一致的，那就是对内铲除政党、财阀，颠覆宪政体制，对外采取强硬外交，实现所谓的"亚细亚主义"。此外还有"神兵队""神武会""爱国勤劳党""行地社""大日本正义团""大日本国粹会"等，不一而足。据日本官方统计，截至 1932 年末，"国家改造"团体达493 个。③ 可见，右翼社会也是"国家改造运动"一股不可小觑的势力。

1930 年 11 月 14 日，以"爱国社"成员佐乡屋留雄刺杀内阁首相滨口雄幸为标志，日本"国家改造运动"进入暴力恐怖时期。1931 年初，樱会头目桥本欣五郎串联参谋本部第二部部长建川美次、参谋次长二宫治重、军务局局长小矶国昭、中国课课长重藤千秋、中国班班长根本博，以及北一辉、大川周明等人，决定于当年 3 月 19 日动用军队及无产大众党等右翼势力发起暴动，一举颠覆政党内阁，建立军人当家的"举国一致"体制。"北一辉、清水行之助、大川周明决定以宇垣大将为中心发动政变……宇垣大将与北一辉一派主张一致，决意以陆军为中心……利用第 58 次议会开会之机包围议会，发动政变。"④ 然而，由于滨口首相被刺重伤，执政党民政党在议论首相后继人选时，"党内多数人支持宇垣……北一辉等人只好放弃政变计划"。⑤ "三月事件"虽然在秘密筹划中流产，但事后日本当局

---

① 「国家主義（農本主義）運動」（内務省警保局・社会運動の概況、昭和 7 年下）、870頁、アジア歴史資料センター、Ref. A04010458600。
② 「国家改造運動と其の具体案　2」（外務省記録・本邦内政関係雑纂第四巻、昭和 10 年 7月）、61—63 頁、アジア歴史資料センター、Ref. B02031284000。
③ 「国家主義（農本主義）運動」（内務省警保局・社会運動の概況、昭和 7 年下）、811頁、アジア歴史資料センター、Ref. A04010458600。
④ 「青年将校を中心トシタル国家改造運動の概要」（外務省記録・本邦内政関係雑纂第三巻）、801—803 頁、アジア歴史資料センター、Ref. B02031283100。
⑤ 「青年将校を中心トシタル国家改造運動の概要」（外務省記録・本邦内政関係雑纂第三巻）、801—803 頁、アジア歴史資料センター、Ref. B02031283100。

调查了解到策划事件的骨干分子及事件的政变性质后，却采取姑息放纵态度，主要责任者桥本欣五郎只受到"反省"15 日的处分，其他涉案者如军部要员及右翼巨头等未受任何惩处，这无疑为后来的军事叛乱活动注射了一针安定剂。

就在"国家改造运动"蜂起的节点，关东军策划了侵吞中国东北的九一八事变。应该指出的是，侵吞中国东北是日本军政各界以及右翼社会形成日久的"满蒙因素决定论"的国家战略使然。① 但值得思考的是，由于"国家改造运动"的冲击，宪政体制的合法性以及国家权力的权威性遭到挑战，军政平行机制已明显向军权倾斜。正是在这样的背景下，板垣征四郎、石原莞尔等关东军高级参谋在参谋本部要员的暗中支持下，越过军令和政令，"擅自"发动九一八事变。关东军司令官本庄繁随即"追认"和支持，军部首脑也一致首肯关东军的"自卫行动"。接着，朝鲜驻屯军在没有任何军令的情况下擅自越界侵入中国东北，对于如此明显亵渎军令的军事行动，连昭和天皇也表示"未经阁议决定不能裁可出兵"。② 然而，9月 22 日的内阁会议却"追认"了朝鲜驻屯军的擅自越界，昭和天皇也跟进下达"允许越境""越境支援关东军"的命令。③ 内阁之所以依附或附和军权，一方面说明"满蒙因素决定论"是日本军政各界的共同诉求，独占中国东北的结果顺应了日本的国家战略；另一方面也透视出"国家改造运动"制约或羁绊了国家机器的正常运转，致使政权不得不跟随在军权后面转圜运作，为关东军发动九一八事变增添了"合法化"砝码。换言之，九一八事变不仅实现了日本独占中国东北的野心，而且在日本国家政治史上是一次军权蔑视政权、凌驾政权甚至绑架政权的实战大演习。从这一刻开始，日本军政平行机制在更大一轮的"国家改造"浪潮冲击下岌岌可危，最终导致宪政体制的彻底崩溃。

---

① 关于这一论点，详见王希亮《九一八事变后日本决策层侵华国策的趋同》，《历史研究》2011 年第 4 期。
② 绪方贞子『満洲事変と政策の形成過程』、109 頁。
③ 児島襄『天皇』第 2 巻、文芸春秋、1974、140 頁。

　　九一八事变爆发后不久，为了策应关东军筹建伪满洲国，同时也为了加速宪政体制的灭亡，以桥本欣五郎为首的樱会、海军拔刀队、陆军王师会、霞浦轰炸机队，以及以北一辉、大川周明、井上昭等为首的民间右翼团体谋议调集十个中队及两个机枪中队发动叛乱，分兵袭击首相府、陆军省、参谋本部、警视厅、广播电台、新闻社、电话电信邮电局等要害部门，诛杀首相以下阁僚，然后推举荒木贞夫中将出任首相，组建军人内阁。

　　如此大规模的人员聚集引起警宪部门的警觉。10 月 17 日夜，东京宪兵机关抓获了 12 名暴动主谋者，"十月事件"宣告流产。然而，执政当局继续采取偏袒态度，未对主谋者予以任何处分。"十月事件"后，"血盟团"等右翼团体越发恣意妄为，喊出"一人一杀"的恐怖口号，将政党政治家犬养毅、若槻礼次郎、币原喜重郎，朝廷重臣西园寺公望、牧野显伸，以及三井、三菱财阀巨头等 13 人列入暗杀名单。① 1932 年 2 月 9 日，民政党领导人、前大藏大臣井上准之助被"血盟团"成员小沼正刺杀。3 月 5 日，又有三井合名会社董事长团琢磨倒在"血盟团"成员菱沼五郎的枪口下。奇怪的是，两名负有血债的凶手以及"血盟团"头目井上昭只被判处无期徒刑，其他案犯被判 3 到 15 年徒刑不等。更出人意料的是，"而后经数次恩赦，他们如今已全部出狱，感泣圣恩浩大"。②

　　面对一连串猖狂至极的恐怖暴乱事件，碍于军部势力和右翼社会的掣肘，行政当局一味退却，一再宽容和偏袒，客观上推动了"国家改造运动"走向极端。1932 年 5 月 15 日，陆海军"国家改造派"头目古贺清志、西田税、三上卓以及大川周明、橘孝三郎等人纠集四路人马突袭首相官邸等重要机关，刺杀了首相犬养毅等人，史称"五一五事件"。

　　事件发生后的第二天，参谋次长真崎甚三郎、宪兵司令官秦真次、陆军次官小矶国昭以及参谋本部第三部部长小畑敏四郎等 4 人拜访陆军大臣

① 江口圭一『十五年戦争の開幕・満洲事変から二・二六事件へ』（『昭和の歴史』第 4 巻）、小学館、1989、171 頁。
② 西田税税『軍関係主要事件の概要』（昭和 15 年）、アジア歴史資料センター、Ref. C15120360700。该文件的落款时间（1940 年）应是文件整理归档的时间，西田因受"二二六事件"牵连，于 1937 年 8 月 19 日被处决，说明案犯在此之前被释放。

荒木贞夫，表示"在现在这个时候，对于政党内阁的再度出现是绝对反对的，所以请陆军大臣就这个意思向西园寺公提出建议"。① 结果，在军部的强力干预下，海军大将斋藤实出面组建"举国一致"内阁，荒木贞夫继任陆军大臣（后林铣十郎），形成大正以来首次由非执政党领袖且现役军官出任首相、政党官僚陪衬、军部当家的"联合执政"局面，宣告大正时代以来政党竞争、轮番执政的政党政治彻底崩溃。

"五一五事件"不仅敲响了日本政党体制的丧钟，更严重的是，围绕案件审理掀起的为罪犯辩解及减刑运动埋下了更大的隐患和祸根。先是陆军大臣荒木贞夫站出来为恐怖分子辩解，称"被告人不是为了个人利益，而是为了皇国而行动"。海军大臣大角岑生也"表示对犯人的同情，向舆论界和司法界施加压力"。② 以致后来军事法庭的判决书中多次出现肯定被告人"爱国情怀"等字眼，如"被告人忧虑邦家的前途"；"海军裁军问题牵扯到干犯统帅权问题，刺激了军人们的心境，也深深刺激了被告人，对政党财阀特权阶级为了私利私欲轻视国防，极其反感和不满"；"被告人出于爱国之情，痛感改革时弊之必要"；"完全是出于爱国赤诚的纯情无垢"；等等。③ 结果，参与恐怖叛乱活动的罪犯无一人被判处死刑，除主犯爱乡塾头目橘孝三郎被判无期徒刑外，其他主犯三上卓、古贺清志、大川周明等人只被判监禁15年。④ 而且，就在审判进行之时，日本国内掀起为罪犯减刑请愿运动。8月5日，日本国家社会主义党向政府及陆海军军法会议提交请愿书，要求对"五一五事件"犯人减刑。日本国家社会党、大日本生产党、神武会、国体拥护联合会、建国会、爱国学生联盟等团体纷纷响应，成立"爱国牺牲者减刑请愿团""国士减刑同盟"等联合组织，发起签名运动，截至审判结束，全国计提交219件请愿书，征集70万余人

① 〔日〕森正藏：《旋风二十年》上册，赵南柔、金学成译，金学成主编《日本研究丛书之四》，中国建设印务股份有限公司，1939，第117页。
② ねず・まさし『満洲帝国の成立』校倉書房、1990、205頁。
③ 内務省安保局保安課「国家主義系不穏事件論告並判決録」（昭和10年4月）、91、92頁、アジア歴史資料センター、Ref. A04010482200。
④ 西田税『軍関係主要事件の概要』（昭和15年）、アジア歴史資料センター、Ref. C15120360700。另该资料记载，大川周明通过上诉改判5年。

签名。① 国家社会主义青年联盟还向社会散放传单，喊出"即时保释五一五事件陆海军军官及农民决死队员""掀起一切爱国政治犯人减刑运动""没收逃税财阀资本财产""打倒万恶根源资本主义"等口号。② 在减刑运动的压力下，日本政府不得不顾忌"被告强烈批判现行政党及财阀，其犯罪动机及目前的心境均被媒体详细报道，异常地刺激了一直比较冷静的社会各阶层……因此，真诚自发的减刑请愿运动以澎湃之势在全国抬头"。③这样，"截至昭和 15 年（1940）10 月 17 日，事件相关者全部被释放，在监者无"。④

"五一五事件"的发生以及社会各界对罪犯的张目，背后透视出日本社会阶层结构的嬗变。日本军队的主体来自农村，而农村是当时社会最贫困、最落后的底层，农业又是遭受资本主义世界经济危机冲击的重灾区之一，许多农民生活在贫困线以下。日本下层官兵狂热投入"国家改造运动"的动力之一是改变家庭、家族和家乡的命运，日本军人的"献身精神"又成为社会推崇的精神支柱。一时间，"兵队桑"成为日本社会最为推崇的阶层之一。⑤ 同时，随着政党体制的崩溃以及议会的弱势，军部的强势凸显，国家行政权力进一步向军部倾斜，军部的影响力日益强化，距离建立军事独裁政体只差一步之遥。

---

① 内務省安保局保安課『特高月報』（昭和 7 年 9 月分）、52 頁、アジア歴史資料センター、Ref. A04010479800。
② 内務省安保局保安課『特高月報』（昭和 7 年 10 月分）、49 頁、アジア歴史資料センター、Ref. A04010478000。
③ 内務省安保局保安課『特高月報』（昭和 7 年 8 月分）、59 頁、アジア歴史資料センター、Ref. A04010479600。
④ 西田税『軍関係主要事件の概要』（昭和 15 年）、アジア歴史資料センター、Ref. C15120360700。
⑤ "兵队桑"是当时日本社会对军人的敬称。在国定教科书小学一年级国语课本中，有一篇《士兵游戏》（兵隊ゴッコ）。插图中有三个儿童，分别扮演日本陆、炮、骑兵现役军人，"勇桑"扛竹棍（上面写有"我是步兵"）、"太郎"捧竹筒（上面写有"我是炮兵"），"正男"骑"竹马"（高跷，上面写有"我是骑兵"）。还有一篇课文介绍日本的飞机、军舰等，插图中写有"哥哥，长大了，我也当海军""长大了，我要像叔叔那样，为了祖国驾驶潜水艇战斗"。以上都表现了儿童对士兵的憧憬。入江曜子『日本が［神の国］だった時代』岩波書店、2002、61—64 頁。

四　"二二六事件"奠定军事独裁体制基石

"五一五事件"后，"国家改造运动"并没有停息，相反却一浪高过一浪。1933 年 5 月，勤劳爱国党及大日本生产党干员前田虎雄、铃木善一、片冈骏等人联络海军航空厂飞行试验部部员山口三郎中佐，计划在 7 月 11 日趁内阁会议召开之时驾机投掷炸弹，轰炸首相官邸。以此为信号，各路人马分头袭击首相官邸、警视厅、政友会及民政党本部、各大臣官私邸、劝业银行等重要场所，一举除掉斋藤首相、各部大臣及政党头目。同时串联爱国农民联盟等其他民间团体，号称"大日本神兵队"，由前田任地面总指挥，准备在东京、大阪、横须贺、横滨等城市同时行动。① 由于该计划规模庞大，各路人马秘密集结的踪迹被警宪方察觉，于 7 月 11 日清晨逮捕了前田等 20 余人，一场流血事件才得以避免。

1934 年 11 月，陆军士官学校村中孝次大尉、矶部浅一中尉、片冈太郎中尉等人串联部分学员策划刺杀内阁成员、政党领袖及财阀头目，建立军人政权，结果以流产落下帷幕，史称"十一月事件"或"士官学校事件"。事后，仅受到涉案教职员免职、学生退学的处分。

1935 年 8 月 12 日，步兵中佐相泽三郎"愤慨陆军省军务局局长永田铁山少将与政党财阀勾结，阻止国家改造"，闯进军务局局长室将永田杀害。② 永田被杀一案被称作皇道派与统制派的纷争。日本外务省对两派的认定是："概言之，统制派系'三月事件'及'十月事件'发生时，在参谋本部或陆军省的参政策划者，以及在陆军大臣林（铣太郎）手下希望实现军统制的一派；皇道派是在陆军大臣荒木、参谋次长真崎、宪兵司令官秦手下占据核心地位，在'十月事件'后出面收拾局面者，以及青年将校

---

① 内务省安保局保安课「国家主義系不穏事件論告並判決録」［其の二］（昭和 11 年 3 月）、133、134 頁、アジア歴史資料センター、Ref. A04010482800。

② 西田稅『軍関係主要事件の概要』（昭和 15 年）、アジア歴史資料センター、Ref. C15120360700。

和对（陆军）中央反感的部队派。"① 事实上，无论是以陆军下层官兵为主体的皇道派，还是以陆军部精英阶层为核心的统制派，他们的最终目标都是铲除宪政体制，建立军人执政的独裁政权。他们之间的区别是皇道派接受北一辉《改造大纲》的论调，主张以武装政变的手段消灭政党领袖、财阀大老以及一切障碍"国家改造"的特权阶层；统制派因为掌控陆军中枢的参政权力，主张以"合法"手段建立军事独裁体制。1934 年，皇道派推崇的荒木贞夫中将被统制派林铣太郎取代，皇道派推崇的教育总监真崎甚三郎也被解除职务。相泽认为其中作祟者是永田铁山，所以采取"非常手段"除掉了永田。进入 1936 年，又有消息传出，近卫第一师团将被调往中国东北，因相泽等皇道派骨干大多集中在这个师团，他们认为如此调动是为了削弱皇道派，这进一步刺激了皇道派青年军官孤注一掷的狂热。

1936 年 2 月 26 日晨，皇道派核心人物香田清贞大尉、野中四郎大尉、安藤辉三大尉以及矶部浅一、栗原安秀、村中孝次等青年军官率领 1400 余名官兵，另有近百名民间右翼成员参与，兵分七路，袭击首相官邸、陆军省、教育总监部、警视厅以及各内阁大臣的官私邸等重要场所。一场暴乱过后，内大臣海军大将斋藤实、教育总监渡边锭太郎、大藏大臣高桥是清被杀害，侍从长官铃木贯太郎重伤。

"二二六事件"发生后，统制派控制的参谋本部坚决主张镇压，海军因海军大将斋藤等人遇害，也明确表示了反对的态度，昭和天皇更是"震怒"。于是，军方宣布戒严令，紧急调动兵马包围了政变部队。2 月 29 日，政变部队放下武器，政变头目野中四郎大尉自杀，其他主要责任者被拘禁关押，日本近代史上骇人听闻的"二二六事件"宣告结束。

事后，日本军方组成陆军军法会议，对"二二六事件"参与者进行审判，最后判处安藤辉三、竹岛继夫、丹生诚忠、矶部浅一、栗原安秀、村中孝次等 17 名青年军官死刑，右翼思想家北一辉及天剑党头目西田税也被

---

① 「軍部人名録」（国内情報第二十八号送付の件、広田外務大臣電、昭和 11 年 2 月 26 日）、アジア歴史資料センター、Ref. B13080960100。

当作主谋者判处死刑，① 其他案犯分别被判处无期徒刑或 2 至 15 年有期徒刑。

　　针对"二二六事件"的发生，东京帝国大学教授河合荣治郎发表《对"二二六事件"的批判》及《对时局的看法》等文章。文章明确指出，该事件是军队滥用"从天皇和国民中取得的对神圣武器的使用权"，"一是少数人企图使用暴力左右政权，而这正是法西斯运动；二是使用暴力的那些人不是普通国民，而是军队"，他们"确信自己的变革是正义行动，于是就肆无忌惮，这是对社会变革的错误认识"。②

　　"二二六事件"后，军部抬出与其有千丝万缕联系的广田弘毅组阁，同时宣布恢复 1913 年废止的现役武官担任陆海军大臣制度。如此一来，内阁陆海军大臣的人选推荐权又由军部独揽。倘若内阁举措不符合军部意旨，军部则采取不推荐人选或陆海军大臣辞职的手段要挟内阁，控制内阁必须遵从军部的指挥棒。日本外交官重光葵评论道："广田内阁完全是在'二二六事件'的压力下产生的，它提出了'庶政一新'的口号，但实际上是军部的傀儡。满洲事变使军部完全脱离政府羁绊……而'二二六事件'，终于使军部事实上夺取了日本的中央政府。"③ 1937 年 1 月，广田内阁成立不出一年便宣布解散，元老派拟推举宇垣一成出任首相，军部表示强烈反对，执意推出"朝鲜越境将军"林铣十郎组阁，为此以"没有陆军大臣的合适人选"为由进行阻拦，宇垣拜托内大臣抬出天皇转圜，却没有结果，最后只能听从军部的旨意，由林铣十郎出面组阁。④ 从这一刻开始直到战败投降，日本一直由军事独裁体制执掌朝纲，尤其是数月后七七事变爆发，日本进入全面侵华的战争时期，国内也相继进入"举国一致"的战时体制以及"总体战"体制。其间尽管有近卫文麿、平沼骐一郎等非军

---

① 1937 年 7 月 12 日，"二二六事件"主谋者 15 人被处决。"作为重要证人"的矶部浅一、村中孝次以及北一辉、西田税于同年 8 月 19 日被处决。『1 億人の昭和史［2］』『二・二六事件と日中戦争』、35 頁。

② 高橋正衛『二・二六事件』、23 頁。

③ 〔日〕重光葵：《日本侵华内幕》，齐福霖等译，解放军出版社，1987，第 76、77 页。

④ 秦郁彦『昭和史の軍人たち』文芸春秋、1987、468、469 頁。宇垣曾任政友会内阁的陆军大臣，因其"断然实行第二次裁军，完全迎合了政党，阻碍了军部的机能……整个陆军不支持宇垣组阁"（〔日〕重光葵：《日本侵华内幕》，第 108 页）。

人出任首相，但他们都是追随军部并被军部认可之人，① 在后来的八年时间里，无论是文官出面，还是武官登场，政权总归掌控在军部手中，军权绑架政权，政权服务军权已成惯势。

五　结语

日本天皇体制下的"统帅权独立"法理，规定了日本政权与军权相向而行的平行机制。近代宪政体制的演进，一定程度上束缚了军部的独自行动。反之，军部势力则以"统帅权独立"为尚方宝剑，寻找时机砍断行政权的桎梏，不断冲击军政平行机制。从皇姑屯事件到"二二六事件"，表面上看两者间没有必然联系，其实内中却有一条暗线勾勒出日本军权失衡乃至失控的历史轨迹，显现出天皇体制下军政平行机制的解体过程。

从皇姑屯事件到"二二六事件"的八年时间里，日本军权经历了"三级跳"，先是蔑视政权、擅自行动，制造了皇姑屯事件，为军权超越或凌驾政权撕开一道缺口。随之掀起的"统帅权独立"论争，根本目的是冲击和动摇行政权的政治权威，提升军部的地位和发言权，意味着军权走向失控。几乎与此同时，以推翻宪政体制、建立"军部内阁"为目标的"国家改造运动"兴起，及至"二二六事件"达到巅峰，一连串暴力恐怖活动终于颠覆大正以来的宪政体制，政党议会成为军部的附庸。而其间爆发的九一八事变及之后的七七事变又成为军部坐大、走向强势的推动力。换言之，军部掌控朝纲的军事独裁体制在对外侵略战争中逐步强化，也可从中透视出日本发动九一八事变及七七事变绝非"偶然"，而是日本军权从失衡走向失控，直至军事独裁体制建立的必然结果。

关东军发动九一八事变的节点，正是日本"国家改造运动"泛起之时，不能忽视"国家改造运动"在一定程度上冲击了国家行政权力的权威性，削弱了政权对军权的约束力，为关东军发动九一八事变披上"合法性"外衣。在此前后，日本军人及右翼团体策划的"三月事件"及"十月

---

① 日本战败投降后，近卫自杀，平沼被定为甲级战犯，判处终身监禁。

事件"带有双重意义，即对内推翻宪政体制、建立军人政权；对外支持关东军的侵略行径，以独占中国东北为目标，催生伪满洲国傀儡政权。

明治以来日本出台的"大陆政策"是一以贯之的。日俄战争后，维护和扩大"满蒙权益"成为日本决策层压倒一切的战略性抉择。所以不能单纯片面地认为皇姑屯事件与九一八事变只是军人行为，日本政府的决策人物也无一不为维护和扩大"满蒙权益"竭尽心思和付诸行动，只是在动作时间、采取方式等方面与军部有些分歧而已。一旦军权超越行政权的"诉诸武力"获得成功，行政权必定站在军部的立场，皇姑屯事件如此，九一八事变如此，国联调停也是如此，这便是行政权力一再迎合或依附军权的本质所在。无论是被抨击为"软弱外交"或"迎合外交"的币原外交，还是被"五一五事件"颠覆的犬养毅政党内阁，他们在维护和扩大"满蒙权益"方面从来没有做过半点让步，也没有半点偏离日本国家根本利益的大方向，甚至如"满蒙生命线论"以及"焦土外交论"也是文官政治家提出来的。[1] 而且，当军部势力执掌朝纲后，行政高官莫不遵从军部的指挥棒，效命前驱，尽职尽责。犬养毅的曾外孙女、国际政治学学者绪方贞子曾评议说，犬养毅其实"并不反对行使武力维持和扩大日本（在满蒙）的权益，只是考虑到不能缺少中国人的协助，所以反对背离中国人的那些粗暴轻率的行动"。[2]

（王希亮，黑龙江省社会科学院历史所研究员）

---

① 1931 年 1 月 24 日，满铁总裁松冈洋右（后任外相）在第 59 次国会上称："满蒙问题关系到我国的存亡问题，是我国民的生命线，无论在国防上还是在经济上均是如此。"（アジア歴史資料センター、Ref. A07050025300）1932 年 8 月 25 日，外相内田康哉在第 63 次国会上称："满蒙事件是我国发动自卫权，光明正大……我国民必须举国一致，即使国家变成焦土，也要坚持主张，一步也不能退让。"（アジア歴史資料センター、Ref. A07050027300）

② 绪方贞子『満洲事変と政策の形成過程』、233 頁。绪方贞子的祖父芳泽谦吉为犬养毅的女婿，曾任犬养内阁外相。

民初湖北政府对日借款始末[*]

——以黎元洪与西泽公雄的交涉为中心

颜龙龙　　邱佩文

内容提要　武昌起义后，随着革命的推进，湖北政府开始面临财政短缺的问题，湖北都督黎元洪为纾解财政困局，拟以湖北官有矿山作为抵押向日方借款。日方驻大冶技师西泽公雄为保证日本在该地区的垄断地位，积极策动日本高层展开对黎借款活动，然而该借款活动为舆论所曝光，并最终走向失败。通过对以上两者有关借款交涉活动的考察，至少可以发现三点：其一，日本技师西泽公雄积极推动对黎借款，意在绝对垄断大冶铁矿；其二，民国初年日本外务省与农商务省在对华政策上虽然表面上存在分歧，从中国攫取利益却为双方行事之内在逻辑；其三，辛亥革命期间中国民众爱国意识的觉醒与社会舆论力量的壮大，是阻止此次借款成立的重要原因。

关键词　辛亥革命　黎元洪　西泽公雄　对日借款　大冶铁矿

湖北官有矿山主要是指分布在湖北省境内武昌、大冶、兴国（今湖北阳新）等地区的铜铁矿山等，是湖北官有产业的重要组成部分。辛亥鼎革，民国初立，湖北都督黎元洪为纾解财政困难，曾向日方驻大冶技师西

---

* 本文系 2019 年国家社科基金项目"汉冶萍与长江中游区域社会变迁研究"（项目号：19BZ S091）、2022 年湖北社科基金项目"汉冶萍与近代中日关系研究（1893—1915）"（项目号：2002W085）阶段性成果。

泽公雄提出借款请求，此案虽然得到西泽的积极回应，却随着社会舆论的曝光、省议会的反对而最终走向失败。以往学界在讨论武昌起义后鄂省政府所面临的财政困境时，往往将没收汉冶萍公司作为解决财政困难的重要手段，而未将政府的对日借款活动纳入视野进行讨论，另外学界关于西泽公雄的研究也仅停留在其是否为大冶铁矿发现者的考辨上，未能对其在华活动进行进一步考察。① 据此，本文以日本外务省藏《大冶武昌兴国州内官有矿山担保借款》为主要参考资料，以民初黎元洪与西泽公雄的交涉为线索，考察该借款的缘起、过程、终局，并在此基础上探究西泽公雄为推动该借款成立所做出的"努力"以及所怀目的，以此阐明该时期日本对华政策的外在分歧与内在逻辑，并揭示此次借款走向失败的主要原因。

一 民国初年的湖北财政困局

1911 年 10 月 10 日武昌起义爆发，次日鄂军政府宣布成立，并下设财政局。12 日财政局为筹措军政费用，分别派员前往藩库、官钱局、造币局及电报局进行接收工作，经过清点，得各类财货折合银元 4000 万元。② 然而因战争破坏，再加上政权初立，鄂政府在收入、支出上均面临前所未有的困境。

---

① 中国学界的相关研究有宋亚平《辛亥革命前后的湖北经济与社会》，中国社会科学出版社，2011，第 41 页；田子渝、黄华文：《湖北通史·民国卷》，华中师范大学出版社，1999，第 117—118 页；张实：《西泽公雄的〈大冶铁矿历史谈〉不可信》，《湖北理工学院学报》（人文社会科学版）2017 年第 1 期；周积明、何威亚：《日本与大冶铁矿"煤铁互易"史事考论》，《江汉论坛》2019 年第 9 期。日本学界在有关革命政府对日借款的研究中，讨论的对象主要集中在以孙中山为首的南京临时政府方面，所涉案件则主要为"满洲租借"借款案与"中日合办汉冶萍"借款案，代表研究如下。藤井升三「孫文と『満州』問題」関東学院大学人文学会編『関東学院大学文学部紀要』第 52 号、1987 年、41—51 頁；久保田裕次「日露戦後における対中国借款政策の展開——漢冶萍公司を中心に」日本史研究会編『日本史研究』第 589 号、2011 年 9 月、16—41 頁。而以黎元洪为代表的湖北省政府对日借款一事，就笔者目力之所及，尚未有日本学界的论述。至于西泽公雄，因为其在中国长期任职，且职位不高，仅为驻大冶铁矿技师，再加上其相关资料都散佚在档案当中，所以目前日本学界对于西泽公雄的研究还处于启动状态，并无相应学术成果出现。
② 宋亚平：《辛亥革命前后的湖北经济与社会》，第 41 页。

收入方面，武昌起义后，支撑政府税收的杂捐杂收项"或是当然消灭，或已归无着，或尚待整理"，所以湖北财政较平时税收方面短绌了 300 万到 400 万元。[①] 再加上战争的破坏，湖北官有产业几乎全部停废，其中实业司所属实业机关 20 多处，除月支 10 余万之外，"从无分毫收入"。[②] 而作为全省的经济中心，武汉三镇在经历 40 多天的战火后，工商业损失惨重，金融业更是首当其冲，其中汉口、汉阳的当铺多为战火所毁，几乎损失殆尽，以致南北和议后，武汉仍然面临"汉口商业蹶而不能复振，资本家皆不敢卷土重来"的状况。[③]

支出方面，武昌起义后，政府初创，新政颇多，直至 1912 年 1 月，湖北财政用款就已达 900 余万元，按月计算每月就需支出 300 余万元。[④] 此外，随着阳夏之战的展开，各省援军陆续开往湖北，由于湖北负责援军军费的拨付，所以光军费一项，鄂军政府就需多支出 200 余万元。面对如此巨大的军费开支，当时负责资金筹措的官员也不禁感叹："鄂财支绌，实到万分，下月军饷，即以难敷，再四筹维，无从着手。"鄂军政府为缓解这种局面，只得以现银、纸币搭配使用的方式补贴军用，然而由于纸币不被市场认可，汇价低廉，造成"适为奸商开攘利之门"的局面，最终使得鄂军政府损失达到"岁以百万计"。相关统计显示，截至 1912 年 4 月 8 日，湖北省政府（1912 年 4 月随南京临时政府北迁，湖北军政府改为湖北省政府）的负债额已高达 2758 万两白银。[⑤]

直到 1913 年初北京政府推行中央与地方均权的财政体制，并进一步确定盐税、关税划归中央，赔款、公债由中央统一偿还的原则，湖北财政的负担才有所减轻。同时随着湖北政局渐趋稳定，政府通过整顿机构、裁撤军队，财政支出减少了 1041 万元。即便如此，湖北省政府仍要面临军兴以

---

① 《民国初年湖北社会经济状况（二）》，武汉大学历史系近代史教研室编《辛亥革命在湖北史料选辑》，湖北教育出版社，1981，第 603 页。

② 《鄂省前途实业大危机》，《时报》1913 年 6 月 8 日，第 5 版。

③ 《民国初年湖北社会经济状况（二）》，《辛亥革命在湖北史料选辑》，第 604 页。

④ 宋亚平：《辛亥革命前后的湖北经济与社会》，第 42 页。

⑤ 《财政司关于湖北财政情形及维持之法呈都督文》（1912 年 4 月 8 日），辛亥革命武昌起义纪念馆、政协湖北省委员会文史资料研究委员会合编《湖北军政府文献资料汇编》，武汉大学出版社，1986，第 627—628 页。

来军费居高不下的情况。有关统计显示，仅 1913 年，湖北省的军费开支就高达 785 万元，占财政总支出的 75%，财政赤字达到 569 万元。① 面对这种情况，时人称"非得备现金二三百万，不足以资周转，一旦军饷不继，将以何法维持，是在当事者之预为谋划也"。② 在此背景之下，以黎元洪为首的湖北政府为缓解窘境，相继采取多种措施进行弥补，如寄希望于社会募捐与募集公债，但是响应者并不多，最终没有取得实质性进展。再如，没收汉冶萍公司，但是由于日方的外交干预、军事干涉，最终也不得不作罢。在前两种措施都无法奏效的情况下，黎元洪只得将希望寄托在"征粮漕，复厘税"上，但是财政司认为该措施收效在数月之后，且缓不济急，因此向黎元洪提出了"唯有借外债以解燃眉"的建议。③ 在尝试各种方式而集资无门的情况下，黎元洪最终只得听从财政司的建议，将目光放在对外借款上。

二　黎元洪对日提出借款

早在革命之初，由于政府支出太多，以黎元洪为首的湖北政府就试图向国外金融机构借款。截至 1912 年，湖北政府共向德、英、俄、比、美等国借到了总计 2200 万英镑、850 万两白银、220 万美元的高额债款（详见表 1），但这些借款也是随到随尽，无法从根本上扭转湖北政府的财政困境。在此情况下，黎元洪不得不再次四处派人向列强申请借款，而此次的借款对象中除德国、美国、瑞士等国，也包含了日本。

1912 年 8 月 30 日，黎元洪派湖北军事顾问杜长荣前往日本驻汉领事馆进行访问，并以"以五年湖北通境销场税（月收入约为十万两），借主为湖北政府，黎元洪署名，省议会承认，以上述借款金额充当湖北官钱局基金"为条件，向驻汉领事松村贞雄提出了"银三百万两，利息六分，实

① 宋亚平：《辛亥革命前后的湖北经济与社会》，第 43 页。
② 《民国初年湖北社会经济状况（二）》，《辛亥革命在湖北史料选辑》，第 604 页。
③ 《财政司关于湖北财政情形及维持之法呈都督文》（1912 年 4 月 8 日），《湖北军政府文献资料汇编》，第 628 页。

付九十八，期限十五年"的借款要求。① 松村在与杜长荣会谈之后，便将会谈内容报告给日本外相内田康哉。对此，内田并没有给出积极的回应。其原因主要在于日本于同年 6 月受美国邀请，加入旧四国借款团，并与英、法、德、俄合作，组成了新的六国借款团，共同参与谋划袁世凯善后大借款的相关事宜。而在《六国借款团规约》中有这样一条规定："中国的中央政府、地方政府及相关机构在对外借款时须以六国借款团为借贷方。"② 在内田看来，若此时与黎元洪发生借贷关系，势必违反以上规定，进而引起其他五国的猜忌与怀疑。因此 8 月 31 号内田回电松村："查支那与六国借款团之现状，以当下之态势，我方恕不能应如来示所请之借款，对此请以谢绝为盼。"③ 面对日方的拒绝，黎元洪并没有放弃尝试，就在日方回绝当天，他又派密使张庚陛、张本槐、张根培三人携密信前往大冶铁矿，与时任日本制铁所驻大冶技师西泽公雄就借款事宜展开秘密交涉。

表 1　1912 年湖北省政府外债统计

贷款者	金额	备注
德商	1200 万英镑	
英美驻汉银行团	1000 万英镑	500 万用作军费
华俄道胜银行	550 万两	
比利时	70 万美元	用作湖北官钱局基金
美商赫卡克	150 万美元	由汉口地方税收担保
德商捷成洋行	300 万两	用作湖北官钱局基金及购置采矿机器

资料来源：田子渝、黄华文《湖北通史·民国卷》，第 117—118 页。

　　西泽公雄，正四位勋二等，生于明治元年（1868）9 月。明治 22 年（1889）升入东京物理学校，明治 25 年（1892）帝国大学理科大学化学科毕业，先后担任日本中学校、立教大学讲师。明治 30 年（1897）被上海

---

① 「借款周旋方支那官憲ヨリ申出及右対スル帝国の意向稟請」（1912 年 8 月 30 日）、アジア歴史資料センター、Ref. B04010735400。
② 「4. 六国団規約（千九百十二年六月十八日調印）」、アジア歴史資料センター、Ref. B04010841100。
③ 「全上拒絶方面回訓」（1912 年 8 月 31 日）、アジア歴史資料センター、Ref. B04010736200。

宝兴矿物公司聘为技师来华，明治 32 年（1899）4 月随着《日清冶铁条约》的签订进入日本制铁所担任大冶驻在员，明治 34 年（1901）升任制铁所技师，昭和 4 年（1929）任职期满，退官回国。①

　　早在辛亥革命爆发之初，即 1911 年 12 月 30 日，西泽便与黎元洪就没收大冶铁矿一事有过接触，但是由于西泽的阻挠，黎元洪的没收行动一直没有取得进展。随着日本派遣海军陆战队驻扎大冶，② 黎元洪没收铁矿的想法最终化为泡影。自知无法以武力收回大冶铁矿的黎元洪，从 1912 年 6 月开始对西泽的态度由强硬转为软化，并常"以邻邦之友谊与同文同种之亲睦，以完全为民国之企划，日中两国应无有腹藏，和衷共济"为由向其靠近。③ 鉴于西泽与大冶铁矿之间的特殊关系，在黎元洪看来，对日借款或可从西泽处进行突破。经过初步商议，西泽公雄与黎元洪所派密使确定了相应的借款条件：

> 　　金额四百万日元，利息年六分，期限十五年以上，实付九八，该借款用于各种矿山及运矿铁道铺设。以大冶、武昌、兴国、荆州四县散布官有民有一切各种矿山及各种矿物运输铁路所用技师之应聘，材料之购入，日本方面享有优先权。以四县内官有各种矿山为担保，将来铺设矿山铁路再入担保。期限内不许将此作为担保品担保给外国人，或卖或租借给外国人。此矿山开采铁道铺设之第二借款日本有优先权。④

　　西泽与黎元洪密使商定完有关条款之后，便于 9 月 11 日迅速将相关情况与个人见解汇报给上司日本制铁所长官中村雄次郎。在该汇报中，西泽特别提到了日本在该地区所面临的严峻情况，即"独（德）美两国觊觎三县矿山铁道之利权，已屡次向武昌黎都督提供借款，并已订立草约"，并

---

① 「故西沢公雄勲章加授ノ件」、アジア歴史資料センター、Ref. A10113166000。
② 「大冶ニ陸戦隊ヲ上陸セシメシ件」（1912 年 1 月 17 日）、日本外務省編『日本外交文書第 44 巻・第 45 巻別冊　清国事変・辛亥革命』、188 頁。
③ 「極秘第一号」（1912 年 9 月 11 日）、アジア歴史資料センター、Ref. B04010800900。
④ 「九月十一日附西澤技師書面ノ内容」、アジア歴史資料センター、Ref. B04010800900。

且"近来白耳义（瑞士）人也参与到本次的借款运动当中"，因此为"阻碍欧美人关于大冶的侵略行动"，应一面"用苦心酸胆之计谋诱说黎周围之人物"，一面"妨害独美两国缔结该条约"。若是日本默许、旁观"独（德）美两国对于该地利权之垂涎"，则此地利益迟早为德美两国所垄断，将来"我之势力圈不仅维持颇为辛苦，而且如既往一步一步之渐次发展也将无有可能"。对此，西泽提出如果能与黎元洪达成上述借款协议，不仅可以"确保大冶铁矿方面之利权"，而且可以收"该地附近之各种矿山"为我之利权。因此，为把握此"瞬时之机"，他希望中村能将此消息汇报给制铁所上级长官，即农商务大臣山本达雄，并由农商务大臣提请内阁讨论。①

黎元洪在了解到西泽有向鄂政府放款的意愿之后，急忙派人与之谈判，但是由于时间仓促，加上所订条件苛刻，为了减少损失，9 月 11 日黎元洪再次派人携函到西泽处进行借款谈判。初步订立相关条款后，② 12 日西泽便将此事汇报给中村雄次郎。在该汇报中，西泽首先提到黎元洪关于该借款的态度，"本次借款在同文同种国，请务必成立"。对于借款，西泽认为目前湖北"局势颇为紧切"，为从根本上杜绝"寸善尺魔之阻碍"，应省略草约的签订，直接以"电光石火"之速度签订正式条约。同时西泽在陈述完自己关于借款的意见后，再一次向中村提醒道，"驻黄石港之白耳义宣教师与独逸（德国）人合作以一千万两借款劝诱黎（元洪）"，为避免此种情况的发生，西泽建议"单刀直入，订立正式协约"。西泽也就汉冶萍公司当下的问题做了说明，即"汉阳铁厂事业之复旧固难，江西省萍乡炭山没收运动极其猛烈，将来该公司的完全整顿仍需时日"，③ 因此西泽建议趁此时机，尽快"承诺黎之借款，间接确保我之利权，以防止大冶方

---

① 「極密第一号」（1912 年 9 月 11 日）、アジア歴史資料センター、Ref. B04010800900。
② 「極密第二号」（1912 年 9 月 11 日）、アジア歴史資料センター、Ref. B04010800900。条款内容为：（1）借款为洋例银三百万两。（2）期限二十年，十年后都督依情况于任何时候偿还全部借款。（3）担保中的铁矿将来开采后卖渡于日本。（4）担保矿山为大冶、兴国两县矿山，持有优先权矿山为大冶、武昌、兴国三县矿山（荆州无矿山，所省去）。（5）利息每年 6 月 12 日支付，第一年、第二年的利息于第二年末一并支付。
③ 关于江西都督李烈钧没收萍乡煤矿的报告，参见「江西都督萍乡炭坑没収ニ関シ高木陸郎ヨリ報告ノ件」（1912 年 9 月 6 日）、外務省編『日本外交文書 第 45 巻 2 冊』、181 頁。

面江畔一带为外人所侵略"。①

三　西泽公雄力推通过借款案

西泽在 9 月 12 日致信中村后，9 月 15 日再次致信，信中他提到"本件交涉在绝对秘密中进展……但现今人心不统一，不知此事何时将会泄露"，同时提到"当地水泥会社的德国技师已与捷成洋行一派的德国商人合作，以兴国州、龙角山一带铜山及武昌大冶方面的铁矿为条件对都督府实施借款"，情势何时急转直下实难预料，因此西泽建议为了"确定日本在这一带之势力命运"，应该以"利用此机增购铁矿"作为当下"紧切之要务"。②

中村在接到西泽连续三封密报之后，9 月 15 日便回信西泽并进一步要求他调查黎元洪在借款条件中所提到的满俺山的相关情况。17 日中村再次致电西泽，要求其调查抵押铁矿名字及所藏矿量，18 日西泽回电中村，称"该地区铁矿储量 3000 万吨，满俺山有银矿等相关矿产 500 万吨"。③而在 9 月 20 日前后，黎元洪第三次派代表前往西泽公雄处商量借款事宜，并对西泽称"他周围幕僚往往各自为政，进行借款运动，将来仅信赖贵官，并专以进行交涉"。至于此时黎元洪为何以此语催促西泽进行借款，或许跟当时湖北政府内部反黎声势愈演愈烈有关。1912 年 7 月前后，武昌曾发生祝制六倒黎运动，1912 年 9 月，又有南湖马队与革命党人串通一气组织"推倒黎元洪组织团体"。④由此可见，此时的黎元洪确实身处危机四伏之中无以凭借，因此才有"仅信赖贵官"一语。

在谈判结束后，西泽将谈判的相关条款汇报给中村，同时提到湖北当时的局势是"袁、孙二人已经妥协，并热望得列国大借款，同时以重要之利权悉数作为担保"，"袁世凯、孙中山为筹得借款，已经准备禁止地方进

---

① 「極密第二号」（1912 年 9 月 11 日）、アジア歴史資料センター、Ref. B04010800900。
② 「極密第三号」（1912 年 9 月 15 日）、アジア歴史資料センター、Ref. B04010800900。
③ 「中村発電」（1912 年 9 月 15 日）、「西澤ヨリ着電」（1912 年 9 月 17 日）、「中村発電」（1912 年 9 月 17 日）、「西澤ヨリ着電」（1912 年 9 月 18 日）、アジア歴史資料センター、Ref. B04010800900。
④ 霍修勇：《南湖马队事变及其影响》，《民国档案》2003 年第 3 期。

行借款，将欧美资本家所求之重要担保品留作他日之用"。在该汇报中西泽更是提到最近武汉地区"孙指定武昌他日为中国之首都"的传言。对此，西泽虽不确定传言真假，但仍告诫中村"若是今日不以一刀两断之果断，将此方面利权归于帝国"，则"他日列国融得丰富之资金，及逞欲望之时，我只能叹如何失去此机"。为避免这种情况出现，西泽请求中村只要容许他"趁此时机，继续交涉"，借款条约则会在"咄嗟之间缔结"。9 月 20 日到 30 日，西泽又与黎元洪所派代表就借款条件进行了会谈，并大致取得共识。会谈后西泽再次提醒中村，德国人也在积极地同黎元洪进行借款谈判，而竞争的结果则取决于何方可以迅速告知"议决结果"。①

　　对于此次的借款事项，日本外务省驻汉口领事馆虽保持高度的关注，但是对于会谈能否成功，并不抱太大希望。因为日本正在利用日英同盟这一有利条件积极介入中国事务，而长江流域属于英国的势力范围，日本若是此时介入位于长江流域的大冶，势必引起英国的警惕与不满，因此对于黎元洪的借款活动始终保持一定的距离。而日本八幡制铁所及其主管部门日本农商务省自 1899 年与汉冶萍公司签订《煤铁互售合同》之后，便将大冶铁矿视为日本钢铁业之命脉，为了保障其充分稳定的原料来源，八幡制铁所与农商务省始终致力于确立日本在该地区的垄断地位。② 由此可见，由于双方的诉求不同，两部门在处理有关大冶问题的上存在明显的分歧。9 月 20 日，日本驻汉口总领事松村贞雄向外相内田康哉汇报此事，并请求相应指示。内田于次日回信称其所汇报之事的具体情况，已于中村雄次郎处获知，同时要求松村对于此事进行持续关注。③ 另一方面，西泽于 9 月 12 日直接致信外务省政务局局长阿部守太郎，陈述借款事项，④ 16 日又致信横滨正金银行行长井上准之助，向其汇报黎元洪对日借款的请求，并称

---

① 「極密第四号」（1912 年 9 月 20 日）、「極密第五号」（1912 年 9 月 23 日）、アジア歴史資料センター、Ref. B04010800900。
② 左世元：《汉冶萍公司与政府关系研究》，中国社会科学出版社，2016，第 63 页。
③ 「第 18 号」（1912 年 9 月 20 日）、「第 60 号」（1912 年 9 月 21 日）、アジア歴史資料センター、Ref. B04010800900。
④ 「大冶西澤公雄致阿部老台」（1912 年 9 月 12 日）、アジア歴史資料センター、Ref. B04010800900。

"如果不直接签订，恐失时机"。① 9 月 27 日前后中村开始就借款之事请外务省的相关人员进行斡旋，外务次官仓知铁吉给中村回信称："此事与三菱的有关人员进行协商……最终为三菱谢绝。"② 由此可以看出西泽为借款事直接跨部门联系诸多高层，足见其之用心。然而外务省对于此事虽然给予很大的关注，却并没有给予积极响应与协助。

由于西泽直属日本八幡制铁所，而制铁所作为官营事业直属于日本农商务省，所以西泽致中村的信函，多由其转交给了农商务省高层。面对外务省消极的态度，1912 年 11 月初，农商务省次官押川则吉直接致信外务省次官仓知铁吉，称："帝国国防及产业上铁原料的供给讲究廉价稳定，如调查书所示，关于将来国运发展上极为重要之事项，在清国具备适当之条件时，努力从中获得其利权。"③ 而在该调查书中，农商务省一方面指出本溪湖铁矿开采尚在实验中，另一方面则直言不讳地表示："一旦有所际会，则应积极进取，不能踌躇。此为我国防、产业必要且不可退之进路，为此便有多少牺牲，也不得不为之。"④ 由于农商务省的强烈要求，加上当时元老井上馨的支持，⑤ 1912 年 11 月 1 日、2 日，外务、大藏、农商务省三省长官召开联席会议，最终以西泽与黎元洪之间的谈判条件为基础，确定了相关借款条款：

　　1. 金额：二百万日元，但是在将来必要之时，可在协议之上再行续借二百万日元以内金额。

① 「大冶西澤公雄致阿部老台」（1912 年 9 月 12 日）、「西澤来電十六日夕当地着」（1912 年 9 月 16 日）、アジア歴史資料センター、Ref. B04010800900。

② 「倉知次官致中村制铁所长官」（1912 年 9 月 27 日）、アジア歴史資料センター、Ref. B04010800900。

③ 「大正元年十一月五日」（1912 年 11 月 5 日）、アジア歴史資料センター、Ref. B04010800900。

④ 「製鉄原料ノ供給ニ付テ」（1912 年 11 月 1 日）、アジア歴史資料センター、Ref. B04010800900。

⑤ 「第七八号」（1912 年 11 月 4 日）、アジア歴史資料センター、Ref. B04010800900。在该密信的上方有一行小字，内容为："井上侯、内容ノ義中村ヨリ支持取リ候事。" 联想到井上馨曾积极参与合办汉冶萍的事项，由此材料可以推知，井上馨支持此次的对黎元洪借款。

2. 利息年七分。

3. 实收九十五。

4. 期限十五年，从第三年开始本金以年赋偿还。

5. 目的：用于湖北省大冶武昌兴国府三县内官有铁矿采掘及运矿铁道铺设。

6. 担保：以大冶、武昌、兴国府三县官有铁矿一切及运矿铁道。

7. 本借款的担保品不得售卖或重做担保。

8. 作为本借款担保品之矿山，再有借款必要时应先与借主协议。

9. 大冶、武昌、兴国府三县内官有之一切矿山，其采掘或运矿铁道铺设运转之所需外国技师之雇佣，材料之购入，贷主有优先权。

10. 本借款之担保矿山所采掘矿物，贷主如有需要，享有优先权，但铁矿石一吨之代价为离岸价上等品日金三元，其他矿石代价随时而议。

11. 本借款契约，借主须得到中央政府认可。

12. 大冶、武昌、兴国三县内民有矿山，可凭附属公文给予贷主优先权。

13. 本借款契约当事者应绝对保密。①

11 月 5 日，内田给驻汉口总领事芳泽谦吉（1912 年 10 月 7 日芳泽谦吉正式接替松村贞吉担任日本驻汉领事）发信，提到当下大仓组由于参与本溪湖合办事宜，不愿在此事上冒险。② 又提到江西借款及相关的铁路问题，但是考虑到最近日本正在参与六国银行对华借款的活动，所以日本只能以"无责任者"的形象自我标榜，关于对黎借款则只能由三井进行交涉，而"我官宪给予援助，并使他人认可"，但在"交涉上特别注意，勿给局外者以口实"，并希望芳泽在接下来的谈判中协助西泽。③ 11 月 8 日，

---

① 「大冶・武昌・興国府官有鐵山担保借款黎元洪ヨリ申込一件」（1912 年 11 月 1 日、2日）、アジア歴史資料センター、Ref. B04010800900。

② 关于日本与本溪湖铁矿的开发，参见木場篤彦「本溪湖煤鉄公司の形成に関する歴史的研究」『科学史研究』2009 年总第 48 期。

③ 「第七八号」（1912 年 11 月 4 日）、アジア歴史資料センター、Ref. B04010800900。

芳泽向内田汇报会谈情况，在相关条款中除第一、二、三、十一条等外，其余条款已与对方签署完毕，或对方已经大体同意。[①]

四　黎元洪对日借款案的失败

就在日方西泽就借款一事与黎元洪方面进行谈判时，11月4日武汉《民国日报》突然曝出新闻："据确实消息，在大冶日本制铁所出张所长西泽见湖北矿产丰富，而缺乏开采资金，遂以中介者介绍日本正金银行对湖北政府放款三百万元，用途限定为矿物采掘，除无担保，无手续费外，年利期限等均为优待。"对此，该报道认为："日人或有其他希图。"[②]11月19日芳泽向内田汇报西泽与黎元洪谈判进展的同时，也向内田提到了汉口本地报纸于前日刊登的一则有关鄂政府对日借款的消息，该报纸称此借款有两个疑点："鄂省矿产无款开采利弃于地与日人何涉，而何必劳西泽氏之遇而介绍借款疑点一也。借款何以不取回扣，不索押品，且一切条件从优，独为今日民国借款开一生面，疑点二也。"该报纸也指出西泽对鄂省借款绝非出于好意，并称日人均为"根据大冶铁矿而抱觊觎鄂属各地丰富之矿藏之野心者也"。[③]从该报道可以看出，此应为11月4日的接续之作，而且此时的社会舆论对日借款的态度已经由关注转为警惕。

在此紧要关头，新闻为何会突然曝出黎元洪代表湖北政府向日本借款的事情呢？在芳泽看来，此事或与政府内部的美国留学生派有关。12月2日芳泽在发给内田的信中就提到，"西泽技师在与黎元洪为首武昌当局会商时，武昌官场之美国留学生出身派以增借美元为得策，秘密展开反对我方借款之活动"，因此希望他就双方分歧之处会同农商务大臣、制铁所长

---

① 「黎元洪ヨリ大冶其他ノ鉱山ヲ担保トスル借款申込ノ件」（1912年11月8日）、アジア歴史資料センター、Ref. B04010800900。

② 「機密第三九号」（1912年11月5日）、アジア歴史資料センター、Ref. B04010800900。此报道标题为《三百万借款我何为》。

③ 「大冶借款問題ニ関スル新聞切抜キ送付ノ件」（1912年11月19日）、アジア歴史資料センター、Ref. B04010800900。

官讨论解决。[①] 内田见此，迅速于 12 月 3 日电讯芳泽就条款的第六条与第十条提出意见，[②] 并在当日与 12 月 6 日分别致电农商务大臣牧野伸显与大藏大臣山本达雄，汇报借款所面临的问题，同时就第六条及第十条向对方寻求意见。[③] 11 日农商务大臣牧野伸显通过次官押川则吉向外务省次官仓知铁吉提出相关意见，即若黎元洪不再更改条件则日本方面派遣技师视察实地，同时他告知仓知已经要求三井物产作为名义借贷方参与对黎借款。随后内田向芳泽传达了将向大冶派遣技师进行调查的训令，而在汉口的芳泽则将此事与西泽商议后向黎元洪提出，但是由于调查涉及民有矿山，借款条件在提交湖北议会审议时，一直没有得到通过，因此芳泽建议内田暂缓派遣技师对相关矿山进行调查。[④]

1913 年 1 月 9 日武汉某报纸又突然曝出湖北省政府对日借款的合同草约，草约内容除借款金额外几乎与双方谈判合同一致，另外 11 日省议会再次审议合同的相关内容，但有关民有铁矿条款触及当地士绅利益未获通过，对此西泽公雄与芳泽谦吉商议后向黎元洪提出取消民有铁矿相关条款的请求。[⑤] 但是还未等相关条款再次审议，《民国日报》又分别于 1 月 19 日与 20 日刊出上下两篇题为《湖北政府以大冶铁矿抵日本借款之有害论》的社论。在该社论中，作者一面声称"铁矿事业与国家具有生命之关系，不仅在经济上，更在于军事上"，一面谴责湖北省政府"复以大冶铁矿对日借款四百万日元，此借款契约吾人遂不确知，然湖北政府关于本件之要金，实有数多弊害"，而弊害则主要集中在"坠入日本人囊中"，"侵害固有之合办公司"，"祸公私，殆经商"。[⑥] 在该文中作者亦提到"以此钢铁

① 「第六一号」（1912 年 12 月 2 日）、アジア歴史資料センター、Ref. B04010800900。
② 「第九一号」（1912 年 12 月 3 日）、アジア歴史資料センター、Ref. B04010800900。信件内容为：第十条照原案决定。「第九二号」（1912 年 12 月 3 日）、アジア歴史資料センター、Ref. B04010800900。信件内容为：添加六处矿山名与矿质。
③ 「黎元洪ヨリ申込ニ大冶武昌興国府官有鉱山ヲ担保トスル借款ニ関スル件」（1912 年 12 月 3 日、1912 年 12 月 6 日）、アジア歴史資料センター、Ref. B04010800900。
④ 「農商務次官押川ヨリ外務次官倉知鉄吉宛」（1912 年 12 月 6 日）、「第七二号」（1912 年 12 月 18 日）、アジア歴史資料センター、Ref. B04010800900。
⑤ 「機密十一号」（1913 年 1 月 13 日）、アジア歴史資料センター、Ref. B04010800900。
⑥ 「機密第十九号」（1913 年 1 月 23 日）、アジア歴史資料センター、Ref. B04010801000。

生命授予外人，无异于资寇兵以稻粱……然至于钢铁无异于断送国家生命权力于外人，至于大冶仰仗东人投资无异于饮鸩毒己"，因此呼吁"日本若得我国之钢铁生命权则祸及我国前途，而有志于独立生产之湖北人士，皆抗议此借款"。面对此滔滔民意，湖北临时议会最终以"条件有损主权"为由取消该借款。借款取消后，黎元洪不得不于 1 月 28 日将此决定告知西泽公雄。①

　　西泽在得到黎元洪放弃借款的消息后，一时之间"殊难索解"，遂于当日致信黎元洪称："弟以问题非小故，殚精竭智协助贵政府，以冀发展实业，而联日中睦谊，建立东亚基础。我先生为千古第一伟人，深谋愿尽，弟则深佩决不肯以不通过一语而骤伤两国睦谊。"并再次希望黎元洪"转请贵政府复再妥议，当以邦交为重，勿伤国际亲睦也"。② 对于西泽的来信，黎元洪并没有选择直接回信。对此，西泽可能已经察觉借款之事似无可能，但是仍在 2 月 14 日再次致信黎元洪，称"虽此次借款忽作罢，他日似此条件若遇借款问题，拟请赐尽"。他还在信中提到："风闻贵政府有向比国另借款事项，抵押品以龙角山一条。弟深信其为谣言，盖敝借款已损贵主权，比国借款同一损贵主权耳，希请先生速饬，贵财政司公正示复，以符贵电。"③ 黎元洪在接信之后，认为西泽有故意为难之意，所以于 2 月 18 日回信，信中除了向其表示不向西方诸国借款外，更是直陈"阁下谅亦不至以借款不成，芥蒂于怀也"。④ 对此，3 月 2 日西泽回信黎元洪，对其不让西方势力渗入其中表示感谢："中日在东亚有同文同种、唇齿辅车之关系，俾牵制外人侵略一节，尽筹伟画，感佩同钦。"同时进一步解释"至借款未成，弟毫无芥蒂"，并再次要求"惟拟他日相机彼此援助，以冀发达实业为计，谅将来遇借款之事，必先尽于弟，庶吕纫两

---

① 「西泽技師ヨリ黎元洪ニ対スル交渉文其二」(1913 年 2 月 14 日)、アジア歴史資料センター、Ref. B04010801000。
② 「西澤技師ヨリ黎元洪ニ対スル交渉文其一」(1913 年 1 月 28 日)、アジア歴史資料センター、Ref. B04010801000。
③ 「西泽技師ヨリ黎元洪ニ対スル交渉文其二」(1913 年 2 月 14 日)、アジア歴史資料センター、Ref. B04010801000。
④ 「黎元洪ヨリ答復書写」(1913 年 2 月 18 日)、アジア歴史資料センター、Ref. B04010801000。

国之睦谊也"。①

　　由以上内容可以推知，由于社会舆论与议会的反对，黎元洪不得不放弃原本计划的借款活动。西泽虽然没有达成借款协议，但是最终仍通过黎元洪阻止了西方势力对大冶地区的渗透。3 月 1 日芳泽向新任外相牧野伸显（1913 年 2 月 20 日至 1914 年 4 月 16 日担任第一次山本内阁外相）汇报该借款的确切情况，"省议会以有损中国主权为由反对，目下无成立之希望。但（西泽）与黎交涉之结果为，与本借款相抵触之他国借款即与白耳义之龙角山借款因西泽之注意而终止"。② 3 月 4 日，芳泽再次致电牧野，向其汇报此次借款失败确定信息。③ 至此持续半年之久的湖北政府对日借款一案以失败告终。

五　余论

　　辛亥鼎革，民国始成，而作为革命策源地，由于战乱的破坏，社会生产的停滞，再加上各路援军的到来，湖北的财政面临前所未有的窘境。湖北都督黎元洪为维持革命的继续进行、政府的正常运转，遂采取多种方式进行筹资，在其集资无门的情况下，向日本提出借款的请求。此事虽然得到了西泽公雄的积极推动，但是最终并未取得成功。通过该事件，我们或可看出以下三点内容。

　　其一，日本技师西泽公雄积极推动对黎借款，意在绝对垄断大冶铁矿。自 1889 年 4 月 7 日中日签订《煤铁互售合同》后，日本便往大冶派遣技师，督促矿石生产，保证矿石对日输出，大冶铁矿沦为日本铁矿产业的原料产地。④ 随着 1904 年中日《大冶购运矿石预借正合同》的签订，大

---

①　「西澤技師ヨリ黎元洪ニ送付スル回答文」（1913 年 2 月 28 日）、アジア歴史資料センター、Ref. B04010801000。
②　「第二六号」（1913 年 3 月 1 日）、アジア歴史資料センター、Ref. B04010801000。
③　「機密電三七号」（1913 年 3 月 4 日）、アジア歴史資料センター、Ref. B04010801000。
④　《公司日本顾问服部渐追述日本制铁所成立初期对大冶铁矿的垂涎》，武汉大学经济系编《旧中国汉冶萍与日本关系史料选辑》，上海人民出版社，1985，第 2—4 页。

冶铁矿开始深陷日本债务的旋涡。① 而到了 1905 年日本政府发布对大冶铁矿借款的原则，大冶铁矿成为日本与列强在长江流域竞争，进而实现势力扩张的重要一环。② 随着辛亥鼎革，清末湖北稳定的政治、经济均势被打破，这让驻大冶技师西泽公雄意识到，此为控制矿山利权、实现势力扩张的绝佳时机。而虽然西泽与黎元洪方面制定的借款合同所涉内容为大冶、武昌、兴国州等地矿山，但是从西泽给长官中村雄次郎以及其他相关人员的信函中可以看出，取得对大冶铁矿的独占地位才是西泽公雄对黎借款的出发点与落脚点。

其二，民国初年日本外务省与农商务省的对华政策虽然表面上存在分歧，但从中国攫取利益为双方行事之内在逻辑。1902 年 2 月 12 日，日英为防止俄国在远东地区的扩张，首次签订《日英同盟条约》，经过日俄战争，至 1911 年辛亥革命爆发前，日英又两次修订《日英同盟条约》，确定对华“机会均等”原则。③ 武昌起义后的 10 月 24 日，第二次西园寺内阁确立对华政策，其中在事涉华中、华南利权时规定“要以日英同盟为基础，构建与美法之间的协调关系，以确保在华的优越地位”。④ 辛亥革命期间日本政府曾通过三井物产向以孙中山为代表的南京临时政府实施单方面借款，而这则被英国视为妨碍中国稳定的行为，并遭到了英国外交大臣格雷（Edward Grey）的严重警告。⑤ 这就使日本外务省在对华借款上不得不保持谨慎态度。另一方面，武昌起义爆发后，受战乱影响，日本农商务省所属之八幡制铁所面临严重的原料短缺问题，保证日本在大冶地区的利权，成为日本钢铁业生存之“必要”问题，而正是出于确保大冶铁矿对日稳定的原料输出，日本驻大冶技师西泽公雄及其所属的农商务省才会不遗

---

① 代鲁：《汉冶萍公司史研究》，武汉大学出版社，2015，第 2 页。
② 「漢口鉄製局及萍乡炭山借款ノ件」（1905 年 8 月 2 日）、日本外務省編『日本外交文書第 38 巻第 2 冊』国際連合協会、1957、207—208 頁。
③ 外務省編「日本外交年表並主要文書」（上）、原書房、1965、351 頁。
④ 「満洲問題ノ解決ハ好機ノ到来スルヲ待チ目下ハ中国本部ヘノ勢力扶植ヲ努メタキ件」（1911 年 10 月 24 日）、外務省編『日本外交文書　第 44 巻・第 45 巻別冊　清国事変・辛亥革命』、51 頁。
⑤ Peter Lowe, *Great Britain and Japan 1911–1915: A Study of British Far Eastern Policy*, London: Macmillan, 1969, p. 84.

余力地动员日本政府展开对黎元洪的借款行动。虽然外务省并未直接参与借款的相关活动，但是在后期的活动中，外务省从侧面提供了相应的帮助。由此可见，此时日本在对华行动上其实存在一种政策与现实情况的分歧，但如何从中国进一步攫取利益是双方之根本要义。

其三，辛亥革命期间中国民众爱国意识的觉醒与社会舆论力量的壮大是阻止此次借款成立的主要因素。大冶铁矿所属之汉冶萍公司，在创办之初，便被赋予了民族主义与爱国主义的价值理念和感情内涵。[①] 甲午战争后，中国亟欲恢复民族自尊心与自信心，而汉冶萍公司的发展与壮大适时地满足了中国民众的这一"热望"："今日汉（汉阳铁厂）、冶（大冶铁矿）、萍（萍乡煤矿）三大业，即中国挽回中国利权，抵制洋货之根本也。外人视线眈眈环注，大有寝而难安之态。"[②] 因此时人有言："汉冶萍厂矿之问题，非少数股东之问题，乃是中华民国盛衰强弱之问题。"[③] 在黎元洪以大冶铁矿等湖北矿山向日本抵押之前，已经发生过孙中山以汉冶萍公司中日合办为条件向日本借款的事件，但是因为涉及国家利权而遭各方反对最终作罢。[④] 而此次黎元洪以矿权作为抵押向日本借款，再次刺激了国人神经，并进一步引发了民众的爱国诉求。随着舆论关注与相继发声，湖北省议会在面对滔滔民意时，即便省财政面临重重的困境也不得不取消对日借款。这也反映出民国初年民众的爱国诉求与政府财政补充之间的一种矛盾现状。

（颜龙龙，湖北师范大学外国语学院讲师；

邱佩文，中山大学历史学系博士研究生）

---

① 周积明、黄予：《价值理性与工具理性：汉冶萍民族主义话语的二重性》，《湖北大学学报》（哲学社会科学版）2019 年第 5 期。

② 《李维格：在汉口商会演说词》（1908 年 10 月 25 日），陈旭麓等主编《汉冶萍公司》第 3 卷，上海人民出版社，2004，第 36—37 页。

③ 灵犀：《汉冶萍借款问题之回顾及现在之危机》，《尚贤堂纪事》1915 年第 6 期。

④ 杨华山：《论南京临时政府期间汉冶萍"合办"风波》，《学术月刊》1998 年第 11 期；代鲁：《南京临时政府所谓汉冶萍借款的历史真相》，《近代中国》第 7 辑，上海社会科学院出版社，1997。

试析战后日本就业制度形成的政策基础[*]

——以"劳动三法"和"职安三法"为中心

康学真

　　内容提要　日本经济在战时遭到了毁灭性打击。国内大量人口失业、从海外撤退回国的国民激增、社会生产严重停滞，劳动力市场处于瘫痪状态。日本在 GHQ 的间接统治下，实行一系列民主化改革，制定和实施了一系列政策法律。"劳动三法"和"职安三法"为战后日本建立现代劳资关系和就业制度奠定了坚实的政策法律基础。"劳动三法"侧重于调解劳资矛盾，促使劳资双方达成合理的劳资协议；"职安三法"则侧重于在劳动力市场失灵的情况下直接介入，调节劳动力的分配，是解决大量失业现象从而维护和稳定职业及生活的重要立法措施。这些就业政策不仅共同形成了战后日本就业制度的基本框架，也使日本大企业内部初步形成了长期就业制度，从而为日本经济走出战后初期的混乱局面、实现经济独立、进入工业化与高速发展阶段奠定了政策制度基础。

　　关键词　就业制度　"劳动三法"　劳动关系　"职安三法"
失业保险

---

　　* 本文系国家社科基金项目"制度变迁与日本经济现代化研究（1868—1978）"（项目号：21BJL023）阶段性成果。

引　言

　　第二次世界大战后，日本在以美国为中心的驻日盟军总司令部（GHQ）的间接统治（1945—1952）下，实行了非军事化、制定并颁布实施新宪法、解散财阀、劳动立法、农地改革等一系列民主化改革。其中，劳动立法，特别是"劳动三法"即《工会法》（1945）、《劳动关系调整法》（1946）、《劳动基准法》（1947），"职安三法"即《职业安定法》（1947）、《失业保险法》（1947）和《紧急失业对策法》（1949），为日本建立现代劳资关系和就业制度奠定了坚实的政策法律基础。

　　在战后就业政策与就业制度方面，一些学者探讨了战后日本产业发展过程中的劳资关系与工会发展，[①] 一些学者梳理了日本失业对策的战前起源与战后发展。[②] 现有文献从不同角度一定程度上对日本的就业制度、劳资关系、就业政策进行了探讨，虽然有一些学者梳理了相关法律，[③] 但是关于作为就业制度形成基础的"劳动三法"与"职安三法"的现实作用，及其对就业制度形成基础的机制方面，依然有待从经济理论的角度进行探讨与解释。因此，本文通过梳理和定性分析日本战后初期的"劳动三法"和"职安三法"的制定背景、目的与主要内容，明确这些劳动就业政策法律的现实作用，及其对日本就业制度形成的影响和意义。

一　战后日本劳动立法的经济社会背景

　　经过第二次世界大战，日本经济遭受了毁灭性打击。据统计，毁于战

---

① 西成田豊「日本的労使関係の史的展開（下）1870 年代—1990 年代」『一橋論叢』第 114 巻第 6 号、1995 年 12 月、975—995 頁；坂口桂子「産業化と日本的労使関係——企業別組合の成立をめぐって」『大分県立芸術文化短期大学研究紀要』第 40 巻、2002 年、1—10 頁。

② 加瀬和俊「現代日本における失業対策の圧縮とその歴史的背景」『歴史と経済』第 195号、2007 年 4 月、12—20 頁。

③ 逆瀬川潔「職業訓練の変遷と課題」帝京大学経済学会編『帝京経済学研究』第 37 巻、2003 年、51—96 頁。

火的住房约为 220 万户，受害者达 900 多万人；大批工厂倒闭，工矿业生产停滞，全国的失业人口多达 1300 万人；从海外撤退回国的日本国民多达 650 万人；城市及其附近的工厂、道路、桥梁、港口和船舶等也都遭到了严重破坏。按停战时的价格计算，因战争而损失的财富为 1057 亿日元，占财富总额的 36%，其中，和平用途的财富（工业生产设备等生产资料、生活消费资料、船舶等交通工具和建筑物等）为 653 亿日元，占 25%。同时，由于战败，日本对外贸易几乎完全中断，其赖以生存的物资，包括从中国、朝鲜和西伯利亚进口的大米、大豆、糖、铁矿石、煤炭、木材、纸浆和纸等产品失去了供给来源。①

在这样的背景下，随着国内大量失业人口的出现和从海外撤退回国的国民的突然增加，日本国内的劳动力激增。但是在社会生产严重停滞的状况下，这些劳动力无法有效地被社会经济活动吸收，因此劳动力市场处于瘫痪状态。同时，直至第二次世界大战存续的旧的劳资关系、劳动条件、招工与收入分配制度、劳工团体的作用等诸多战时经济社会制度，已不适应战后经济社会的变化，难以应对劳资关系以及工人运动，从而成为制约战后日本经济社会发展的重要因素。由于战后初期日本产业恢复程度与私营企业无法创造并提供足够多的就业机会，由国家干预直接创造就业机会的就业政策便具有了正当性，此时就业政策重点主要侧重于尽可能地创造并向更多的人提供就业机会，以稳定国民社会生活。②

二　"劳动三法"——劳资调解框架

战后初期，日本经济社会中存在企业破产停产、居民生活困难以及合

---

① 参见冯昭奎《日本经济》，高等教育出版社，2005，第 37 页；刘昌黎：《现代日本经济概论》，东北财经大学出版社，2014，第 1—2 页；康成文：《东北亚⁺¹区域竞争与合作研究》，中国商务出版社，2020，第 151—152 页。
② 中野雅至「戦後日本の失業対策事業の意義——産業政策との比較の観点を中心にして」『現代社会文化研究』第 21 号、2001 年 8 月、89—106 頁。

理化（Rationalization）① 等问题，同时，以公共劳动、电力和煤炭等行业为中心的反对企业解雇劳动者和为劳动者加薪的激烈斗争陆续展开，劳资关系的协调和稳定成为紧要问题。因此，战后成立不久的政府劳动管理部门首要承担的职能便是以调解劳资纠纷和稳定劳资关系为中心的劳动行政管理。在这样的背景下，日本政府根据 GHQ 民主化的政策方针制定并实施了包括《工会法》（『労働組合法』）、《劳动关系调整法》（『労働関係調整法』）和《劳动基准法》（『労働基準法』）在内的"劳动三法"②。

　　1.《工会法》。《工会法》于 1945 年 12 月颁布实施，并于 1949 年全面修改，③ 是战后初期日本政府响应 GHQ 的五大改革指令制定和实施的第一部劳动相关法律。《工会法》的目的在于，通过促进劳动者在与雇主的谈判中处于平等地位，提高劳动者的地位，使劳动者能够选出自己的代表来围绕工作条件进行交涉与谈判；使劳动者为采取其他团体行动，自主地组织工会并拥护团结；使劳动者集体进行规范劳资关系的劳动协议谈判并维护其过程（第一条）。根据《工会法》的规定，工会是指由劳动者自愿组织形成的，以维护和改善工作条件以及劳动者的经济地位为主要目的的组织或其联盟；劳动者是指不分职业，以工资报酬和其他类似收入谋生的人（第二、三条）。

---

① "合理化"作为产业经济术语起源于 1925—1927 年，资本主义经济制度下的"合理化"指的是为了增加利润而强化剥削效率的行为，即通过技术改进和机械化、经营管理现代化、最有效地利用生产要素和极大地提高生产率，实现"以最小限度的费用获取最大收益"的一系列过程。合理化运动（Rationalization Movement）早在 20 世纪 20 年代后期，以德国为起点席卷欧洲。战后日本的合理化政策可以追溯到昭和 23 年（1948）基于 GHQ 制定的"经济安稳九原则"以及"工资三原则"等政策，强调禁止会影响通胀的加薪行为以及为了弥补加薪带来的企业赤字等特别融资行为。在这之后，日本政府陆续出台《关于产业合理化的阁议决定》（1949）、《企业合理化促进法》（1952）等相关合理化政策，大大促进了随后的企业合理化运动。战后日本产业的合理化进程经历了近 20 年的时间。参见奥田八二「資本主義的合理化とはなにか」社会主義協会編『社会主義』第 157 号、1964 年、26—35 頁；向坂逸郎・岩井章『合理化とはなにか』河出書房新社、1972；杨栋梁：《日本的产业合理化及其理论分析》，《日本研究论集》1996 年第 11 期；杨栋梁：《战后日本的产业合理化与通产行政》，《日本研究论集》1998 年第 5 期；高远、杜小军：《日本产业合理化运动对我国经济运营的启示》，《沧桑》2010 年第 6 期。

② "劳动三法"是战后较早制定并实施的劳动相关法律，因这些法律名称中均有"劳动"二字，故称"劳动三法"。

③ 「労働組合法」、https：//elaws. e-gov. go. jp/document？ lawid＝324AC0000000174。

《工会法》的主要内容可以分为三个方面：对工会的规定、对劳动契约的规定，以及劳动委员会的设置。首先，《工会法》对工会的组织、设立与交涉权限制定了指导框架，规定了"不正当劳动行为"的法律底线，明确了工会法人代表权限、工会集体解散与清算流程以及相关清算责任人的义务。其次，《工会法》从契约生效、效力持续时间、契约标准效力、一般约束力、一般的地域约束力等方面，对"劳动契约"的形成制定了约束框架。此外，《工会法》还规定了各级"劳动委员会"的设置及其责任，以便贯彻落实该法与相关政策的协调实施。"劳动委员会"由相同名额的雇主委员、劳动者委员、代表公共利益的"公益委员"组成，分为中央劳动委员会和都、道、府、县各级劳动委员会（第十九条）。《工会法》鼓励劳动者自愿选举自己的代表组织工会，并与相关劳工团体组成工会联盟，自主地与雇主进行平等谈判，以争取改善工作条件并提高其自身地位。

2. 《劳动关系调整法》。《劳动关系调整法》于 1946 年制定并实施，[①]是继《工会法》后的第二部劳动法律。该法律的目的在于，结合《工会法》确保劳资关系的公平协调、防止或解决劳资纠纷、维护产业和平，以促进经济繁荣发展。在该法律框架下，劳资纠纷是指劳资关系各方因对劳资关系的主张无法达成共识而发生或可能发生的争执及其状态；纠纷行为是指结盟罢工、怠工、关闭工作场所等行为的劳资关系当事人坚持其主张的行为，以及反对这种主张的行为，即干扰业务正常运作的行为（第六、七条）。

劳资关系各方为了优化劳资关系，在集体协议和劳资纠纷期间始终力求建立和运作正规的劳资关系协调机构，当发生劳资纠纷时，必须努力真诚自主地解决其纠纷（第二条）。在劳动关系发生分歧时，政府努力协助劳动关系当事各方自主地协调分歧，并尽可能地防止纠纷发生（第三条）。劳资纠纷的调解和仲裁机构是劳动委员会和仲裁特别调解委员会（第八条）；纠纷发生后，劳资双方必须立即通知劳动委员会或都、道、府、县知事（第九条）。依照本法协调劳资关系时，当事方和劳动委员会以及其

---

① 「労働関係調整法」、https：//elaws. e-gov. go. jp/document？lawid＝321AC0000000025。

他有关机构应尽可能采取适当的措施，以加快调解的进展（第五条）。本法律不阻止、不干预劳动关系各方通过直接协商或集体谈判来规定工作条件及其他劳动关系相关事项，以及调整各方主张不一致的行为，同时也不免除劳动关系各方为之努力的义务（第四条）。

    3.《劳动基准法》。《劳动基准法》于 1947 年 4 月 7 日公布，① 简称《劳基法》。《劳基法》延续了战前《工场法》② 的框架，倡导雇主与劳动者的平等，规定了保障劳动者生存权的劳动条件及其最低标准。《劳基法》规定，劳动条件必须首先满足劳动者赖以生存的需要，同时，由于本法所规定的劳动条件是最低标准，因此，劳动关系当事人不但不得以此为由下调劳动条件，还必须努力提高和改善工作条件（总则第一条）。工作条件应由劳动者和雇主在平等的基础上共同决定并明示，劳动者和雇主必须遵守劳动协议（集体谈判协议）、就业规则以及劳动合同，并真诚地履行其义务。在雇主（企业）的义务方面，雇主必须秉持平等待遇、男女同工同酬、禁止强迫劳动的原则，雇主不得以工人的国籍、信仰、社会地位或性别为由，歧视性地在工资报酬、劳动时间或其他工作条件方面差别对待劳动者；雇主不得以任何不合理的形式限制劳动者的意识或身体自由，不得违背劳动者的意愿实施强迫劳动；雇主要保障劳动者行使其公民权利（总则第三、四、五、七条）。同时，总则第六条规定，消除中间剥削，若无法律允许，任何人都不得作为生意人介入他人的就业谋取利益。劳动者是指无论从事何种职业，受雇于企业或事务所并取得工资报酬的人（第九条）；工资是指企业作为劳动者劳动的代价支付给劳动者的工资、津贴和奖金及其他所有的分配收入（第十一条）；平均工资是指计算日前三个月内付给劳动者的工资总额除以该期间的天数所得的均值（第十二条）。劳动合同中，劳动条件不符合本法规定标准的内容无效，对无效的内容适用本法规定的标准，不得订立预定赔偿、债务抵消、强制储蓄相关的劳动合同（第十五到十八条）；劳动合同的期限，除不设期限的劳动合同及已规

---

① 「労働基準法」、https：∥elaws. e-gov. go. jp/document？ lawid＝322AC0000000049。

② 《工场法》是为保护女性及年轻劳动者，并规定雇主对灾害的扶助义务而制定实施的法律，于 1911 年公布，1916 年付诸实施，1947 年被《劳动基准法》替代。

定完成某项业务所需期限的劳动合同，其合同期限不得超过三年，但是与"专门知识、技术或经验"劳动者以及"六十周岁以上"的劳动者的劳动合同可定为五年（第十四条）。解雇劳动者的情况下必须提前三十天发出通知，解雇劳动者必须符合相关法律规定。劳动者的劳动时间一天不得超过八小时，一周不得超过四十小时。[①]

　　总之，《劳基法》从劳动关系的基本原则、劳动合同、工资、就业规则、男女同工同酬、劳动时长、休假及年度带薪休假、劳动技能培训、工伤补偿、劳动安全卫生、员工宿舍及其自治、劳动监督等几乎所有方面，规定了最低标准以及雇主（企业）应尽的义务，限制了雇主（企业）对劳动者的不平等对待，从而保障了劳动者最基本的劳动权益与安全。同时，《劳基法》还初步涉及了职业技能培训的指导框架，在一定程度上为1959年《职业训练法》的出台奠定了基础。

三　"职安三法"：劳动力配置的"调节器"

　　日本战败后，过剩的劳动力供给经济社会带来了巨大的压力，保障劳动者的就业、稳定广大居民的生活成为这个时期政府就业政策的中心。面对战后的高通胀以及严峻的失业形势，日本政府于1947年新成立劳动省[②]来掌管全国劳动者的福祉及职业稳定问题，相继制定并实施《职业安定法》、《失业保险法》和《紧急失业对策法》，建立了统一的职业稳定体系以及失业保险制度。

　　1.《职业安定法》。日本政府于1947年12月1日开始实施《职业安定法》[③]，以取代战前的《职业介绍法》。《职业安定法》的主要目的是，使公共职业安定所和其他相关的职业安定机关在有关行政机构或有关组织的配合下，开展就业安置工作，遵循"职业选择自由"与"均等待

---

① 关于劳动时长的规定，经过1987年《劳动基准法》的大修订，1998年"周40小时劳动制"才开始实施。

② 劳动省从厚生省分离出来并独立，2001年1月因机构改革，又并入厚生省，成为现今的"厚生劳动省"。

③ 「職業安定法」、https：//elaws.e-gov.go.jp/document? lawid＝322AC0000000141。

遇"原则，为有劳动能力的人提供适合其能力的工作机会，使每个人都有机会找到适合其能力的工作，确保产业发展所需的劳动力供给，达到就业安置的目的，以促进经济与社会的发展（第一条）。《职业安定法》规定，职业介绍是指接受招工和求职的申请，并安排和建立招工方与求职者之间雇佣关系的业务，职业介绍分为免费和有偿两种（第四条）；职业训练是指对求职者通过实施培训、讲座、建议、提供信息或其他方法使求职者较容易地选择适合其能力的职业，以及为提高求职者的职业适应性而实施的指导（第四条）；职业安定机关和特定的地方公共团体、职业介绍所或劳动力供给企业应加强就业信息交流与合作，并努力改善劳动力供需关系调整相关技术，以适时顺利地调整劳动力的供求关系（第五条之二）；公共职业安定所是提供职业介绍、职业指导、就业保险及其他实现本法的目的而实施必要的业务，并免费为公众服务的机构（第八条）；劳动力供给是指使劳动者根据劳动力供给合同在他人的指挥命令下从事劳动，未经劳动大臣的许可，任何人不得从事劳动力供给业务或使用由从事劳动力供给业务的人提供的劳动力在其指挥下劳动（第四条）；工会等组织经劳动大臣的许可，可以开展免费的劳动力供给业务（第四条）。此外，《职业安定法》对应届毕业生等学生和学徒群体的职业指导与职业介绍提供了相对详细的指导框架，对劳动者的招募与劳动者供给业务做出了详细规定。

　　《职业安定法》对政府、公共职业安定机关以及相关地方公共团体应履行的义务做出了指导与规定。政府相关管理部门应适当平稳地调整劳动力供求关系，建立并实施有助于失业者获得工作机会的必要的政策，为求职者提供必要的职业指导，为求职者和招工方提供迅速、便捷、免费的职业介绍及劳动力供给服务，并结合个人、团体、学校或有关政府机构，不断完善公共职业安定所的运作（第五条）。职业安定机关、指定的地方公共团体、就业安置企业或劳动力供应企业要在就业安置方面相互合作，以便求职者能够在所需区域找到适合其能力的工作，改善就业信息和调整劳动力供求关系，以适当顺利地调整劳动力的供求关系（第五条之二）。总之，《职业安定法》明确规定了职业介绍、职业指导、劳动力供给、政府相关部门的管理职责等社会就业安置相关的重要事项，贯彻了劳动民主化的根本精神，迎合了战后初期职业选择自由的思潮，强调了服务社会的精神，旨在实行科学的就业保障管理，并主张对此进行民主管理。[1]

　　2.《失业保险法》。《失业保险法》于 1947 年 12 月 1 日开始实施。[2]《失业保险法》旨在通过在被保险人（劳动者）失去工作时支付失业保险金保障被保险人的生活（第一条），失业保险由政府掌管。在该法的框架下，离职（状态）是指被保险者与雇主的雇佣关系终止，而失业是指被保险人在已经离职的情况下，尽管有工作意愿和能力却无法找到工作的状态（第三条）；工资是指工资、报酬、津贴、奖金以及雇主为补偿劳动而支付给劳动者的其他所有款项，保险费和失业保险金的金额根据被保险人的工资进行计算（第四、五条）。

　　《失业保险法》对被保险人的范围和资格、保险金计算及其领取时间、失业保险金的费用分担、失业保险委员会的设立，以及失业保险的审查诉讼流程等方面做出了规定。从费用分担来看，《失业保险法》规定，失业保险由政府负责，政府收取保险费以支付失业保险业务的费用（第二、二十九条）。国库承担保险福利费用的三分之一，并且在每年的预算范围内承担执行失业保险业务所需的费用（第二十八条）。《失业保险法》适用于雇用五名及以上雇员的商业机构，其范围涵盖了制造加工业、电气水利事业、采矿业、货物运输与装卸、租赁与金融等几乎所有行业（第六条）。但是，《失业保险法》对雇员（被保险人）的适用范围施加了限制，明确规定临时工、两个月以内的定期工、四个月以内的季节性定期工以及船员保险下的劳动者不在该保险范围内（第十条）。

　　3.《紧急失业对策法》。《紧急失业对策法》于 1949 年 5 月 20 日公布实施。[3] 为了有效抑制战后初期的高度通货膨胀和实现经济独立，日本政府根据 GHQ 的指令，于 1948 年 12 月制定了以"道奇路线"（1949—1951

---

①　工藤誠爾『職業安定法解説』泰流社、1948。

②　「失業保険法」、http：//www.shugiin.go.jp/internet/itdb_housei.nsf/html/houritsu/00119471201146.htm。

③　「緊急失業対策法」、http：//www.shugiin.go.jp/internet/itdb_housei.nsf/html/houritsu/00519490520089.htm。

年实施）为核心的《日本经济稳定计划》，即"经济稳定九原则"，以限制贷款目标、加强价格调控和平衡总体预算。"道奇路线"和经济稳定化政策的实施，实际上是政府对经济制度的一种"外科手术"式的改革。由于其大规模的行政重组和强有力的抑制通胀措施，社会生产活动在不同程度上受到了抑制，民营企业发展受阻，出现大量失业者，导致机械行业等行业和部分地区经济出现了"道奇萧条"。针对社会大量失业，日本政府制定并实施了《紧急失业对策法》。

　　《紧急失业对策法》的目的在于应对大量失业者的出现，使应对失业措施（项目）和公共工程项目尽可能多地吸收失业者，以稳定失业者的生活，并为经济繁荣做出贡献（第一条）。与《失业保险法》不同，《紧急失业对策法》作为针对失业形势的应急措施，仅对失业措施项目和公共工程项目两方面做出了指导与规定。在《紧急失业对策法》的框架下，失业对策项目是以为失业者提供就业机会为目的，根据劳动大臣制定的计划和程序，在中央政府或国库等机构的协助下开展的项目；公共工程项目是指经经济安定本部长官认定，并由国家或地方公共机构等实施的公共建设和修复项目（第二条）。项目主体为计划和实施失业对策项目或公共工程项目的国家或地方公共机构等；执行主体是根据与项目主体的承保合同及其他相关合同实施公共工程项目的企业（第三条）。

　　该法规定"失业对策项目"必须是尽可能多地使用劳动力、在大量发生失业或可能发生大量失业的地区开展业务、根据失业者的情况吸收失业者、劳动成本与项目成本之比大于或等于劳动大臣设定的比例、可以根据就业形势的变化调整规模或停止业务的项目（第四条）。失业对策项目由中央政府自费实施，或者由地方公共机构利用国库提供的全部或部分补贴实施（第九条）。失业对策项目实施实体雇用的劳动者必须是公共职业安置所介绍的失业人员，但很难在公共职业安置所介绍的技术及技能人员和管理人员除外（第十条）。失业对策项目实施实体，有权拒绝雇用认为其能力不适合本项目业务的、由公共职业安置所介绍的失业人员（第十一条）。同时，该法从对失业者吸收率的界定、基于失业者吸收比例的失业者雇用数等方面，对"公共工程项目实施主体"的义务与相关权利做出了规定。

四　就业政策法律的现实作用

20 世纪 40 年代末到 50 年代前半期的日本经济复兴期，也正值劳资关系动乱时期，劳动问题是这个时期重要的政治与社会议题。在劳动政策方面，日本政府在普及并落实战后制定的法律的同时应对重建期产生的问题。在就业政策方面，日本政府除了制定和实施失业者的生活保障以及以职业介绍为中心的政策措施，还致力于强化针对中学毕业新生的职业介绍等方面的劳动市场功能。在工作条件相关政策方面，劳动时间政策的落实和关于最低工资制度的讨论成为主要课题。

"劳动三法"分别从雇主、劳动者、工会及劳资关系调解机制等方面，为劳资双方的雇佣博弈及其权益进行了规定和限制。其中，《工会法》和《劳动关系调整法》规定了"劳资关系框架"，为"工会"的合法存续提供了法律基础。具体来看，《工会法》整体上强调的是对劳动者以及工会方的抗议与谈判保护，该法有效扩大了劳动者在劳资谈判过程中的议价能力，提高了工会的组织效率和企业管理的民主化水平，从而有效提高了劳动者自身地位，并促进了企业对劳动者劳动环境的改善。《劳动关系调整法》规定了劳资纠纷争议行为的界限，为企业与劳动者之间的纠纷提供各方调解和仲裁的法律框架，在此框架之下政府不会对劳资双方的谈判进行直接干预（政府努力协助劳动关系当事各方自主地协调其分歧），从而为战后初期劳资纠纷的解决和各种劳资之间契约的成立起到了润滑剂和调节器的作用。此外，在制定《劳动基准法》方面，日本政府将此作为经济民主化的重要内容，根据 GHQ 的政策意向，大力推动废除人身买卖与中间剥削等封建落后的劳动关系，并在《劳动基准法》中明文禁止了企业对其雇员的剥削，限制了企业对员工的歧视与随意解雇员工等不平等行为，为劳动者的权益及工作条件提供了法律保障。《劳动基准法》是产业民主化的产物，与战前日本的《工场法》相比，对劳动者的保障有了质的飞跃。虽然这一时期的劳动政策实施时间并不长，但是日本政府在极短时间内尽其所能地实现了民主化，使劳动政策适应国际标准并且实现了现代立法。

在这样的劳动政策下，现代的劳动立法以及劳动政策的基础得以形成，劳动行政顺应社会的需求，向新的政策发展方向迈进。①

　　然而，"劳动三法"尽管确保了劳动者的劳动条件及权益保障，却并未在客观上直接解决社会劳动力的调配及社会调节等日本社会劳动力市场规制问题。以《职业安定法》为首的"职安三法"推行利用公共事业建设项目来吸收失业者等措施和方法，形成了建立失业对策的基本框架，直接作用于（外部）劳动力市场，在劳动力市场失灵的情况下，发挥了调动劳动力的重要作用。《职业安定法》在规范民营机构的职业介绍、劳动者的募集、劳动者供应等劳动力就业相关业务的同时，极大地强化了劳动力市场中的国家职业安定机关的职能。尤其是在对应届毕业生的职业介绍方面，通过职业安定机关的运作，较好地实现了劳动力的全国流动。作为失业对策事业的重要组成部分，《失业保险法》的实施确立了失业保险制度。从劳动市场机能上看，与没有失业保险金的情况相比，失业保险金的支付减轻了劳动力供应的压力，并朝维持工人的工作条件和工资水平的方向发展。以失业保险维持失业劳动力，不仅可以确保经济复苏期间的劳动力供应，还可以缓解经济复苏期间的劳动力短缺和劳动力工资上涨压力；② 同时，失业保险制度除了保障失业者的生活，作为一种社会保障措施，很容易把握失业者的动向，使公共职业安定所在很大程度上也起到调整劳动力供需的作用。由于失业保险制度在战后经济复苏期吸收了过剩的劳动人口，因此早期脆弱的失业保险机能并未遭到破坏。③

　　但是，在"道奇萧条"、城市失业人口激增和重返农村的人口激增的情况下，虽然实施了《职业安定法》和《失业保险法》，紧急应对失业措施得到了加强，但根本无法完全解决 GHQ 占领期间的失业和潜在失业及其相关问题。由于极度缺乏就业机会，加上大量失业的农业、自营业者以

---

① 労働政策研究・研修機構『戦後復興期からバブル期の雇用システム』労働政策研究・研修機構、2018。

② 労働省職業安定局失業保険課『失業保険制度概論』日刊労働通信社、1968、105 頁。

③ 佐藤進「戦後日本における失業保険の法と行政分析：憲法二五条（生存権保障）、憲法一三条（快適生活権）、憲法二七条（労働権保障）の制度的実現からみて」『社會政策学會年報』第 21 巻、1977 年、79—105 頁。

及临时工没有得到失业保险，这些法案对改善失业情况的效果并不是特别明显，反而以公共工程项目为中心的失业对策业务在应对失业政策中发挥了重要作用。[①] 随着《紧急失业对策法》的实施，针对知识分子失业者的秘书办公室工作援助业务被废止，公共工程项目以外的失业救济措施统一归口为失业对策事业；失业保险制度得到了发展，其适用范围明显扩大，特别是保险福利的提高和日工失业保险的建立令人瞩目。《紧急失业对策法》在应对失业状况和稳定失业者的生活从而使经济社会走向繁荣方面起到了重要作用。

从制度效率的角度来看，失业对策事业无法对全体失业者提供充足的就业机会，确实存在无法向城市更多的失业人群提供就业机会等"充足性"与"公平性"方面的问题。但是，结合日本当时社会的动荡形势来看，其政策大纲总体上有针对性、适当性并且诸多政策要素是合理的；从具体的政策实施方法来看，针对失业对策事业的政策大纲中存在的公平性问题，政府尽力通过引入轮流雇佣的方法为更多不特定的失业劳动者提供就业机会，从而较好地改善了制度方面的缺陷，使这些政策措施起到了稳定社会的作用。[②]

五　基于就业政策的日本就业相关制度的形成

1. 技术劳动者培养制度的形成

1947 年，《劳动基准法》作为劳动者保护法取代了战前的《工场法》。在该法的制定过程中，包括学徒制度在内的关于少年劳动力的保护问题成为一个重点问题，因此《劳动基准法》专门在其第七章中针对技术劳动者培养（「技能者養成」）问题做了详细的规定，以此破除学徒制度的封建色彩，保护并培养技术劳动者。随着 GHQ 对日政策的转变，企业重建与复兴的前景开始显现，如何解决企业对新兴行业相关技能及熟练劳动者的需

---

① 大竹文雄「日本の構造的失業対策」『日本労働研究雑誌』第 516 号、2003 年、42—54 頁。

② 中野雅至「戦後日本の失業対策事業の意義——産業政策との比較の観点を中心にして」『現代社会文化研究』第 21 号、2001 年 8 月、89—106 頁。

求成为日本政府新的亟须解决的问题。为此，以造船和电器等行业为主的大企业根据《劳动基准法》建立了职业技能培训体系，日本企业内部劳动者技能培训体系重建趋势就此开始显现。然而，技术劳动者培养制度并未立刻得到普及。即使大企业根据"技术劳动者培养规定"来进行技能培训，依然存在劳动者未取得高中毕业资格、技术劳动者的就业率低等问题。同时，这一时期的大企业尚不清楚生产与技术未来的发展方向，职业技能体系依然处于摸索"技术劳动者培养"的发展阶段。在反思战时的技能培训经验之后，大企业对需要消耗大量培养成本的"技术劳动者培养"制度的实施持谨慎态度。①

在中小企业中"技术劳动者培养制度"也难以得到落实。《劳动基准法》同行政命令一样，也规定了"可缔结超过一年期限的契约""可以根据其他准则制定最低工资""可以让女性与青少年劳动者从事一定的危险工作"等方面的内容，企业看到了这些规定带来的好处。但是，多数中小企业认为，建设"技术劳动者培养计划"的条件与手续烦琐苛刻，并且在这方面无法得到任何财政援助。而且，行使监督权的劳动基准行政在一定程度上也会增加中小企业利用"公共辅导设施"的成本，从而妨碍"技术劳动者培养制度"的全国性普及。②

到 1949 年末，日本全国技术劳动者培养所有 209 所，技术培训劳动者达到 2399 人。随着 1951 年政府修改技术劳动者培养规定，金属、电气、机械等工种也被列入技能培训范围，培训工种达到了 120 种，到同年末"技术劳动者培养项目"的实施数达到 9457 件，技术培训劳动者数达到 26729 人。③ 虽然这些培训场所中相当一部分是通过中小型企业联合建立的，但是在主要的钢铁、电机和造船等产业的大型企业中，也在一定程度上广泛建立了成熟的"技术劳动者"培训体系。

2. 劳资关系的变化与就业制度的形成

随着"劳动三法"和"职安三法"的颁布，日本的经济社会环境得到

---

① 隅谷三喜男・古賀比呂志『労働力陶冶の課題と展開』日本労働協会、1978、45 頁。
② 隅谷三喜男・古賀比呂志『労働力陶冶の課題と展開』、67 頁；労働政策研究・研修機構『戦後復興期からバブル期の雇用システム』、20 頁。
③ 労働政策研究・研修機構『戦後復興期からバブル期の雇用システム』。

了改善。同时，随着冷战的深入，GHQ 的对日政策由迅速民主化向维护和稳定社会秩序转变。日本政治经济环境的变化和 GHQ 的政策转变使日本的劳资关系发生了重大变化，在劳资关系的变化中初步形成了日本式大企业的就业制度。

在劳资关系方面，劳资关系由战后初期工会占优的结构向企业管理层占优的结构转变。随着 GHQ 转变对日政策，从 1947 年初开始，工会活动与工人运动受到抑制，[①] 公务员的集体交涉权与争议权被剥夺，"红色肃清"（Red Purge）[②] 在全国范围内展开，全日本产业级别劳动组合会议[③]与日本共产党的影响力被削弱甚至清除，社会上产生了旨在加入国际自由工会联合会（ICFTU）的日本劳动组合总评议会（简称"总评"），[④] 同时，1948 年成立了以加强企业管理和经营者之间的联系等为其主要目的的"日本经营者团体联盟"（简称"日经联"）。[⑤]《工会法》的修改，一方面保持恢复企业内经营权的强硬经营立场，改变诸如经营委员会、包括人事条款在内的劳动合同、企业内部的自由工会活动等战后初期建立的制度；另一方面推进企业管理合理化，引入科学的劳动管理模式。特别是在"道奇路线"政策实施后，围绕企业合理化、裁减过剩员工、上调劳动者工资等方面的问题，劳资之间展开了激烈的斗争。其结果是，总体上经营管理层以其优势地位终结了劳资纠纷。这些加速了工会在劳资斗争中的失败。工会在劳资斗争中失利后，着手组织跨行业、全国性的统一的工会运动，以提高工资和改善劳动条件。这样一来，带有政治目的的工会运动被削弱，取

---

① 1947 年 1 月 31 日，GHQ 最高司令官麦克阿瑟下令禁止"全国官公厅工会"等 30 个工会 400 万人计划于 1947 年 2 月 1 日举行的"二一大罢工"。

② "红色肃清"指 1949—1950 年，日本根据 GHQ 的指令，在公职人员和企业中开除日本共产党员及其相关人员的运动。

③ "全日本产业级别劳动组合会议"，简称"产别会议"，是 1946 年 8 月成立、1958 年解散的劳动组合（工会）联合体，日本共产党曾对其运营有重要的影响力。

④ 1950 年 7 月在 GHQ 的支持下成立的"日本劳动组合总评议会"，为日本全国劳动组合的中央组织。1989 年 12 月被新成立的日本劳动组合总联合会取代，同年该组织的人员数为 3907126 名。

⑤ 即 1948 年成立的"日本经营者团体联盟"，以收集劳动问题相关信息、宣传以及在劳动对策方面加强经营者之间的联系等为主要宗旨。2002 年与经济团体联合会（简称"经团联"）合并为"日本经济团体联合会"。

而代之的是以涨薪和改善劳动条件为目标的"春斗"（「春闘」）等带有经济目的的工人运动。随着"总评"逐渐左倾，日本的工会组织与"日经联"形成了相互对峙的劳资关系。

在就业及其制度方面，就业形势发生了好转，特别是 1950 年爆发的朝鲜战争"特需"为日本带来了经济独立发展的机遇，社会劳动力需求扩大，劳动者在企业中的地位日趋稳固。随着企业开始聘用初中毕业生，按退休年龄退休的退休制度、延长退休年龄以及退休再就业等制度得到广泛应用，"技术劳动者培养制度"再度兴起，"监督者培训"再度普及，大型企业也相继计划和建立企业内劳动者培训体制。

在管理优势的劳资关系背景下，经过劳资双方的争论与权衡，初步形成了战后日本企业就业制度的代表性制度，即终身雇佣制和以此为基础的年功序列工资制度、退休金制度。到了 50 年代中期，企业内工会、长期雇佣、对初中毕业生的聘用、年功工资与待遇、企业内培训（大企业）等制度及内部劳动力市场的基础基本形成。与此同时，在劳动力市场中，大企业的封闭性、市场全盘的职业开放性、基于企业规模差距形成的市场阶层等作为日本劳动市场的特征开始显现出来。

此外，在企业经营和治理方面，日本独特的企业经营及管理模式开始形成。企业之间通过"主银行制度"和间接金融制度相互持股，逐渐形成企业集团以及相对独立的长期稳定的企业生存基础。这种企业集团的形成为劳动者的长期就业以及年功序列工资制等独特的就业制度的形成提供了客观基础。特别是解散财阀以后，企业管理模式发生了质的变化，企业内部诞生了新的工薪管理者，这些企业管理者在提高劳动者待遇和满足劳动者需求的同时，实施灵活而现实的劳工措施，员工与企业融为一体的"集体主义"的条件已然形成。

3. 劳动力市场二元结构的形成

随着日本企业（主要为大企业）的长期就业等制度的形成，（外部）劳动市场中也显现出一些日本独有的特点。这一时期就业形势的好转引发了劳动力需求的增加，在这种情况下，包括农民、中小工商业等家族从业者在内的自营业者成为潜在的劳动力来源。而由于劳动市场的职业开放性很强，在外就业、自主从业者或者家族营业者之间并未完全分化，劳动力市场并不是完全独立存在，因此，过剩劳动力常常会以家族营业者的形式存在，而且与名义失业率显现出来的情况不同，潜在的劳动力过剩的情况一直存在。在这样的劳动力市场中，同时存在两个不同性质的劳动力市场形式：一个是在大企业内部以长期就业为基础，劳动者工作条件相对优越，对外相对封闭的（大企业）内部劳动力市场；另一个是劳动力流动性比较高，劳动者工作条件相对落后，且劳动者需要承受潜在失业压力的中小企业（外部）劳动力市场。然而，二者之间的劳动力流动较少，就算存在从大型企业向中小型企业的劳动力流动，反过来劳动力从中小型企业向大型企业流动的情况也非常罕见，这样就构成了劳动力市场的二元结构。

综上，在战后初期日本政府出台的"劳动三法""职安三法"与相关就业保障政策共同促成了战后日本就业制度的基本框架。"劳动三法"作用于企业内部，侧重于调解劳资矛盾并促使其实现和保持符合双方权益的劳资关系；"职安三法"则作用于企业外部，侧重于在劳动力市场失灵的情况下，通过直接介入劳动力市场来调节劳动力的分配。"职安三法"已成为日本战后就业保障管理的支柱，且都是解决大量失业和就业停滞现象的法律制度依据，在维护国民的职业生活稳定中起着重要的作用。"劳动三法"与"职安三法"的实施，一方面在劳动市场失灵的情况下起到了调配劳动力的作用，另一方面促使大企业初步形成了长期就业制度。

（康学真，南开大学日本研究院博士研究生）

日本皇位继承：多元认知与保守应对

徐万胜　张雨欣

内容提要　围绕 2019 年皇位继承过程中产生的问题，日本国内持有多元认知。其中，大部分国民不仅赞成天皇生前退位，而且赞成使之常态化，从而推动日本政府以"特例法"的形式实现了明仁天皇的生前退位。为减轻天皇负担，日本设想出多种制度路径并展开了社会讨论。为稳定皇位继承，日本国内有关女性天皇及女系天皇的争论再次趋于活跃。天皇即位仪式，被认为涉嫌违反宪法规定的政教分离、主权在民、男女平等等原则。此种多元认知，今后将在相当程度上左右日本天皇制的改革进程。

关键词　天皇制　日本天皇　皇位继承　皇室

在日本，2016 年 8 月 8 日，明仁天皇发表了《关于象征履职的天皇陛下讲话》，委婉地表达了自己生前退位的意愿。由此，日本皇位继承制度中存在的问题进一步凸显，成为日本政府面临的重要政策课题。

伴随 2019 年明仁天皇退位与德仁天皇即位的实现，国内学术界对日本皇位继承制度的研究力度加大。这些成果在梳理日本皇位继承制度历史演进脉络的同时，阐释了《皇室典范》的相关法律制度规定，进而指出了问题产生的根源所在与制度改革的势在必行。① 此种研究大多是基于历史传统

---

① 代表性成果有刘江永、林心怡《从明仁到德仁：天皇缘何强调其象征性》，《太平洋学报》2020 年第 1 期；田庆立：《平成时代象征天皇制的赓续及革新》，《日本学刊》2019 年第

与制度规定的视角展开，而对日本国内有关皇位继承制度改革的政策认知缺少系统梳理。事实上，不仅是政界人士，广大普通民众也高度关注日本皇室事务。例如，2019 年 9 月，根据日本放送协会（NHK）舆论调查，有 72% 的被调查者对皇室事务表示关心。[①]因此，从政界至民众，日本国内对皇位继承的政策认知态度如何，将在相当程度上影响乃至决定如何应对制度改革。

本文选取此次皇位继承过程中产生的天皇生前退位、减轻天皇负担、稳定皇位继承与皇位继承仪式四个政策课题，在系统梳理日本国内相关政策认知的基础上，探寻皇位继承制度改革的轨迹与动向。

一 天皇生前退位：常态还是特例

《关于象征履职的天皇陛下讲话》，直接引发了日本社会关于天皇生前退位的讨论，并产生了赞成或反对、生前退位应是"常态"还是"特例"的意见分歧。

大多数舆论都尊重明仁天皇的想法，认为应当实现生前退位。例如，2016 年 8 月，根据 NHK 的舆论调查，"赞成天皇生前退位"者高达 84%，而持反对态度者仅占 5%。[②]2019 年 4 月，根据《朝日新闻》的舆论调查，有 61% 的被调查者认为应当尊重天皇意愿并允许其退位，而认为不应允许天皇退位者仅占 1%。[③]

---

3 期；李卓：《天皇退位的历史与现实》，《日本学刊》2019 年第 2 期；刘晓峰：《天皇践祚大尝祭的仪式结构与文化解读》，《日本学刊》2019 年第 5 期；李卓：《日本的皇位继承制度与〈皇室典范〉》，《日本问题研究》2016 年第 6 期；熊淑娥：《日本象征天皇制中天皇、政府与国民关系探究》，《日本问题研究》2020 年第 3 期；李成日：《战后日本的象征天皇制与新民族主义的崛起》，《中央社会主义学院学报》2020 年第 2 期；龚娜：《日本皇位继承制度的传统与突破》，《东北亚学刊》2019 年第 2 期；马闻伯：《试析日本皇位继承面临的问题》，《东北亚学刊》2018 年第 3 期；霍建岗：《日本的象征天皇制度》，《国际研究参考》2019 年第 7 期；等等。

① 「皇室に関する意識調査」NHK「平成から令和へ 新時代の幕開け」、2019 年 10 月 21 日、https：//www3.nhk.or.jp/news/special/japans-emperor6/opinion_poll/。

② 「天皇の公務の負担軽減等に関する有識者会議参考資料 3 各社世論調査結果」首相官邸、http：//www.kantei.go.jp/jp/singi/koumu_keigen/dai7/sankou3.pdf。

③ 「『皇室に親しみを持っている』」が76% 朝日世論調査［令和］」『朝日新聞デジタル』2019 年 4 月 18 日、https：//www.asahi.com/articles/ASM4H42BLM4HUTIL00K.html。

赞成天皇生前退位者，主要是基于基本人权与人道主义的考虑。其中，基于基本人权考虑，退位也是天皇的权利之一。此种观点指出，在日本宪法所规定的基本人权中，包括参政权及自由权等在内，许多权利是天皇及皇族不能享受或受到限制的。此次明仁天皇欲生前退位，可视为其为自身及皇族争取基本人权的努力。① 关于这一问题，早在战后《皇室典范》制定时，就已有皇室成员提出反对。1946 年 11 月，新《皇室典范》草案被提交给国会之前，三笠宫崇仁亲王就向枢密院提交了一份意见书，并在意见书里指出："只有死后才能退位，违反了新宪法第 18 条'任何人都不受任何奴隶性的约束'。"② 基于人道主义考虑，终身在位是难以担负的。明仁天皇年事已高，且曾多次因病实施手术治疗，身体状况已难以履行繁重职责。显然，天皇唯有在体力、精力和能力等方面都能胜任职责，才能保障象征天皇制的稳定。至于退位的依据，虽然生前退位违背了现行宪法，但不少历史学者指出，在古代，出于各种各样的原因，生前退位反倒是常态，这恰好是符合日本传统的。从 645 年到 1867 年，日本共有 87 代天皇（不包括北朝天皇），其中有 58 代是生前退位。③

虽然明仁天皇的退位请求得到了大多数国民的理解，但也存在许多问题。反对派最主要的法理依据是，现行《日本国宪法》和《皇室典范》规定了天皇应当终身在位，生前退位是对宪法和法律的违背与挑战。明仁的电视讲话使舆论向政府施压，在某种程度上造成了政治影响，从法律的角度讲，这一行为本身就具有违宪的嫌疑。除此之外，基于天皇权威考虑，生前退位可能导致天皇和上皇"双重权威"。有学者认为，天皇退位成为上皇后，在国民心目中依然具有崇高的地位，这会与继任天皇的地位产生冲突，从而导致天皇权威的分裂。④ 从政局稳定的角度考虑，天皇生前退

---

① 「天皇の『人権』議論のとき　『退位』が問う象徴のあり方」『日本経済新聞』2016 年 7 月 22 日、https：//www.nikkei.com/article/DGKKZO05117320R20C16A7CR8000/。

② 「三笠宮さま、戦後に『生前退位』訴え」『日本経済新聞』2016 年 10 月 28 日、https：//www.nikkei.com/article/DGXLASDG27HDJ_X21C16A0EA2000/。

③ 李卓：《天皇退位的历史与现实》，《日本学刊》2019 年第 2 期。

④ 「生前退位『象徴の二元化』も議論　第 2 回ヒアリング」『日本経済新聞』2016 年 11 月 24 日、https：//www.nikkei.com/article/DGXLASFS24H2R_U6A121C1PP8000/。

位后可能沦为政治权力斗争的工具。有学者指出，在历史上外戚等为了巩固自身势力而强迫天皇退位的事件时有发生，因此他担心有可能出现并非基于天皇本人意愿的强制退位情况。① 另外，原宫内厅管理部部长高尾亮一还指出，如果承认退位自由，也应相应地承认拒绝继承皇位的权利，如此可能引发皇位继承人拒绝继承皇位的情况，反而影响皇位继承的稳定。②

　　鉴于反对派提出的上述理由，即使是赞成天皇生前退位者，也指出应采取措施规避天皇生前退位可能造成的隐患。例如，原最高法院法官园部逸夫主张，为了避免天皇被强迫退位的情况出现，既需要明确规定确认天皇本人意愿的程序和方法，也需要明确规定年龄、身体状况及国民赞同等天皇退位的客观条件。③

　　接下来，关于天皇生前退位应是"常态"还是"特例"，在赞成派中也存在分歧。例如，2016 年 11 月，根据《每日新闻》的舆论调查，有18% 的被调查者赞成"仅限于当今天皇的生前退位"，66% 的被调查者主张通过制度改革促使今后的天皇也能生前退位。④ 到了 2019 年 1 月，《朝日新闻》又举行了一项舆论调查，调查中首先暂时回避了特例法的问题，而是提问"生前退位应当适用于今后所有天皇，还是只适用于当今天皇"，结果只有 25% 的人认为生前退位应当仅限于当今天皇，却有多达 62% 的人赞成适用于今后所有天皇。此次调查也涉及民众对于特例法的态度，结果显示，虽然赞成制定特例法的人占 63%，远远超过反对者所占比例 27%，但在赞成制定特例法的人中有超过七成的人不赞成仅限一代的退位。⑤ 从

---

① 「生前退位、慎重派交え16 人から意見聴取へ」『日本経済新聞』2016 年 10 月 28 日、https：∥www. nikkei. com/article/DGXLASFS27H4X＿X21C16A0PP8000／。

② 「天皇の公務の負担軽減等に関する有識者会議参考資料 2　有識者ヒアリングで表明された意見について（聴取項目別）」首相官邸、http：∥www. kantei. go. jp/jp/singi/koumu＿keigen/dai6/sankou1. pdf。

③ 「天皇の公務の負担軽減等に関する有識者会議参考資料 2　有識者ヒアリングで表明された意見について（聴取項目別）」首相官邸、http：∥www. kantei. go. jp/jp/singi/koumu＿keigen/dai6/sankou1. pdf。

④ 「毎日新聞世論調査：天皇陛下肯定的 7 割　退位制度化、意見割れる」『毎日新聞』2019 年 5 月 20 日、https：∥mainichi. jp/articles/20190520/ddm/001/010/145000c。

⑤ 「退位めぐる特例法案『賛成』は63%　朝日新聞世論調査」『朝日新聞』2017 年 1 月 17日、https：∥www. asahi. com/articles/ASK1J4R62K1JUZPS003. html。

这一结果也可以看出民众对特例法的认知并不够准确。值得指出的是，据称明仁天皇本人也是主张将生前退位常态化的，希望通过修改《皇室典范》，将生前退位"变为合理且不变的制度"。①

赞成修改《皇室典范》、主张生前退位常态化的观点，大多是基于规范法律制度的立场。例如，有学者认为，今后天皇的高龄化已成定局，制定法律将生前退位常态化有助于统一对生前退位条件的判断，有利于形成良好的皇位继承秩序。② 还有学者指出，日本宪法规定"皇位世袭，根据国会议决的《皇室典范》的规定继承之"，若在《皇室典范》之外另行制定法律，则违反了有关皇位继承的宪法规定。③ 此外，制定特例法的难度远远小于修改《皇室典范》，将来如果仅仅为省去麻烦而使制定特例法成为习惯，皇室的秩序将会受到破坏，甚至女性及女系天皇的支持者可能利用特例法实现对于皇室敏感问题的突破，这不得不使保守派警觉。④

赞成制定特例法的学者大多也不反对修改《皇室典范》。例如京都产业大学名誉教授所功和作家保阪正康等人认为，修改《皇室典范》会面临巨大的阻力，必将经历一个旷日持久的过程，而眼下应当首先解决明仁天皇退位一事，制定特例法是一个快速高效的解决办法。但他们同时指出，制定特例法不过是不得已而为之的做法，修改《皇室典范》仍是很必要的。⑤ 只有极少数学者反对修改《皇室典范》，主张制定特例法，这些观点基于"具体问题具体分析"的立场，认为生前退位只是明仁自己的意愿，今后的生前退位应当综合天皇和国民的意愿做出决定，而不是通过修改

---

① 「強い意志で『象徴としての天皇』退位を実現：同級生が語る上皇陛下の素顔」Nip-pon. com、2019 年 5 月 3 日、https：∥www. nippon. com/ja/japan-topics/c06111/。
② 「典範改正し退位を恒久的制度に　大石真氏」『朝日新聞』2016 年 12 月 1 日、https：∥www. asahi. com/articles/ASJD10626JCTUTFK00K. html。
③ 「生前退位『一代限りの特例法』には違憲性の疑いがある　改憲論 ペテンを暴く」『日刊ゲンダイ』2017 年 2 月 18 日、http：∥www. asyura2. com/17/senkyo220/msg/813. html。
④ 所功「天皇の『生前譲位』にはなぜ、特例法ではなく皇室典範改正が必須なのか」『BESTT！MES』2017 年 1 月 19 日、https：∥www. kk-bestsellers. com/articles/-/4329/。
⑤ 「天皇陛下の退位　一代限りの特別法提案へ　『皇位の安定性』損なう恐れ」『週刊エコノミスト』2017 年 1 月 24 日、https：∥www. weekly-economist. com/2017/01/24/。

《皇室典范》来规定所有的情况。①

　　整体上看，大部分国民不仅赞成天皇生前退位，而且赞成使之常态化。

　　与此同时，在明仁天皇发表讲话后，各政党势力也相继表明了立场。其中，日本维新会干事长马场伸幸表示，"希望早日制定特例法，建立生前退位制度"。② 民进党对天皇退位一事表现出关心的态度，并专门成立了皇位研究委员会。针对政府有识者会议上讨论的特例法，该党的国会代表莲舫指出"很有违和感"，并提出政府也应该将修改《皇室典范》纳入讨论，和在野党充分交换意见。③ 日本共产党书记局局长小池晃表示，"讨论生前退位是政府的责任，不应该仅限一代，应修改《皇室典范》"。④ 民进党干事长野田佳彦也在参加网络节目时表示支持修改《皇室典范》，并猛烈批判特例法，称其"可能会导致强制退位的情况出现"。⑤ 甚至在自民党内部也有赞成修改《皇室典范》的声音。自民党前任干事长石破茂指出，如制定仅限一代的特例法，则"有触犯宪法之嫌"。⑥ 因此，各政党势力是赞成天皇生前退位的，但在生前退位应属"常态"还是"特例"的问题上也存在分歧。总体来看，在野党中支持修改《皇室典范》的声音占多数。

　　由于明仁天皇的生前退位意愿得到了广大国民及各政党势力的普遍支持，安倍晋三内阁不得不着手推进天皇生前退位。

---

① 「天皇の公務の負担軽減等に関する有識者会議参考資料 2　有識者ヒアリングで表明された意見について（聴取項目別）」首相官邸、http：//www. kantei. go. jp/jp/singi/koum u_keigen/dai6/sankou1. pdf。

② 「自民・二階俊博幹事長、有識者会議を『静かに守る』　民進・野田佳彦幹事長『政府に誘導されず議論を』」『産経新聞』2016 年 10 月 18 日、https：//www. sankei. com/politics/news/161018/plt1610180001-n1. html。

③ 「蓮舫氏、特例法に『違和感ある』　生前退位巡り」『日本経済新聞』2016 年 12 月 15 日、https：//www. nikkei. com/article/DGXLASFS15H36_V11C16A2PP8000/。

④ 「『皇室典範改正が筋』　NHK『日曜討論』　生前退位で小池氏」『しんぶん赤旗』2016 年 9 月 26 日、http：//www. jcp. or. jp/akahata/aik16/2016-09-26/2016092602_01_1. html。

⑤ 「退位『皇室典範改正が本筋』　民進・野田幹事長、特例法を批判」『日本経済新聞』2016 年 12 月 29 日、https//www. nikkei. com/article/DGXLASFS29H3Y_Z21C16A2PE8000/。

⑥ 「石破氏『退位恒久化へ皇室典範改正を』」『日本経済新聞』2017 年 1 月 31 日、https：//www. nikkei. com/article/DGXLASFS31H4M_R30C17A1PP8000/。

　　事实上，早在 2012 年 12 月安倍内阁上台执政后不久，明仁天皇传递过生前退位的意思。但安倍内阁以宪法为由搁置了此事，并嘱咐宫内厅安抚天皇，称如果天皇觉得公务繁重，可设置摄政代行职责。这是安倍内阁对明仁天皇的"第一次答复"。① 此后，直至 2016 年 7 月 13 日，NHK 播出独家新闻，称明仁天皇有"希望生前退位的意愿"。这一讯息随即在日本社会广泛传播，并最终发展到明仁天皇于 8 月 8 日发表电视讲话的事态。显然，明仁天皇越过首相官邸，通过电视讲话直接向国民表达想法，在某种程度上也是无奈之举，力图营造有助于实现生前退位的舆论环境。对此，安倍内阁先是实施了报复性的人事调动，于 9 月 26 日撤换了曾呼吁国民对天皇抱以理解的宫内厅长官风冈典之，② 以对宫内厅表示警告，并试图对天皇形成压力。但在社会舆论的压力之下，安倍内阁也不得不采取具体措施来应对天皇生前退位，于 2016 年 10 月 17 日开始召开"讨论如何减轻天皇负担等相关问题的有识者会议"。这可视为安倍内阁对明仁天皇的"第二次答复"。明仁天皇的意愿是"退位"而非"减轻负担"，这一应对举措明显避重就轻，有违明仁天皇的本意。

　　最终，在明仁天皇本人的强烈意愿以及广大国民的舆论压力下，安倍内阁采取了介于修改《皇室典范》和"减轻天皇负担"之间的中间方案，即通过制定《有关天皇退位等皇室典范特例法》，实现了明仁天皇的生前退位。这是天皇、广大国民与政府之间相互妥协的产物。

二　减轻天皇负担：多种路径设想

　　在明仁天皇发表电视讲话后，如何减轻天皇负担，也成为日本社会讨论的焦点问题，并设想了多种制度路径。

---

① 「上皇陛下と安倍首相：10 年越しの『すれ違い』」Nippon. com、2019 年 5 月 15 日、ht-tps：∥www. nippon. com/ja/japan-topics/c06110/。
② 「宮内庁長官『お気持ち理解されることを願う』」NHK 特設「天皇陛下　お気持ち表明」、https：∥www3. nhk. or. jp/news/special/japans-emperor/okimochi6. html。

设想路径之一，设置摄政来代替天皇行使职责。

在历史上日本曾多次设置摄政，大多是因辅佐年幼天皇而设置，也有因天皇是女性或者天皇患病而设置的事例。并且，古代的摄政绝大多数由外戚担任，但近代以来明治宪法体制下的摄政则唯有皇族才能担任。二战后，《皇室典范》规定："天皇未成年的情况下，设置摄政；天皇的精神或身体有严重疾病或遭遇重大事故时，设置摄政。"显然，如果设置摄政，可以在避免退位的前提下解决天皇负担过重的问题，这似乎是一种省时省力的制度路径。

但是，日本国内反对设置摄政的声音同样存在。例如，有学者指出，"当今天皇（明仁天皇）虽年事已高，但并未达到《皇室典范》规定的身患重病或遭遇重大变故的程度"，不仅不符合设置摄政的条件，且也无法保证摄政的行为能够真正代表天皇本人的意思，甚至导致天皇与摄政"双重权威"的出现。[①] 还有学者认为，设置摄政无论对天皇、摄政还是国民都是不利的。对天皇来说，在天皇身体并未遭受重大疾病、精神仍然健康的情况下设置摄政是十分失礼的，会给天皇本人造成心理负担，结果适得其反；对担任摄政的皇族来说，其不仅要履行天皇的职责，还要履行自身原本应当履行的职责（因为担任摄政的大多是皇太子）；对国民来说，天皇与摄政究竟哪一个才是国民统合的象征，围绕这一问题也会出现分歧。如此一来，天皇、摄政和国民的相互关系将会产生混乱。[②]

事实上，古代天皇制中的摄政曾长期架空天皇的权力。在大正时期，由于天皇患有脑病且精神状态十分糟糕，不得不由当时的皇太子裕仁摄政。即便如此，依然出现了天皇与摄政之间职责界限不明的情况。据称，明仁天皇本人担心出现像大正时期那样的维护天皇与支持摄政的两派势力而导致权威分裂的情况，因而他更倾向于推进生前退位的实现，而非寻找

---

① 大石眞「天皇の公務の負担軽減等に関する有識者会議/ヒアリング　天皇の地位・公務に関する意見」首相官邸、https://www.kantei.go.jp/jp/singi/koumu_keigen/dai5/shiryo4.pdf。
② 園部逸夫「天皇の公務の負担軽減等に関する有識者会議ヒアリングレジュメ」首相官邸、http://www.kantei.go.jp/jp/singi/koumu_keigen/dai5/shiryo6.pdf。

政治代理人。①

　　设想路径之二，减少天皇的工作行为种类和数量。

　　在象征天皇制下，天皇虽无有关国政的权能，但其平时工作仍十分繁忙，需要充足的体力和精力。据统计，除了每年要处理大量文件与参加各种活动，甚至在全年近 120 天节假日中，天皇也有约 30 天因出席重要活动而不能休息。② 一般而言，天皇的行为可分为国事行为、公务行为与私人行为三种。其中，国事行为须得到内阁的建议或承认，除一些礼仪活动外，还包括公布和修改法律、解散众议院、召集国会等政治行为。"私人行为"指的是与神道相关的宫中祭祀。而"公务行为"在日本现行法律中并无明确规定，包括慰问灾区、赴战争遗址慰灵等。明仁天皇通过积极履行大量公务行为，在广大国民心中赢得了好感。

　　为减轻天皇负担，有学者主张酌情减少公务行为的数量，并认为公务行为在法律上并无明确规定，不属于天皇的义务。③ 有学者主张，"如果说到象征天皇制的发展方向，削减膨胀化的'公务行为'、重新审视皇族的'公务'乃是第一步"。④ 甚至有学者主张去除公务行为，高龄的天皇只要能在宫中为国民祈福即可。⑤

　　此外，日本国内在如何界定天皇的公务行为上也存在分歧。有学者提出通过法令为公务行为设定范围，该范围以外的职责由其他皇族代行。⑥相反，有学者认为公务行为原本就是依据天皇自身意愿的行为，很难划定

---

① 「強い意志で『象徴としての天皇』退位を実現：同級生が語る上皇陛下の素顔」Nippon. com、2019 年 5 月 3 日、https://www. nippon. com/ja/japan-topics/c06111/。

② 刘江永、林心怡：《从明仁到德仁：天皇缘何强调其象征性》，《太平洋学报》2020 年第 1 期。

③ 「天皇の公務の負担軽減等に関する有識者会議参考資料 2　有識者ヒアリングで表明された意見について（聴取項目別）」首相官邸、http://www. kantei. go. jp/jp/singi/koumu_keigen/dai6/sankou1. pdf。

④ 森英樹「『天皇は、象徴である』という憲法規定の核心的意味」法学館憲法研究所編『日本国憲法の核心』日本評論社、2017、184 頁。

⑤ 「天皇の公務の負担軽減などに関する有識者会議（第 4 回）議事録」首相官邸、2016 年 11 月 14 日、http://www. kantei. go. jp/jp/singi/koumu_keigen/dai4/gijiroku. pdf。

⑥ 「生前退位、専門家ヒアリングの要旨一覧」『日本経済新聞』2016 年 11 月 8 日、https://www. nikkei. com/article/DGXMZO09267440Y6A101C1000000/。

一个统一的范围，应当在与天皇及其辅佐机构充分讨论后决定如何行使。①

明仁天皇本人在电视讲话中对减少公务行为的数量表示了否定，这也使公务行为的削减很难取得进展。② 究其原因，在于明仁天皇对公务行为有着独特的理解，明仁天皇所理解的象征天皇制的本质在于，在遵循固有传统、吐故纳新及自我扬弃的基础上不断成长，时刻做到与民族、国家和时代偕同前行，在恪守《日本国宪法》的前提下，通过开展"公务行为"为"象征"填充实际承载物，使之更加清晰、饱满和富有内涵。③ 正因如此，明仁在位期间的公务行为数量相较于以往的天皇有了很大规模的增加，也因此换来了国民心目中亲民的天皇形象。

设想路径之三，创设女性宫家或皇女制度减轻天皇负担。

最初，日本政府曾有意通过创设女性宫家来为天皇减轻负担，即皇族女性结婚后不脱离皇籍，而是创设宫家并继续保留皇室身份，从而帮天皇分担工作。2019 年 4 月，根据《朝日新闻》的舆论调查，关于"是否赞成皇室女性结婚后继续保留皇籍，创设'女性宫家'"，有 50% 的被调查者表示赞成，反对者占比为 37%。④ 但是，日本国内的保守势力强烈反对创设女性宫家，认为其中存在许多值得深究的问题：女性皇族的配偶和子嗣是否应获得皇族身份，女性天皇及女系天皇是否也应得到承认，等等。⑤ 特别是自 2020 年以来，真子内亲王的婚姻问题在国民中引起很大的争议，真子内亲王的未婚夫小室圭接连被曝出没有正式工作、其母负债累累等负面新闻，小室圭在国民中的好感度不断降低。倘若允许设立女性宫家，也就意味着小室圭与真子内亲王成婚后将会成为皇室成员，国民很可能在感情

① 「天皇の公務の負担軽減等に関する有識者会議参考資料 2　有識者ヒアリングで表明された意見について（聴取項目別）」首相官邸、http：//www. kantei. go. jp/jp/singi/koumu_keigen/dai6/sankou1. pdf。

② 「宮内庁次長、天皇陛下の公務『削減は難しい』」『日本経済新聞』2016 年 11 月 8 日、https：//www. nikkei. com/article/DGXLZO09267150X01C16A1CR8000/。

③ 田庆立：《平成时代象征天皇制的赓续及革新》，《日本学刊》2019 年第 3 期。

④ 「『皇室に親しみを持っている』が76%　朝日世論調査［令和］」『朝日新聞』2019 年 4 月 18 日、https：//www. asahi. com/articles/ASM4H42BLM4HUTIL00K. html。

⑤ 百地章「『女性宮家』について」首相官邸、2012 年 4 月 10 日、https：//www. kantei. go. jp/jp/singi/koushitsu/dai3/siryou2. pdf。

上无法接受这一结果，这也就导致创立女性宫家的设想受到了更多的社会质疑。①

在女性宫家之外，创设皇女制度也是设想的选项之一。皇女，即天皇的女性子嗣。所谓"皇女制度"，就是授予结婚后的女性皇族"皇女"的称号，使其在脱离皇籍后也能参与皇室活动。作为"特别职国家公务员"，皇女在替皇室分担职责的同时领受津贴。为此，日本政府可通过制定有时限的特例法来创立皇女制度，而非修改《皇室典范》。目前，设想中的皇女候选对象范围，主要包括德仁天皇的长女爱子、皇嗣秋筱宫文仁亲王的长女真子与次女佳子，以及明仁上皇的长女黑田清子（已于 2005 结婚并脱离皇籍）。

与创设女性宫家相比，由于皇女本人不具有皇籍，也不会引发女性天皇及女系天皇等其他问题，故遭遇的阻力相对更小。但是，也有人从宪法层面对皇女制度进行质疑，认为皇族女性在结婚后作为普通国民，享有宪法规定的国民自由权利，故有拒绝成为"皇女"的可能性；② 或是基于宪法第十四条"全体国民在法律面前一律平等"和"不承认华族及其他贵族制度"的规定，皇女制度似乎有触犯该条款的嫌疑。③ 在野党也对皇女制度提出质疑，如国民民主党的国会代表玉木雄一郎批评皇女制度影响了女性皇族的职业自由，④ 日本维新会的国会代表片山虎之助质疑这种提案有"心血来潮之感"。⑤ 不论如何，作为减轻天皇负担的路径之一，有关皇女

① 「女性宮家創設の議論『小室圭氏が皇室メンバーになる可能性』に理解得られるか」『NEWS ポストセブン』2021 年 7 月 7 日、https：∥news. yahoo. co. jp/articles/b0611ca d3408f9d2e9e29c75 db4304008 a29496a。

② 斉藤勝久「『皇女』創設が憲法問題を含めた新たな議論：愛子さま20 歳、眞子さま30 歳となる2021 年の皇室」Nippon. com、2020 年 12 月 24 日、https：∥www. nippon. com/ja/ japan-topics/c06119/。

③ 斉藤勝久「『皇女』創設が憲法問題を含めた新たな議論：愛子さま20 歳、眞子さま30 歳となる2021 年の皇室」Nippon. com、2020 年 12 月 24 日、https：∥www. nippon. com/ja/ japan-topics/c06119/。

④ 「玉木氏、皇女制度を批判　女性皇族への公務強制懸念」共同通信、2020 年 11 月 26 日、https：∥news. yahoo. co. jp/articles/ba6008ed8969e5ba82616d20735e618bb21185e1。

⑤ 「維新の片山氏、皇女制度に疑問　『やや思い付きの感じ』」共同通信、2020 年 12 月 4 日、https：∥news. yahoo. co. jp/articles/56824b7a242015111a68c6dabde5062761877cdc。

制度的讨论虽还主要集中在政府内部，但因其面临的阻力最小，故得以推行的可能性较大。

三　稳定皇位继承：男女能否平等

根据《皇室典范》的规定，皇位由属于皇统的男系男子①继承之。在德仁天皇即位之后，皇位继承者的排序依次为皇嗣秋筱宫文仁亲王、文仁亲王的儿子悠仁亲王、常陆宫正仁亲王。其中，常陆宫正仁亲王出生于1935年，是德仁天皇的叔叔。因此，德仁天皇之后的皇位继承人实际上仅有两位，作为德仁天皇下一代的男性也只有悠仁亲王一人而已。如果悠仁亲王没有诞下男性后代，日本的皇位继承仍面临中断风险。

回顾历史，日本的确曾产生8位"女性天皇"，但都是"男系女性"，即并无女性天皇即位后所生育"女系"继位的先例。目前，基于当今皇室中女性多于男性的现状，以及悠仁亲王只有女性后代的可能前景，能否通过修改《皇室典范》承认女性天皇及女系天皇，在日本国内引发了激烈争论。

早在2004年12月，当时由于悠仁亲王尚未出生，皇室最年轻一代没有男性，小泉纯一郎内阁为修改《皇室典范》而成立"关于《皇室典范》的有识者会议"，探讨女性或女系继承皇位的问题。该会议提交的报告书主张允许女性皇族婚后保留皇籍和继承皇位。② 这一动向遭到各保守派团体的强烈反对，他们在全国各地举行抗议集会，并征集了三分之一的国会议员反对签名。2005年12月，小泉内阁仍设置了"《皇室典范》修改准备室"。但在2006年9月悠仁亲王出生后，小泉内阁遂放弃修改《皇室典范》的尝试，有关女性及女系继承皇位的讨论也暂缓。

此次随着明仁天皇的生前退位，为稳定皇位继承，日本国内有关女性

---

① 这里的"男系"与"女系"是相对而言的概念，"男系"意指其父亲必须为皇族成员，而"女系"则是仅仅母亲为皇族成员。

② 「皇室典範に関する有識者会議報告書」首相官邸、2015年11月24日、https://www.kantei.go.jp/jp/singi/kousitu/houkoku/houkoku.html。

天皇及女系天皇的争论再次趋于活跃。

　　一方面，有关女性天皇及女系天皇的设想获得了广大国民较高的支持率。例如，2019 年 10 月，根据 NHK 的舆论调查，半数以上的被调查者认为 "为确保皇位的稳定继承，有必要改革皇室制度"，且赞成女性天皇者的比例高达 74%，赞成女系天皇者为 71%。① 赞成派的理由在于：皇室男丁稀缺，固守男系男子继承皇位会使皇室面临断绝的危险；日本历史上曾存在多位女性天皇的先例；宪法规定男女平等，承认女性天皇就是顺应当今日本推进男女平等的潮流。②

　　政界也存在赞成女性天皇及女系天皇的主张。整体来看，立宪民主党、共产党、社民党等国会主要在野党，对女性天皇及女系天皇普遍持较为积极的态度，甚至在保守势力强大的自民党内部也不乏支持的声音。③ 例如，2016 年 8 月 25 日，自民党干事长二阶俊博明确指出："这是一个尊重女性的时代，如果固守男性天皇，则落后于时代。"④ 2019 年 11 月，税制调查会会长甘利明在富士台的采访中表示，应当坚持男系继承为中心，但是女系继承作为 "最终选项" 也可以被允许。⑤ 同年 12 月，自民党原干事长石破茂在东京电视台的节目中表示 "反对不允许女系天皇的言论"。⑥ 2020 年 8 月 23 日，行政改革担当大臣河野太郎在社交媒体 YouTube 上也宣称应当讨论允许女系天皇，并阐述了固守男系继承的危险性。⑦

---

① 　荒牧央「新時代の皇室観」NHK、2021 年 3 月 31 日、https：∥www. nhk. or. jp/bunken/research/yoron/pdf/20200301_9. pdf。

② 　「未来の天皇『やっぱり愛子さまがいい』『当然、悠仁さま』」『週刊現代』2015 年 1 月 12 日、https：∥gendai. ismedia. jp/articles/-/41688。

③ 　「【2019 年参院選】争点ピックアップ『女系天皇の容認』めぐる各党の主張」『メディアサプリ』2019 年 7 月 17 日、https：∥mediasapuri. jp/2019/07/17/8038/。

④ 　「二階俊博氏、女性天皇を容認　自民幹部初『国民に違和感ない』」『産経ニュース』2016 年 8 月 26 日、https：∥www. sankei. com/article/20160826-JJ7ILGQPSZNBNNPSFOSLT-R4EGE/。

⑤ 　「波紋広げる自民幹部の女系天皇『容認』発言　重鎮『不勉強だ』」『産経ニュース』2019 年 11 月 29 日、https：∥www. sankei. com/politics/news/191129/plt1911290078-n1. html。

⑥ 　「女性天皇賛成だった菅首相　皇位継承問題解決できるのか?」『女性自身』2020 年 9 月 26 日、https：∥jisin. jp/domestic/1897405/。

⑦ 　「河野太郎行革相の『女系天皇容認論』は菅政権を動かせるのか?」『女性自身』2020 年 9 月 26 日、https：∥jisin. jp/domestic/1897411/。

　　另一方面，有关女性天皇及女系天皇的设想遭到了保守势力的强烈反对。反对派的理由如下。其一，女性天皇与女系天皇是不同的概念，大多数国民并不了解女系天皇的含义。事实上，直到 2019 年 10 月，NHK 的调查显示，仍有半数以上的国民不清楚女性天皇与女系天皇的区别。① 其二，历史上的女性天皇都发挥过过渡的作用，且父亲都是皇族，故从未有过女系天皇的先例。其三，女性天皇合法化会为女系天皇开辟道路，而女系天皇会动摇天皇正统性。特别是针对"禁止女系天皇就是歧视女性"的观点，有学者指出，现实正好相反，在现行制度下"日本女性不论是谁都有成为皇族的可能，战后已有两位平民出身的女性拥有了'陛下'这一最高敬称。但日本男性除了天皇家族中人，其他人是不可能成为皇族的"，因此男女平等不宜与皇室问题挂钩，不能成为支持女性天皇及女系天皇的论据。②

　　在政界，反对女性天皇及女系天皇的主张同样存在，且集中于执政党内。例如，2019 年 10 月 28 日，由 44 名自民党议员组成的保守派团体"日本尊严和国家利益守护会"发表了"为维护皇位继承稳定的建议"，声称历史上的皇位继承无一例外都是男系继承，这是日本皇统的特征，和性别歧视没有任何关系，坚决要求男系继承。③ 首相安倍晋三在 2016 年 2 月的众议院预算委员会上也指出："男系继承是日本的传统，自古以来的皇位继承无一例外地坚持了男系继承，因此要在认识到男系继承重要性的基础上讨论如何实现稳定的皇位继承。"④

　　在固守男系男子继承制度的基础上，上述反对派提出的稳定皇位继承方案，就是通过让旧宫家男系男子恢复皇籍或者以入赘的方式回归皇室，这其中包括 11 个旧宫家的 26 名男系男子，以此来保证皇室中男子的数量。副首相麻生太郎于 2019 年 10 月接受《文艺春秋》采访时就表示，为稳定

① 荒牧央「新時代の皇室観」NHK、2021 年 3 月 31 日、https://www.nhk.or.jp/bunken/research/yoron/pdf/20200301_9.pdf。

② 「危うい自民幹部の『女系』容認論　先人たちの知恵に学べ」『産経ニュース』2019 年 11 月 30 日、https://www.sankei.com/premium/news/191130/prm1911300006-n1.html。

③ 「『男系男子』復帰案　安定策議論のたたき台に」『産経ニュース』2019 年 10 月 28 日、https://www.sankei.com/column/news/191028/clm1910280002-n1.html。

④ 「波紋広げる自民幹部の女系天皇『容認』発言　重鎮『不勉強だ』」『産経ニュース』2019 年 11 月 29 日、https://www.sankei.com/politics/news/191129/plt1911290078-n1.html。

皇位继承，"可以考虑让战后脱离皇籍的 11 个旧宫家中的未婚男子重返皇室"。① 该方案遭到社会舆论的普遍质疑：一是旧宫家虽与天皇存在血缘关系，但二者的共同祖先要追溯到约 600 年前的室町时代，实际上血缘关系并不密切；二是旧宫家脱离皇籍已有 70 多年，其子孙后代在平民家庭长大，并未接受过皇族教育。② 因此，如果让旧宫家恢复皇籍并拥有皇位继承权，广大国民在感情上难以接受，恐无法理解与支持。让旧宫家男子入赘也不具备太高的可行性，行政改革担当大臣河野太郎在 2016 年 10 月就提出质疑，称"内亲王和女王拥有婚姻自由的权利，不应对其婚姻进行强制"，并且"即便通过这种方法能增加一两个宫家的数量，也不能保证持续的稳定继承"，即不能从根本上解决皇位继承人缺乏的问题。③

随着明仁天皇生前退位的实现，政府关于皇位继承的讨论暂告一段落。直至 2021 年 3 月 16 日，菅内阁宣布成立"有识者会议"，讨论稳定皇位继承的对策。④ 3 月 23 日，"有识者会议"举行了首次会议，确定了此后将对包括女性及女系天皇、女性皇族婚后脱离皇籍的现行制度、恢复旧宫家男系男子皇籍等在内的十项问题进行讨论。⑤ 立宪民主党、共产党等在野党随即纷纷就旧宫家恢复皇籍发声，立宪民主党的国会代表莲舫称对于这种做法"国民难以接受"，而共产党的国会对策委员长则痛批"这是一个时代性的错误，绝不能允许倒退回战前"。⑥ 但从会议讨论的进展来看，反对女系天皇以及认为应当谨慎对待女系天皇的声音占了多数。⑦ 直

① 「改憲へ『総選 4 選覚悟を』　麻生氏、旧皇族復帰も提案」『産経ニュース』2019 年 12 月 9 日、https：∥www.sankei.com/politics/news/191209/plt1912090048-n1.html。
② 「旧宮家復帰論　国民の理解得られまい」『毎日新聞』2017 年 1 月 27 日、https：∥mainichi.jp/articles/20170128/ddm/005/070/046000c。
③ 「河野太郎行革相の『女系天皇容認論』は菅政権を動かせるのか?」『女性自身』2020 年 9 月 26 日、https：∥jisin.jp/domestic/1897411/。
④ 「政府、皇位継承の有識者会議設置を発表」共同通信、2021 年 3 月 16 日、https：∥news.yahoo.co.jp/articles/2b3d1f1463f9f850aaeca249cc6158f7c7677035。
⑤ 「女性天皇、旧皇族の復帰議論　皇位継承策、10 項目を確認」共同通信、2021 年 3 月 23 日、https：∥news.yahoo.co.jp/articles/c97f5c664445b8cd7b7a5628e6a88f2adca7a389。
⑥ 「旧宮家の皇籍復帰疑問視　立民・蓮舫氏」『日本経済新聞』2021 年 3 月 24 日、https：∥www.nikkei.com/article/DGXZQODE247K20U1A320C2000000/。
⑦ 「有識者会議、女性天皇賛否割れる　女系拡大には反対、慎重多数」共同通信、2021 年 4 月 8 日、https：∥news.yahoo.co.jp/articles/df27750306af0a66034bc5a4e706cc71f01736c5。

至 2021 年 6 月 30 日，"有识者会议"召开的第八次会议提出了两种稳定皇位继承的方案：一是允许皇室女性结婚后保持皇籍，二是让旧宫家的男系男子以被收养的方式回到皇室。① 这两种方案的支持者本就互相反对，且"有识者会议"仍然未能就是否允许女性及女系天皇得出结论。围绕女性天皇及女系天皇的设想，鉴于赞成派与反对派的对立根深蒂固、难以协调，日本在可预期的一段时间内仍将延续男系男子的皇位继承制度。

四　天皇即位仪式：涉嫌违反宪法

天皇即位仪式的全过程被称为"御大礼"或"御大典"，主要仪式包括完成皇位交接、年号更替的"即位礼"和新天皇即位后举行的祭祀仪式"大尝祭"。2019 年德仁天皇的"即位礼"，主要由 2019 年 5 月举行的"剑玺等继承仪式""即位后朝见仪式"、10 月举行的"即位正殿仪式""飨宴仪式"、11 月的"祝贺御列仪式"组成。② "剑玺等继承仪式"是新天皇继承象征皇位正统性的"剑玺"的仪式。③ "剑玺等继承仪式"之后是"即位后朝见仪式"，新天皇将接受国民的朝见。"即位正殿仪式"是所有仪式的核心。在"即位正殿仪式"中，天皇登上"高御座"，正式宣告即位，并接受皇族成员、政府官员、社会各界代表及外国领导人和使节的祝贺。"大尝祭"是天皇即位仪式的重要组成部分，一代天皇仅有一次，又称"践祚大尝祭"。主要仪式包括"天羽衣神浴""神共食""真床覆衾"，将收获的新米供奉给天照大神，祈求国民安宁和丰收。2019 年 11 月 14 日晚至 15 日凌晨，德仁天皇的"践祚大尝祭"在皇宫特设的"大尝宫"举行。

---

① 「皇族減少対策へ2案　婚姻後も女性皇籍　旧宮家復帰」『産経ニュース』2021 年 7 月 1 日、https：//www.sankei.com/article/20210630-TL33CXEAC5I4PJX5MUEAFMCBTQ/。
② 「皇位継承の儀式・行事」NHK 特設「平成から令和へ　新時代の幕開け」、https：//www3.nhk.or.jp/news/special/japans-emperor6/。
③ "剑玺"指的是"三件神器"中的天丛云剑和八尺琼勾玉，以及用于国事行为的"国玺"和天皇印"御玺"。"三件神器"最早出现于日本神话，传说日本皇室祖先天照大御神将"三件神器"传给天孙琼琼杵尊，而后由每一代天皇传承至今，是代表皇权的信物。

　　战后重新制定的《皇室典范》除规定剥夺天皇神格、不允许皇族干政等原则性的内容，其他内容大体沿袭了明治《皇室典范》。因此，平成、令和两代天皇的即位仪式中的许多内容自然而然承袭战前，而与战后日本宪法精神存在一些格格不入的地方。平成天皇即位以后，关于皇位继承仪式违宪的抗议不绝于耳。针对此次德仁天皇的即位仪式，部分左翼政党、学者、学会及宗教团体等纷纷表示批评和质疑，认为其与宪法规定的政教分离、主权在民、男女平等等原则相悖。2019 年 6 月，日本的基督教团体向日本政府提交了抗议声明。① 2019 年 11 月 7 日，日本史研究会、历史科学协议会、历史学研究会及历史教育者协议会等四个学会联合发表了"反对即位之礼与大尝祭，批判对天皇的政治性利用"的声明。日本共产党甚至以典礼违宪为由，缺席了 10 月 22 日举行的"即位正殿仪式"。②

　　第一，天皇即位仪式有违反宪法"政教分离"原则之嫌。

　　日本宪法明确规定，国家及其机关都不得进行宗教教育以及其他任何宗教活动。但是，在天皇即位仪式中，从天皇登上"高御座"，继承"剑玺"，以及参拜祖先和神灵，向祖先宣读"御告文"，直至"大尝祭"，这些活动都与宗教密切相关，且带有明显的神话色彩，涉嫌违反"政教分离"原则。

　　其中，关于"大尝祭"的费用支出，在日本国内引发了多方争议。"大尝祭"作为天皇进行的一项与神道教有关的仪式，因起源于神话而被列为"宫中祭祀"，属于宗教仪式，并不属于天皇的国事行为。德仁天皇的"大尝祭"一共花费 27 亿日元，却全部由宫廷费支出。根据《皇室经济法》，与皇室有关的开支分为宫廷费、内廷费和皇族费。其中宫廷费主要用于天皇及皇族代表国家或公众进行的某些活动，例如举行国家级的仪式、接待外宾或出访外国等。宫廷费属于公费的范畴，因而由宫内厅进行

---

① 「政教分離と国民主権の原則に違反する『天皇代替わり』儀式への抗議声明」日本キリスト改革派教会、2019 年 6 月 11 日、http：//cpnet. bona. jp/data19/190617_ seimei. pdf。
② 「共産党、即位礼正殿の儀を欠席『儀式のやり方が憲法原則に反する』」『読売新聞』2019 年 10 月 22 日、https：//www. yomiuri. co. jp/kaigen/news/20191022-OYT1T50119/。

管理。而内廷费主要用于天皇和皇族日常的吃穿用度与私人行为，不属于公费，也不需要由宫内厅进行管理。日本政府认为"大尝祭"是天皇祈求国民安宁和五谷丰登，具有公共性质，故从皇室的公费资金"宫廷费"中列支费用。但这引起宗教相关人士和部分学者的质疑：如果由公费支出，就事实上承认了本身作为神道教仪式的"大尝祭"是国家仪式，也就违反了宪法的"政教分离"原则。2019 年 10 月 22 日，日本国内的部分基督教团体代表在东京召开新闻发布会，称具备宗教要素的"大尝祭"却使用公费支出，"是国家参与宗教仪式的表现，违反了宪法的政教分离原则"，向日本政府提出抗议。① 对此，秋筱宫文仁亲王也表示，相关费用应当从皇室的生活费"内廷费"中支出，不赞成使用公费，以免触及"政教分离"原则。② 由于法律没有明确规定，所以德仁天皇的"大尝祭"使用公费实则沿袭了平成天皇登基时的做法。平成天皇是首位在战后登基的天皇，当时关于"大尝祭"的费用问题并未来得及进行充分讨论而使用了宫廷费支出，在当时亦引发了许多抗议，神奈川县甚至有 16 人以违宪为由向法院提起诉讼。但日本最高法院最终判定"大尝祭"是一项社会性活动，并不属于宪法禁止国家参与的宗教活动，宣布原告败诉。③ 另外，在当时亦有千余人以"即位仪式"和"大尝祭"的开支违宪为由向政府提出索赔，但1995 年，大阪高等法院在二审中判定原告的宗教信仰自由等并未受到侵害，驳回了原告的索赔要求。④

　　第二，天皇即位仪式有违反宪法"国民主权"原则之嫌。

　　日本宪法明确规定，主权属于国民，天皇的地位以主权所在的全体日本国民的意志为依据。但是，在"即位正殿仪式"中，天皇要登上代表着神明赐予皇权之意的"高御座"，而作为国民之代表的首相却要站

---

① 「即位儀式に抗議　キリスト教団体『政教分離原則に違反』」『朝日新聞』2019 年 10 月
22 日、https：//www. asahi. com/articles/ASMBP55H7MBPUTIL02P. html。
② 「儀式と憲法　その課題とは～皇位継承と政治分離」『NHKマガジン』2019 年 2 月 20
日、https：//www. nhk. or. jp/politics/articles/feature/14392. html。
③ 「即位儀式への公務参加手当返還，損害賠償等代位請求事件」Courts in Japan、https：//
www. courts. go. jp/app/hanrei_jp/detail2？id = 62544。
④ 「即位の礼・大嘗祭国費支出差止等請求控訴事件」Courts in Japan、https：//www. courts.
go. jp/app/hanrei_jp/detail5？id = 16367。

在"高御座"的下面聆听天皇的发言，并向天皇"三呼万岁"。这一仪式不仅不符合政教分离原则，似乎也违背了宪法规定的国民主权的原则。在"即位后朝见仪式"中，国民朝见和祝福天皇也有悖国民主权原则。天皇通过继承历代天皇相传的"剑玺"来彰显其皇位正统性，不仅具有宗教色彩，更是涉嫌违反"国民主权"原则。日本共产党的政策委员长笠井亮认为，"剑玺"是战前天皇地位的象征，但从现行宪法"国民主权"原则出发，应当去掉"天丛云剑"和"八尺琼勾玉"。① 对此也有保守派学者提出异议。例如，国士馆大学特任教授百地章认为由于宪法和《皇室典范》没有对退位和即位仪式做出明确规定，因此可以在不违反宪法的情况下结合旧《皇室典范》或依照日本的传统来处理。② 此次德仁天皇的即位仪式也的确大多依照了明仁天皇即位仪式。但需要注意的是，在当初针对明仁天皇即位仪式的诉讼中，虽然原告均败诉，但大阪高院在 1995 年的判决中也承认了"即位正殿仪式带有宗教色彩，并不能完全否认其存在违反宪法的嫌疑"。③

第三，天皇即位仪式有违反宪法"男女平等"原则之嫌。

日本宪法明确规定，全体国民在法律面前一律平等，不准因性别的不同而有所差别。但是，"剑玺等继承仪式"只准许皇族的成年男性参加，女性皇族不能出席。虽然女性皇族被禁止参加，女性阁僚却能够出席这一仪式。在明治旧《皇室典范》中，女性因为没有皇位继承权，所以不被允许参加这项传承皇权信物的仪式。这一惯例被保留下来，直到平成天皇即位时，这一项仪式依旧不允许女性皇族参加，并且当时代表国民出席这一仪式的"三权之长"——首相、国会正副议长及最高法院法官都是男性，所以平成的"剑玺等继承仪式"没有女性在场。2017 年 12 月，日本政府

---

① 「儀式と憲法　その課題とは～皇位継承と政治分離」『NHKマガジン』2019 年 2 月 20 日、https：∥www. nhk. or. jp/politics/articles/feature/14392. html。

② 「ご退位の儀式を『国事行為』に　国士舘大学特任教授・日本大学名誉教授・百地章」『産経ニュース』2019 年 2 月 20 日、https：∥www. sankei. com/column/news/171128/clm1711280006-n1. html。

③ 「即位の礼・大嘗祭をめぐる裁判」NHK 特設「平成から令和へ　新時代の幕開け」、https：∥www3. nhk. or. jp/news/special/japans-emperor6/articles/articles_ ceremony_07. html。

在假设举行这一仪式时"三权之长"中存在女性成员的情况下，开始探讨允许女性官员参加"剑玺等继承仪式"，以体现男女平等的思想。但同时又认为皇族中只有男性拥有皇位继承权，因此依旧不打算允许女性皇族参加，部分专家随即表示反对。① 日本政府随后召集专家进行讨论与筹备，但最终还是于 2018 年 3 月确立了女性皇族不参加"剑玺等继承仪式"的方针，理由是"会给人留下政府容许女性或女系天皇的印象"。② 也有学者和民众批评这一做法违背了宪法规定的男女平等原则。静冈福祉大学名誉教授小田部雄次指出，"这个问题与战后日本的男女平等直接相关"。京都产业大学名誉教授所功还指出，虽然皇位继承权仅限于男系男子，但天皇病重时，女性皇族可以担任摄政或代行国事，从这一点来讲，有必要允许女性皇族列席。③

此外，日本史研究会等四个学会发表的联合声明还指出，德仁天皇的即位仪式带有的"庆典"性质，是由政府和媒体强行制造的，其目的是借此掩盖现代日本社会存在的政治与经济矛盾。这是对天皇的政治性利用，已经远远超出宪法规定的"象征天皇制"的职权范围与政治位置。④ 并且，在新天皇举行"即位正殿仪式"当天，日本政府宣布了针对 55 万人的政令恩赦，主要对象为违反交通法规等违法程度较轻的人员。⑤ 虽然此次恩赦的人数相较于昭和天皇驾崩时的 1017 万人和平成天皇即位时的 250 万人，规模已极大减小，但仍有不少质疑之声。时事通信社的舆论调查显

---

① 「皇位継承の神器引き継ぎ式、女性が初参列へ　政府検討」『朝日新聞』2017 年 12 月 30 日、https：//www. asahi. com/articles/ASKDY4WBFKDYUTFK00G. html。

② 「皇位継承の儀式、女性皇族は参列せず　政府調整」『日本経済新聞』2018 年 3 月 15 日、https：//www. nikkei. com/article/DGXMZO28172660V10C18A3PP8000/。

③ 「儀式と憲法 その課題とは」『NHK 政治マガジン』2019 年 2 月 20 日、https：//www. nhk. or. jp/politics/articles/feature/14392. html。

④ 「即位の礼・大嘗祭に反対し、天皇の政治利用を批判する（共同声明）」日本史研究会、2019 年 11 月 7 日、http：//www. nihonshiken. jp/% e5% 8d% b3% e4% bd% 8d% e3% 81% ae% e7% a4% bc% e3% 83% bb% e5% a4% a7% e5% 98% 97% e7% a5% ad% e3% 81% ab% e5% 8f% 8d% e5% af% be% e3% 81% 97% e3% 80% 81% e5% a4% a9% e7% 9a% 87% e3% 81% ae% e6% 94% bf% e6% b2% bb% e5% 88% a9% e7% 94% a8% e3% 82% 92% e6% 89% b9/。

⑤ 「『即位恩赦』閣議決定　政府　交通違反など55 万人」『日本経済新聞』2019 年 10 月 18 日、https：//www. nikkei. com/article/DGXMZO51115230Y9A011C1CR0000/。

示，有 54.2% 的民众对此次恩赦表示反对，超过赞成人数 20.5 个百分点。① 日共机关报《赤旗》也发文对此提出批评。日共委员长志位和夫指出，这次"恩赦"违反了宪法规定的天皇不得干政原则。②

总之，关于皇位继承问题，日本国内持有多元认知，并在相当程度上左右着制度改革进程。对各种天皇制改革议题，广大国民大体上持相对"宽容"与"积极"的态度，而日本政府及学术界则相对持"严苛"与"消极"的态度。以应对天皇生前退位的举措为例，日本政府采取了"投机取巧"态度，只是以短效措施（特例法）使问题得到暂时解决，其后便迟迟不再深入探讨各种议题。显然，由于相关制度改革面临保守势力的强大阻力，日本政府也不愿在此类议题上付出更多的政治精力。但是，日本皇室在广大国民的政治信任感中占据重要地位。例如，2019 年 9 月，根据 NHK 的舆论调查，有 23% 的被调查者对皇室表示"非常亲切"，表示"比较亲切"者所占比例为 49%。③ 因此，天皇作为"日本国的象征"与"日本国民整体的象征"，在巩固民族认同与维护社会稳定上所发挥的重要作用，是日本国内任何势力均无法忽视的。如若日本皇位继承的相关问题始终难以彻底解决，乃至皇室遭遇危机，必将对日本政治及国民精神造成巨大的消极影响。为此，日本政府应摒弃功利主义态度，在力争获得社会舆论支持的基础上，勇于推进适应时代需求的制度改革。

（徐万胜，战略支援部队信息工程大学教授、博士生导师；

张雨欣，战略支援部队信息工程大学硕士研究生）

---

① 「55 万人を『即位の礼』恩赦：罰金刑で資格停止者への『復権』が大半」Nippon. com、2019 年 10 月 21 日、https：∥www. nippon. com/ja/japan-data/h00568/。

② 「『即位の礼』儀式　憲法に抵触」『しんぶん赤旗』2019 年 10 月 22 日、https：∥www. jcp. or. jp/akahata/aik19/2019-10-22/2019102204_03_0. html。

③ 「皇室に関する意識調査」NHK 特設「平成から令和へ　新時代の幕開け」、2019 年 10 月 21 日、https：∥www3. nhk. or. jp/news/special/japans-emperor6/opinion_poll/。

20世纪90年代以来中国女作家的
日本书写与文化间性

陈　潇

内容提要　20世纪90年代以来，一些中国女作家，通过在中国拥有的生存经验和文化意识来观察、比较和评价日本的风土人情、制度政策和思想文化。如叶广芩、孟庆华、王安忆、孔明珠、林祁、铁凝、迟子建、潘向黎、唐辛子、苏枕书、房雪霏等女作家的作品中就有大量涉及日本书写的内容。在这些建构日本形象的作品中，既有对日本人物的刻画和对日本风物的描绘，又有对日本民俗的记述及对日本艺术、日常生活的书写，还体现出作家在日生活独特的"他者"经验。文化的间性特质则为作家在对故国与异国文化进行解构和重建的过程中，以冲突和包容、对视和融合的方式实现中日文化的双重审视而又保持自身文化的独立性提供了可能。

关键词　中国女作家　日本书写　文化间性

早在20世纪初，鲁迅、郁达夫、郭沫若等中国现代文学史上的巨匠曾留学日本，并留下了许多与日本书写相关的文学作品，实际上，在赴日的留学生群体中亦不乏女性的身影，在庐隐、凌叔华、萧红等现代女性作家的创作中也有许多关于日本的描写。到了当代，随着中日两国外交政策的开放，越来越多的女作家得以通过代表团访问、留学、旅行等方式走出国门，在日本体验异国的风土民情，并将自己的异国生活经历和由此产生的感悟与思考诉诸笔端。如冰心、谌容、叶广芩、孟庆华、孔明珠、铁凝、迟子建、潘向黎、唐辛子、苏枕书、房雪霏等女作家的小说或散文作品中就有大量涉及日本书写的内容。此外，张爱玲在 20 世纪 50 年代，亦有两次赴日经历，其在 1955 年 10 月写给邝文美夫妇的信件中便有对日本神户、横滨与东京风物的描述和感受。这些女作家以自己在中国拥有的生存经验与文化意识观照日本的生存空间与文化特色，并对中国社会不同时期的历史、文化命题进行思考和回答。这些作家在日本的生活经历虽然各有不同，但这些经历都使她们获得了新的人生内容与文化体验，并体现在她们的文学作品中。

相异文化因其不同的文化渊源、生成背景而产生相异的文化模式与形态，一种文化与另一种文化碰撞时相互作用，从对方文化中吸收本文化中所不具备的或是有益于本文化发展的内容，从而实现两种异质文化的有机融合，并且由此生成新质文化，对自我文化进行补充。而"不同文化主体经对话交流，进入他种文化中对自我进行审视，从而形成对个体文化的自我本质性的个性认识，实现自我在多元文化中的准确定位"，与此同时，在这一过程中，"个体文化不断认识和深刻理解他种文化，承认他种文化与自己文化同样的主体性地位，所以就形成了对他种文化和多元文化的认识"。① 文化的间性特质为不同文化的相互融合而又保持自身的独立性提供了弹性空间，在此过程中文化意义重组而产生新的文化意义，促使原本的文化主体获得新的生长点，推动其发展，进一步实现多元文化的共存。处于中日两种不同文化背景的作家在写作时往往会增加对身份、价值、文化观念等问题的思考，这不仅有益于其判断采取何种方式适应新的生存环境，还促使其更好地接受异质文化中某些特有的道德观念与价值倾向，实际上也体现了个体文化与他者文化融合互补并重新生成新的文化意义的过程。女作家的日本书写所建构的日本形象及其中蕴含的作家主体对于异国文化的理解感受，便体现了文化的间性特质，其日本书写不仅实现了对中日两国文化的双重审视，亦为文化间性特质基础上多元文化的共存提供了参照。

---

① 　郑德聘：《间性理论与文化间性》，《广东广播电视大学学报》2008 年第 4 期。

一 文化间性与创作选择

"文化间性"这一文化哲学术语由德国哲学家哈贝马斯提出，其哲学理论基础主要是"主体间性理论"。胡塞尔提出的"他我"概念即体现了主体的间性特质，"他我"是相异的主体在进行对话相互作用时的一种"重新生成"，即"我—你"关系中所存在的"之间"距离，它实现了主体之间的自识与共识。在此理论基础上发展而来的"文化间性理论"亦强调文化相遇与对话的动态过程。当一种文化与另一种异质文化相遇而发生交互作用时，因其自身系统具备的特定视域，"该文化中进入此作用的部分必然会在与他者显出的关联中发生意义重组"，并且"构成这种交互作用之真正实际的并非参与其中的各自原本存在，而是它们于其中发生的变异或意义之重新生成"，[①] 这说明，静态的文本内容背后是两种文化对话、关联、作用进而重新生成文化意义的动态过程。

文化间性理论认为身处特定空间的作家承担着异文化沟通与交流的媒介作用，20 世纪 90 年代以来有日本生活经验的中国女作家即可被视为中日文化交流的"中介人"。她们在日本的真实生活遭遇、所见所闻皆可作为其写作的素材来源，无论是描绘日本风物民俗，还是刻画异国人物形象、记录生活日常，所体现的都是作家对日本文化的体悟与思索，而作家所处的社会环境、人生经历与个人情怀的不同影响了她们对于写作素材的选择，使其日本书写的内容、层次与内涵产生差异。此外，当两种文化相遇时，引起对方注意的往往是各自文化系统中的特定方面，即文化间性理论所说的"文化兴奋点"。"文化兴奋点"可以是不同文化系统中相似或相异的内容，它们的存在也在一定程度上对作家写作素材的选择产生了影响。

（一）文化间性的"中介人"

达尼埃尔·亨利·巴柔认为，身处某一特定空间的作家，为文化之间

---

① 王才勇：《文化间性问题论要》，《江西社会科学》2007 年第 4 期。

的交流创造出其他交际圈与其他线路。作家是说情者、先驱者，是文学与文化、文化与文化之间的中介，他们以翻译、评论等形式在另一种文化里描述并表现了一种异国的真实，即他们自己的文化。作家在写作时根据特定的作用、特定的读者群选择不同的文学体裁和写作形式，其中书信、围绕正文的边缘文字材料、编年史和随笔等文学样式所起到的文学与文化之间的媒介作用更为明显。作家在选取素材进行写作的过程中，以本国文化为基础，吸收异国文化并使本国文化与之相结合，作家主体与异国文化团体直接生活在一起，观察、理解其情感动态、价值理念、思维模式、生活习惯、行为方式等内容，与之形成一种相似的文化生活。这是一个由表及里、由局部到整体的融合过程，是作家对异质文化不自觉地模仿与主动探索学习两种方式的结合。在异国生活时，对于所接触的异国文化，作家在其潜移默化的影响和自我的主动探索中逐渐形成对其的认同与审视，并将其具化于写作文本当中，而作家作为"中介人"，其自身所处的特定社会历史环境以及个人情怀都会对其"中介"的方式、过程、结果产生影响。

作家处于一定的社会历史环境中，因此其作品创作在一定程度上会受到当时的政治、经济、文化、政策等因素的影响。丹纳在其《艺术哲学》中即提出"种族""环境""时代"三种力量对文学作品的影响。他的"三元素"说认为，想要了解一件艺术品或一个艺术家，就要考虑其所在社会的时代精神以及风俗概况，除此之外，也应考虑历史因素、经济发展水平、生产力水平等对艺术创作的影响。此外，作家在文本创作时也具备自我个性与个人情怀，这使其日本书写带有一定"个人主观化"的色彩，在很大程度上丰富了中国当代女作家日本书写的内容、层次与内涵。实际上，这种个人情怀的充分展现也表明作家在文本叙述上达到了"独立叙述"的水平，尤其体现在散文、随笔等文体写作上，它们往往体现了作家真实的、自然的、本色的、率性的情感，使其作品保持一种与他人相异的风格。唐小林提出："所谓独立的叙述，就是不被主流意识形态等各种外在因素干扰和制约的叙述，一种从切身体验出发，从自我的精神、情感和意识被深深卷入的具体情境、事件和细节出发，从生命的体温、脉动、快感、疼痛、幸福和苦难出发的叙述。"① 从切身体验出发成为文学作品展现作家个人情怀的关键，当主体的自我精神和情感意识被放置于特定的情景与事件中时，作品所蕴含的具体内涵和其记述内容背后的文化寓意就具备了独特之处。

孔明珠与房雪霏都擅写日常，她们主张写作的"自在"与"自由"，写作素材往往取自生活中的小事或是身边的小人物。孔明珠曾在出版社工作十年，于 1990 年东渡日本，回国后开始写作。她信奉"写作是一种生理现象"，在写作时绕开理性哲思，聚焦于描述身边的人或事，致力于真实地再现其细节，而无渊博的知识储备，或是深刻的思考、独到的见解，她的作品中也难以找寻华丽繁复的辞藻或是典雅的诗性气韵。在其散文集《爱情备胎》后记中，孔明珠曾言："千字散文是我最喜欢的读和写的文体，因为它活泼、生动、没有矫饰，自然地流露出作者的人品和审美观，写着它就像是和朋友说话、聊天，读到它就等于认识了它的主人。"② 其作品展现出的不只是她的审美取向，还有她对人生的体悟。她的日本书写的素材也多为异国生活中的琐事与身边接触到的小人物，尤其关注底层人物的生活日常。在她《烟火气》一集中，还有数篇介绍日本饮食的文章。如《烟火气》的名字一样，她的写作也重在表现鲜活人生中的"烟火气"，写世俗而不世俗。与孔明珠相似，房雪霏也将写作重心放置于日常的生活琐事上，她的《日常日本》写其在日本 27 年间的各种日常生活光景，随录其异国经历的浮光掠影。"某一天的某个时辰，投射在眼前的一抹光影，在我心里牵发起一丝涌动，便成为一段记录。"③ 她的《日常日本》既没有清晰的主题，也没有构思立意、遣词造句方面的同一性，却真实地展示了她所看到的、知道的、经历的以及正在参与的日本。她认为活着的最好状态就是每一天每一刻都在各自的日常里，且只有日常才意味着安泰，《日常日本》记录了客观的日常日本，也蕴藏着作者的人生态度与人生哲理。

女作家成为中日两国文化交流的"中介人"，而不同的人生经历、个

---

① 唐小林：《叙述：散文在场的本体性修辞》，《中国社会科学报》2011 年 6 月 14 日，第 9 版。
② 孔明珠：《爱情备胎》，华夏出版社，2002，第 196 页。
③ 房雪霏：《日常日本》，三联书店，2017，第 13 页。

人情怀、审美取向使其日本书写呈现不同的样貌。潘向黎与苏枕书亦写在异国的生活日常，但与孔明珠和房雪霏相比，她们能够观察到日常生活中的不寻常之处，展示异国文明中的"文雅"气韵而非"烟火气"。她们的日本书写更具有哲思、知识性和古典韵味。潘向黎出身书香门第，自小培养了温润雅致的古典美学底蕴，她追求雅致的生活品位以及一种自由舒适的生存状态，亦善于体察日常社会生活中的细节与浪漫因子。同时，她也坚守对传统文化的继承，有着对历史、文学敏锐的感受力和判断力，异国的古迹、山水、饮食的记述背后是其内心深处对历史的敬畏感和对传统文化的执着追寻，以及重建人类精神家园的伟大情怀。正如刘阳扬对潘向黎的评价："潘向黎的散文之所以区别于同时代的大部分女作家，就在于其文字背后所显露出的深刻的思想穿透能力。"① 潘向黎既可以投入异国的日常生活中，成为忙碌运转的日本社会中的一员，也可以随时从中抽离，以"旁观者"的角度审视异国文明，将哲思融入日本书写中。

苏枕书客居日本十余年，且从事日本历史文化研究工作，其文字温婉、细腻而充满知识性。她的作品上至日本的风物民俗、社会气氛、宗教思想，下至日用饮食、花草林木。她以"一身如寄"的心态在异国生活，保持着生活的俭静，善于对日本的名物加以考证并挖掘其历史背景。在作品中，她常谈旧书或旧书店，亦谈庭园寺庙、传统工艺，同时追求其间的学术趣味，诸如考察旧书的版本渊源、神社寺庙的建造历史及其背后的政治环境、时代精神、文化现象。在《燕巢与花事》的《巫女》一篇中，苏枕书由奈良春日大社的巫女 "在藤花开时着千早，头簪藤花，垂曳生姿"的姿态想及胡兰成与朱天文对巫女 "如六朝人"的形容，② 并考察了日本巫女的发展历史、职业技能、等级划分，对如何考取巫女资格、如何在神社任职等做了详细介绍。与潘向黎相比，苏枕书看日本文化多了一层"历史研究者"的眼光，其思想见解亦更有独特性。苏枕书以其作为人文学者所特有的人文关怀、人文视角和人文感情观察、体验、书写日本，以文字

---

① 刘阳扬：《喁喁茶语，莲的心事——评潘向黎〈茶可道〉、〈看诗不分明〉》，《扬子江评论》2013 年第 6 期。
② 苏枕书：《燕巢与花事》，北京联合出版公司，2012，第 82 页。

记录其客居京都十余年间的生活日常和求知历程，探寻异国的往昔与当下、文化与人情。

（二）"文化兴奋点"与写作素材选择

王才勇在其《文化间性问题论要》一文中提出："当一种文化遭际另一种文化时，彼此见出反响或进入视线的从不会是各自的整个系统，而总是各自引起对方关注的特定方面，恰是这些方面具体展现了不同文化间的关联。"[①] 当两种文化相遇时，往往是某一些能够引起对方注意的特定方面即"文化兴奋点"会在交互作用的过程中重新生成，而它们既可以是两种文化相近之处，也可以是相异甚至相反之处。王才勇强调，一种文化论说如果想要真正触及该文化的"间性特质"，就必须指涉该文化以及特定他者文化两者之间的某种内在的关联，这种内在关联是指两种文化中能够引发彼此关心、注意与反响的内容。他以中华文化与西方文化引发彼此反响的关注点为例，在 17、18 世纪，中华传统文化传入西方时，引起西方关注的只是其中特定的某些方面，而非整个文化系统，例如儒家所推崇的道德伦理，19 世纪则是道家思想进入西方眼帘，到了 20 世纪则又发生新的改变；同样，西方文化东渐时引发我们关注的也是它的某些特定方面而非整个文化系统。同时，由于特定视界、主体力量关系的变化，能够引发彼此关注的"文化兴奋点"也会发生改变。中日两国因其特殊的历史渊源和地理关系，两者之间更是具备了众多能够引发彼此注意和反响的"文化兴奋点"，因此，作家在写作时往往也会选择这些"文化兴奋点"作为素材。

在作家书写日本的作品中，对日本风物民俗的观察与体会以及对日本艺术的欣赏与感悟，实际上便是"文化兴奋点"引发作家关注的一种具体体现。日本的"共浴"风俗与中国传统的沐浴习惯有巨大的差异，因此"共浴"便可以成为吸引作家注意并诱使其深入探究异国生活习俗的"文化兴奋点"。不同于中国传统教育理念，日本社会强调个体的独

---

① 王才勇：《文化间性问题论要》，《江西社会科学》2007 年第 4 期。

立性，因此不论在家庭中还是在学校里都会有意识地、积极地培养孩子面对社会时的独立生存能力，认为他们靠自己的双手，利用兼职等方式获取零用钱是一件理所当然的事情，日本学校在教科书内容的选择与课程安排上也与中国学校不同，这种教育理念上的差异也成为"文化兴奋点"，引发了作家的关注。唐辛子在其随笔集《唐辛子 IN 日本：有关教育、饮食和男女》一书中，专辟一辑介绍了日本社会的教育方式和教育理念，包括日本教育中的"特别支援教育"，日本对孩子多角度思考能力、金钱观的培养，日本小学生的"食育"培养，日本孩子的冬季耐力训练，等等。书中她还将中国的"填鸭式教育"与日本的"宽松教育"加以比较，分析了日本宽松式教育所带来的年轻人读书少、求知欲低、学历低下等弊病，对日本教育中的常识培养、从小重视孩子生活习惯的培养则加以提倡。

　　而艺术作为一种精神文化，综合了人对世界的认知、对生命的思考、对生活的感悟，它能够通过不同的媒介和渠道反映客观自然与社会现实，并表现出人类自身的思想状态与情感诉求。艺术虽然具有地域性、民族性、时代性等特征，但它所具备的某种内核性元素却可以超出地域、民族与时代，打破时间和空间上的限制以及语言和宗教的隔阂，能够为不同时空下、不同种族的人感受、理解和阐发。不同种族、不同文化背景的人在面对诸如绘画、舞蹈、音乐等具体的艺术形式时，往往能够对其所蕴含的情味、神韵获得一种相同或相似的感悟，在特定场景中，艺术还可以超越具体的文化价值观念，组织和协调社会成员的行动与意志，实现不同文化之间的沟通与磨合，它们亦会成为"文化兴奋点"引起作家的关注，如日本花道、茶道、歌舞伎表演就成为女作家们的写作素材，出现在其有关日本书写的作品中。

　　"文化兴奋点"能够吸引作家探索异国文化中的特定方面，作家自身在写作时也需要增强对"文化兴奋点"的敏锐度，关注到中日两国文化中能够能建立起对话关系的或是能够引起对方关注、产生反响的部分。作家在观察两个相异文化系统内在关联进行写作的同时，从中进行挑选，将注意力放在其中最具有关联性的内容上。

二 文化间性与日本形象建构

文化间性特质是特定文化与其他文化相遇时所建立起的一种意义关联，但这种意义关联是由该文化特定的态势与走向决定的，尽管承担"媒介"作用的作家在接触异国文化时具有一定的主观性，但一种文化的间性特质是作为该文化的隐性特质而客观存在的，并不会受人们主观意志的影响而随意变更或决定，因此，中国女作家笔下的日本书写实际上正是对日本文化中所隐藏的间性特质的一种发掘，亦是对日本文化全面性展现的一种补充。

文化间性特质强调文化交互过程中所产生的意义重组，即形成新质文化，中国当代作家日本书写中所体现的不局限于对两种异质文化之间异同之处的简单审视，还有文化意义重组而产生的新内容。这种"意义重组"促使原本的文化主体获得新的生长点。文化间性特质能够促使作家在对身在其中的文化进行思考的过程中保持"差异"概念，其写作不仅实现了对中日文化的"自识"与"互识"，还使中日文化获得了新的生长点，对文化发展起到一种推动、补充作用。此外，作家在建构日本形象时虽然带有一定的主观色彩和个人特色，但由于特定视界的形成是一种客观的社会过程，一种文化在遭际另一种文化时发生怎样的意义关联和意义重组是无法人为决定的，因此女作家笔下的日本形象建构是具有客观性的。

（一）日本形象建构的客观性

有在日生活经验的中国女作家承担着中日文化交际的"中介人"角色，是中日两种文化交流的媒介。尽管发挥"媒介"作用的作家在接触异国文化时具有一定的主观性，但一种文化的间性特质是作为该文化的隐性特质而客观存在的，看向他者文化的特定视界也是客观形成的，并不会因为人的主观意志而随意更改或决定。这是作家能够审视异质文化而又保持自身文化独立性的基础，也是客观建构异国形象的一种保证。

每一种文化都具备其自身所特有的文化渊源与生成背景，因此，不同的文化系统往往具有不同的文化模式、文化形态以及独特的系统特质。正如王才勇所主张的，当一种文化与另一种异质文化相遇并发生碰撞交流时，二者都是依据自身文化系统所带有的客观特定视界，由此出发去观察、审视、理解和接受对方的。德国哲学家伽达默尔在《真理与方法》一书中说道："视域就是看视的区域，这个区域囊括和包容了从某个立足点出发所能看到的一切……一个根本没有视域的人，就是一个不能充分登高远望的人，从而就是过高估价近在咫尺的东西的人。反之，'具有视域'，就意味着，不局限于近在眼前的东西，而能够超出这种东西向外去观看。谁具有视域，谁就知道按照近和远、大和小去正确评价这个视域内的一切东西的意义。"① 在 17、18 世纪，西方在面对中华传统文化时尤其注意到其中存在的"专制主义"问题，这是由西方文化本身在当时的特定视界导致的，即一种反对封建专制统治的强烈诉求。同样，在 19 世纪末 20 世纪初，西方文化系统中的"民主"和"科学"要素，在中国引发了巨大的反响，这亦受到当时中国文化看向西方文化的特定视界的影响，即在内忧外患的大环境下，破坏腐朽的传统制度根底的社会需求。这两个例子都说明，当一种文化看向另一种文化、与之交流对话时都是从自身所带有的特定视界出发的。当中国文化与日本文化进行对话交流时，也不可避免地是从自身系统所带有的特定视界出发去观察和审视对方。踏上日本国土的这些中国女作家也是由自身具备的中国文化的特定视界出发去体察日本文化的，这种视界会随着时间发展而处于不断的变化中。

虽然一种文化所带有的特定视界会受到当时的社会政治、经济、文化条件的影响，从而不断变动或重新生成，特定视界的形成本身却不受到任何人主观意志的影响，它是一个客观的社会过程，无法按照主体意向随意更改或选定。此外，当一种文化遭际另一种文化时会带有怎样的视界，是由该文化特定的发展态势以及走向决定的。一种文化与另一种异质文化相遇、对话、交流时会建立起怎样的意义关联，在此关联中又会生发怎样的文化意义重组，都是两种视界交互作用的结果，因此也具有客观性，不可

---

① 〔德〕伽达默尔：《真理与方法》，洪汉鼎译，上海译文出版社，1999，第 388 页。

主观任意决定。由此可见，文化的间性特质亦是作为文化的一种隐性特质而客观存在的。

中国女作家在获得日本生活经验之前，自身已经获得了中国文化看待日本文化的特定视界，而这种视界是由中国文化的发展态势和走向决定的，并不以作家自身的主观意志为转移。虽然作家在审视日本文化、利用日本书写建构日本形象时会带有一定的主观色彩和个人风格，但在根本上和总体上是依托中国文化看向日本文化时所持有的特定视界出发的，不会因作家主体自身的喜恶随意更改，因此她们所建构的日本形象也具有了客观性与合理性。

（二）中日文化的"自识"与"互识"

文化间性表现出不同文化间的融合生成，一种文化在与另一种异质文化进行对话、交流时，并不是僵硬地、无差别地、机械地汲取、模仿或移植对方文化系统中的文化要素，而是加以观察、比较和审视，最终有选择地吸取他者文化中那些能吸引自身文化注意、引发反响的内容。这些内容往往是自身文化所需要的、对本文化有益的，或是本文化所缺少的、能够弥补自身文化系统不足之处的部分，从而实现两种相异文化的有机结合、互识互补，在这一过程中所进行的文化意义重组也推动了新质文化的产生，由此促进自我文化、他者文化、总体文化的共同发展与进步。

文化间性理论与西方差异哲学、交往行为理论和"他者"理论密不可分。文化间性理论强调"差异"的存在，认为只有差异的存在才能够实现不同文化之间的交流。达尼埃尔·亨利·巴柔教授也指出差异是任何文化或文化对话的基础，他认为在相互交往、对话的文化之间，差异与等级观念、远近距离观念不可分离，同时，差异还与相对于另一个或熟悉或陌生的文化而存在的文化不可分离。不同的国家在风俗习惯、宗教传统、价值审美取向、思维模式、道德准则等方面具有差异，但正是由于这些差异的存在，它们之间的相互理解、相互沟通、相互关联才能够实现，中日两国之间的"差异"便是它们进行文化对话的根源和前提。斯图尔特·霍尔在其《表征——文化表象与意指实践》一书中对差异做了四种描述：第一，差异是意义的根本，意义因差异而存在，没有差异，意义就不存在；第二，意义源自对话，只有在与他者的对话中才能生成；第三，文化的目的是赋予事物意义，在一个分类系统中将事物放置于不同的位置，实现意义赋予过程；第四，"他者"是根本性的，无论对自我进行构造，还是对身份进行认同都离不开他者。除了差异，霍尔还说明了"他者"在文化意义生成过程中所起到的作用。文化间性理论也强调了"他者"存在对于异质文化交际、实现文化意义重组的重要性。蔡熙提出："一方面文化在与'他者'交往中发生意义重组才有价值，一个文本的现实意义是在与'他者'的互动中生成的；另一方面文化间性要求进行文化对话，倘若没有'他者'，那就只能是独白话语。"① 一种文化只有通过他者文化，在其对照、补充的帮助下展示自我，才能够更好地意识到自我，成为自我，获得新的生长点。因此，在交际中，主客体之间不应该是二元对立的"认知"与"被认知"的关系，而应该在互相尊重的基础上，承认文化之间的差异，包容文化之间的差异，在差异中相互学习和借鉴，彼此之间秉持宽容、理解的态度，实现和不同文化的沟通与交流，在此过程中取长补短、求同存异，在他者文化的观照下实现自我文化的革新与发展。也正是这种相互作用的模式，使不同文化之间可以相得益彰，顺利地进行跨文化交流。中国女作家踏上日本国土，接触到与中国文化相异的日本文化，在异国生活的过程中不仅观察、审视了其文化特征，也重新审视了自身文化，实现了中日文化的"自识"与"互识"。

中国女作家作为日本文化的"他者"，在审视日本文化时可以发现其中不易被本土人察觉或意识到的方面。作家自身所拥有的本土文化观念能增强其观察异国文化的敏锐度，使其发现日本本民族人民在日常生活中忽略或难以发现的问题，从而更客观、更清晰、更深刻地对异质文化加以审视。在叶广芩"日本故事系列"的《风》一篇中，写了日军少佐西垣秀次与汉奸史国章之间的故事，西垣认为在十九岁牺牲的日本士兵山田身上有一种只有日本人自身才能够理解和体会的民族精神，即一种集团大于一切

① 蔡熙：《关于文化间性的理论思考》，《大连大学学报》2009 年第 1 期。

的军国主义精神。对于日本人而言，除了集团之外，不存在另一种等同于或者超越集团的绝对力量，他们对集体怀有一种难以名状的忠诚，即使西方的"上帝"亦无法成为超越这种"集体"的存在。徐冰认为："如果按照人的意愿去组建一支最理想的军队，那么它的成员似乎应具备以下的素质：怀有坚定的信仰和对国家、民族、集团的绝对忠诚，富于牺牲精神，勇猛残酷，守纪律，同时又有文化、懂技术。当我们用上述指标衡量日本人的时候，不难发现，整个日本民族就是一支最理想的军队，每个日本国民都是优秀的战士。"① 可见日本人对于集体、民族、国家的忠诚度和强烈的"排他性"。西垣认识到了其民族精神中个人隶属于集团的缺陷性，却忽视了日本的民族精神给被侵略国造成的巨大创伤，他用"为政焉用杀"的反战思想为自己辩解，把在临州驻防时教当地小孩学文化的经历视为教育者的责任心，但身为中国人的"我"却看破了其反战思想的本质是主张另一种形式上的侵略，好比"在刺刀尖上装上一串花环，再微笑着把刀刺入人的胸膛"。② 西垣将日本的集团精神、武士道精神视为日本的民族之魂，将文化侵略粉饰为教育者对文化的传播，而作为中国人的"我"所看到的则是这种民族精神背后的虚伪和残忍。

苏枕书在《和服与性别》一文中由"和服衰退的原因"讨论热潮思及所谓的"日本传统女性美"对女性身体的规训。日本社会存在的一些"和服警察"认为和服应该穿得优雅而完美，穿着和服的女性本身也应该成为优雅完美的代名词，女性穿和服仿佛只是为了给他人留下"传统""端庄""日本之美"的印象，穿法不规范、场合不正确、品位不够好、姿态不优美都会成为被抨击的理由。她认为："国族的男性、知识分子、主要族群、都市居民等社会核心人群虽自豪于'我们的传统文化'，但却不会实践'传统文化'，而是鼓励国族中的边缘人群，如女性、乡民、原住民、少数民族等来背负与展演'传统文化'。"③ 女性被社会鼓励着去穿着具有特定文化色彩和象征含义的服饰以维护本土文化传统与民族精神，尽管这些

---

① 徐冰：《中国当代文学中的日本人形象》，《日本研究》1995 年第 3 期。
② 叶广芩：《战争孤儿》，华岳文艺出版社，1990，第 101 页。
③ 苏枕书：《松子落——京都九年》，中信出版集团，2018，第 139—140 页。

"传统"具备落伍、守旧的特征。

蔡熙认为："文化间性即为文化与他者相互作用、相互影响、相互渗透，它以承认差异、尊重他者为前提，以文化对话为根本，以沟通为旨规。"① 中国女作家以"他者"身份实现了对日本文化的审视，此外她们也在文化对话的过程中实现了对自我文化的重审。唐辛子的《日本式中毒》第一章以十二篇短文将中日两国的社会文化现象加以比较，如日本式"排队"与中国式"站队"的区别、日本式"饭团"与中国式"炒饭"的不同、日本的"匠人"与中国的"商人"的差异、日本的"初恋"与中国的"早恋"等。《日本人眼里中国人的"面子文化"》一文将日本学者对中国人"面子文化"的透彻研究加以介绍，反思了中国传统文化中"面子文化"给个人和社会带来的危害。当人们进入一个新的文化环境时往往会对新、旧文化要素进行对比与思考，中国女作家在日本的生活经历为其审视本国文化与异国文化中不易被察觉的"隐性因素"提供了可能，使其能够更为客观全面地看待日本文化中的优劣之处，并对自身成长文化中的不足之处加以反思，两种文化交互作用的过程使作为不同主体的文化在一定程度上实现了"自识"和"互识"。

三　文化间性与日本书写的嬗变

文化间性理论认为，当一种文化看向另一种文化时所通过的特定视界具有强烈的时间性，它处于不断的变化中。在不同的时期一种文化会对另一种文化的不同方面产生注意，在不同的时期对同一方面的关注度和看法也会产生变化，特定视界的这种时间性也体现在作家的日本书写中。此外，文化间性理论还认为文化间的对话交流必然是一种力量的关系，不同文化主体在交际时总会有一种力量强弱上的对比存在，且这种对比一直处于动态变化的过程中。中日两国文化在进行对话时也存在主体力量上的差异性，这种差异性会对中国女作家的日本书写产生直接影响，从中日文化

---

① 蔡熙：《关于文化间性的理论思考》，《大连大学学报》2009 年第 1 期。

力量的差异性及其发展变化，可以考察作家日本书写的嬗变和特点。

（一）"特定视界"的时间性

在不同文化的交流中，文化不是一个一成不变的固定实体，而是一个处于不断变化中的有机体。每一种文化系统都具有被特定视界关注、交互、整合的趋势，而每一种文化的特定态势、走向等则决定了其与其他文化相遇时采用何种特定的视界看向这种文化，而这种态势和走向的可变性也使特定视界处于变动之中，因此，一种文化看向他者文化时所带有的特定视界具有时间性的特点，会随着时间的推移发生转变。具体表现为：在不同的历史时期，一种文化会对另一种异质文化的不同方面产生注意，对同一方面的关注度和看法在不同的时期也会产生变化。如在不同历史时期，西方关注中华传统文化中的主要方面亦不相同，在 17、18 世纪主要关注儒家伦理，到了 19 世纪则转向道家思想，20 世纪对中华文化关注的侧重点又有所变化。相对的，在不同历史时期，中国面对西方文化时的关注重点也呈现不同的样貌。

伽达默尔提出："当前的视域被认为处于不断的形成之中，因为我们必须不断检验我们的偏见。在这种检验中，同过去的接触以及对我们从中而来的传统的理解并不是最后的因素。因此，当前视域的形成决不可能离开过去……在对传统的研究中，这种融合不断地出现。因此，新的视域和旧的视域不断地在活生生的价值中汇合在一起，这两者中的任何一个都不可能被明确地去除掉。"① 文化之间的对话是一种当前视域与过去视域相融合的过程，当前的视域无法脱离过去，一直处于与旧视域的融合中，而一种文化看向另一种文化时所带有的特定视界也一直处于不断的生成和变动中。作家从自身所具备的中国文化看待日本文化的特定视界出发，去观察、理解和审视日本文化，这种特定视界的变化会引起作家日本书写的变化。

20 世纪日本对中国的侵略事实使中国在看向日本时带有一定的"仇

---

① 〔德〕伽达默尔：《哲学解释学》，夏镇平、宋建平译，上海译文出版社，1994，第 9 页。

视"心理，对"战争"话题、日本军国主义、集团主义的关注度相对较高，且大多带有批判的色彩。在经济全球化的大背景下，中日两国之间的外交关系也发生了变化，这种特定视界的变化也使不同时期的作家面向日本时，对日本民族性、战争、历史等方面的态度和看法呈现不同的样貌。

中国现代女作家凌叔华在其小说《异国》中，讲述了一个中日战争中日本失利的"号外"导致日本教会医院看护"变脸"的故事，看护前期对"蕙"的热情关切与后期的冷漠憎恶态度形成鲜明对比。日本看护的"变脸"实际上揭示了日本国民性中的劣根性。《异国》表现了日本文化中强烈的集团意识的"排他性"，以及在战争现实面前中国人与日本人之间不可调和的矛盾。而到了 90 年代，当代女作家叶广芩在表现"二战"、中日民族矛盾时则发生了变化，她提出："站在今天的角度回望五十多年前的那场战争，使我们有了一种历史空间感，它与老一辈作家对那场战争金戈铁马、折戟成沙的直接描述不同，它是有了些距离的，这个距离究竟是什么，我想就是今人对于人类人性文化文明的反思。"① 在她的《日本故事》和《战争孤儿》中都可见她对于战争的反思和对人类文明的思考。唐辛子在其《记住历史的方式》一篇中也写了她对于反思历史方式的看法。她认为日本作为战争的发起者和他国的侵略者，除了可以采用"我慢"（がまん）② 的精神方式铭记战争，还应该认真反省、深刻反思本民族曾经犯下的历史错误，并把这种意识真实、清晰地传递给后代。而对于战争的受害者而言，牢记历史并不是为了加剧民族之间的仇恨，而是为了"令历史不再重演，让后代远离战争，让孩子在和平环境健康成长，让普通人在公平社会活得有尊严。是为了从每一个不断完善的个体之中，最终提炼出一个民族高贵的精神品格，成就出一个民族丰富的人文智慧"。③ 特定视界的时间性，使以上三位作家采用了不同的角度和方式对中日战争、历史问题这个相同的侧面进行思考，并呈现一种动态、递进的变化。

---

① 叶广芩：《日本故事》，昆仑出版社，2005，第 2 页。
② 日语中"我慢"有"忍耐""忍受""容忍""自制"等意思。
③ 唐辛子：《日本式中毒》，广东人民出版社，2016，第 182 页。

（二）主体力量的差异性

达尼埃尔·亨利·巴柔教授认为："文化的对话必然是一种力量的关系，在对话的互动过程中总会存在力量强弱的对比，所以在各种文化对话基础上的差异是无法脱离等级、距离、熟悉程度和异国感强弱的这些概念。"① 他认为文化间的开放性并不代表文化对话是平等的，实际上文化间的对话总是存在一种力量上的对比，在对话双方之间总是存在一个等级，如同互文性（intertextuality）中总存在一个决定结构或构成模型的文本元素。不同文化间的相遇、交流与对话常常被人们解释为异质文化的杂糅与混合。巴柔教授指出，诸如"杂糅""混合"之类的词语虽然易于使用，却很容易使人们忽略文化交际过程中主体力量关系的不平衡性，产生文化交际是一种平等对话过程的错觉。实际上，不能轻易地将文化间的相遇、交互作用与"文化并列"相等同。"多元文化"理论所主张的不同文化的并存也只是将其并列排在一起，而非真正意义上的多元文化交流共存。对异质文化的适应是一种复杂的、双向互动的转换过程。文化间性的存在能够促使我们在承认并保持"差异"概念的前提下，对文化进行思考。在文化对话过程中，只有承认差异以及力量强弱对比的存在，"单一"与"多元"、"主体"与"他者"、"个人"与"世界"等概念才能在辩证的关系中得到结合。

在中国女作家的日本书写中所体现出的中日文化对话亦体现了一种力量关系的差异性，结合作家所处的特定历史时期和社会状况，以及文本内容，可见两国文化对话的不平等性，而这种力量的强弱对比亦处在动态的、不断变化的过程中，但无论这种力量关系如何变化，只要其中一方不表现出压倒性的文化强势，它们便仍然可以实现对话并产生新质文化。

文化对话过程中，主体力量关系的差异性会对女作家们的日本书写产生影响。近代以来，中日两国都受到了西方资本主义工业文明的冲击，在

---

① 引自达尼埃尔·亨利·巴柔教授 2006 年在复旦大学中文系所做的题为《多元文化和文化间性》的演讲，其认为使用"文化间性"这一概念相较于"多元文化"更有利于文化间对话的展开。

这种冲击下，日本开始进行明治维新改革，建立君主立宪政体，并在经济上推行"殖产兴业"政策，学习西方的先进科技，推动社会的工业化进程，逐渐走上了资本主义的道路，而中国虽然也采取了各种措施进行改革，却因没有从根本上解决社会制度存在问题而失败，沦为半殖民半封建社会。1894 年，日本为发展资本主义，开拓新市场及原料产地，向物产丰富的中国发动甲午战争，并签订《马关条约》，这刺激中国认识到学习西方先进文明的重要性，开始派遣留学生赴日学习，因此近代单士厘作品中所关注的即是日本社会制度和管理方式，其重点在于对日本文明中先进部分的介绍。1906 年，清政府颁布留学新规定，只有具备中等以上学历、会说日语者才有留学日本的资格，这在一定程度上提高了留日学生的素质，亦使更深入地学习日本文化、考察其民族精神成为可能。民国时期留学生大举赴日，日本政府增设学校、减免学费、设立留学生事务机关日华学会，推动留日学生教育发展。20 世纪 30 年代九一八事变爆发，中日关系急剧恶化，作家的日本书写中出现了留学生受辱、中日矛盾冲突、爱国反抗运动等内容，此间掀起的学习日语的热潮亦与抗日运动相结合。"随着 1937 年 7 月 7 日卢沟桥事变，中日两国展开了全面战争。中国驻日大使馆和留学生监督处关闭，留日学生全体归国，中国人留学日本史遂告一段落。"[①] 中日战争结束后，中国内部政治局面仍不稳定，1946 年至 1976 年，是中国人留学日本运动的低潮期。1977 年后，中国经济快速发展，中国人留学日本运动进入了一个新的时期，到 20 世纪 80 年代末，更掀起了一场轰轰烈烈的留日热潮，成为中国有史以来最大的一次赴日留学高潮。进入 21 世纪以后，随着国内经济的发展和市场的需求，越来越多的中国公民获得赴日学习、旅游或工作的机会，其受教育的程度亦显著提高，在异国的接触面也更为广泛。

纵观中国人赴日的发展过程，可见中日两国之间在政治、经济、军事、文化实力和国际地位上的强弱变化。这种力量关系上的差异对作家日本书写的关注重心、素材选择，以及对日本文明态度的变化产生了一定的

---

① 〔日〕实藤惠秀：《中国人留学日本史》，谭汝谦、林启彦译，三联书店，1983，第 112 页。

影响，具体表现在不同时期的作家写作及同一作家不同时期的创作变化两个方面。

　　生活在不同时代的作家面对异国文明时的素材选择和关注重心各不相同，近现代，日本与中国相比，在经济发展、军事能力、社会制度等方面都有极大的优势，这一时期有赴日经历的女作家大多抱着"学习"的心态审视日本，带着一种"自卑"心理关注日本文化中的先进之处。近代单士厘关注并重点加以描写和展示的是日本的政策制度、文化教育方式、公共管理手段等内容，包括对日本第五回内国博览会①中工艺馆、农业馆、教育馆、机械馆、通运馆、畜牧场、植物场的介绍，对日本公立私立学校德育、智育、体育及女子妇德培养的描写，对日本赤十字会医疗水平、海关行事作风、通商地物品交易的记录等。在介绍日本完备先进的教育方式和理念时，她即联想到当时中国社会的教育状况并感慨道："中国近今亦论教育矣，但多从人才一边着想，而尚未注重国民，故谈女子教育者犹少；即男子教育，亦不过令多材多艺，大之备政府指使，小之自谋生计，可叹！"② 现代作家庐隐在《扶桑印影》中也对中国传统教育方式进行了反思，在面对强壮活泼的日本少女时，她想到的是中国对于体育教育的忽视，而健全的精神是建立在健全的身体之上的，其对体育教育的思考实际上也是对中国传统文化中对女子身体与精神健全忽视或压抑的反思。

　　早期赴日中国人多是抱着学习西方先进科技、推动并实现中国现代化的时代责任感和历史使命感，而到了当代，尤其在改革开放后，中国在综合实力上有了极大提升，这一时期的作家在面对日本文化时不再有"自卑"心理，她们的生存环境、留学心态和精神底蕴与前代作家相比产生了很大的变化。其在肩负国家、时代历史任务的同时，也更加关注个人在异国的生存感受，重视对主体权益追求，力求开拓更为宽松与自由的精神空间。20 世纪 90 年代以来中日主体力量关系的变化，使女作家具备了审视两国文化的底气，能够以更客观的视角、更平和的心态去看待中国文化与

---

①　1903 年日本政府于大阪市举办"第五次内国劝业博览会"，亦称"大阪博览会"，单士厘《癸卯旅行记》中称其为"第五回内国博览会"。

②　单士厘：《癸卯旅行记》，湖南人民出版社，1981，第 25 页。

日本文化的优劣之处。如房雪霏在《日常日本》中所说的："日本社会也有很多弊端，也有很多相当差的人，但是我们没有必要靠寻找他人缺点获取安慰从而自欺，那样就别指望自己有改善有进步，怎么样做才真正有利于自己的发展和进步，仁者见仁，智者见智。"① 她以一种理智的、不妄自菲薄的客观心态审视日本社会中存在的弊端。此外，主体力量关系的强弱变化也会对同一作家不同时期的日本书写产生影响，诸如冰心在不同历史时期日本题材的选择、对日本文化的态度即有不同的表现。

四　结语

中日两国之间有着深厚且复杂的历史文化渊源，进入当代，尤其是 20世纪 90 年代以来，随着中国综合实力的提升以及中日两国外交政策的开放，越来越多的中国人得以通过代表团访问、留学、旅行、求职等方式走出国门，踏上日本国土。其中不乏女作家的身影，她们体验了日本的风土民情，并将自己的异国生活经历和由此产生的感悟以及对中日两国文化的审视与思考诉诸笔端。

但对于日本主流社会文化而言，在日本生活的中国人始终是其国家、民族、文化的"他者"。女作家们除了要克服异质文化带来的冲击，还要在以男性为主导的日本社会中寻求女性自身的价值和生存空间，与同样有日本生活经历的男作家相比，她们多获得了一种女性特有的"他者"经验。同时，鉴于日本和中国之间复杂的历史和文化地理关系，这些有在日生活经验的女作家在观察异国的风土人情、制度政策、审美取向和思想观念时所产生的疑问及矛盾心理亦截然不同于在其他国家游历或留学的书写者。

文化间性特质的客观存在，为不同文化相互融合而又保持自身独立性提供了弹性空间，也成为女作家们实现日本书写的前提。"文化兴奋点"与作家的"中介人"身份都会对作家的创作选择产生影响，"特定视界"

---

① 房雪霏：《日常日本》，第 269 页。

的时间性与主体力量的差异性则使作家日本书写的题材、方式、内涵发生变化。其日本书写中所体现的不只是对中日两种异质文化之间异同之处的观察、审视，还有文化意义重组而产生的新内容，这种"意义重组"促使中日文化获得了新的生长点。她们的日本书写既是对中国现代女作家的一种继承与发展，也是对日本形象建构的一种补充与完善。

面对异国文明，20 世纪 90 年代以来中国女作家的日本书写以对视、冲突、包容、融合的方式实现了对身份、文化认同等问题的思考，并能够逐渐超越年龄、性别、国别、种族的界限，在"世界"和"全人类"的大背景下探索异质文明共同的前进方向和存在意义。而由于作家主体自身的局限性以及文本传播上所存在的问题，她们的日本书写也面临一些困境，缺乏持久且后劲十足的创作群体，以及格局宏大、具有一贯性的高质量作品。

虽然中国女作家的日本书写还存在一些不足，但它给全球化背景下异质文化交流对话和共同发展提供了范例，即在承认"差异性"的前提下，把彼此放在同等的主体地位上，以互相尊重、互相理解、互相包容的态度进行对话、沟通，彼此之间相互补充，取长补短，使自我文化获得新的成长点，从而营造出一种和谐的文化对话环境，实现多元文化的共同发展。

（陈潇，浙江师范大学人文学院博士研究生）

史海钩沉与翻译

中日俄与东三省[*]

蒋 廷 黻 先 生 讲　　乐 永 庆 记

现在国内外交问题极多：如取消不平等条约，收回领事裁判权……等。最近国府外交部，也正在进行收回领事裁判权及筹备关税自主。但我们以为这些外交问题，都不似东三省问题之重要。

东三省问题，是现在中华民族最大问题，也是将来中华民族极重要的问题，因为那是中华民族将来发展的最好的地方。

……

三国之中，对东三省有政策，有计画而又抱极大野心的，首推俄国。在十六世纪时，俄人即开始经营西比利亚；十七世纪中叶（明末清初）俄人势力，已达满州边境。但这种经营并非俄政府的经营，而是俄国住在边境上的人民的经营。时值康熙初年，中国势力正大，乃出兵征之，结果中国胜了。但前边已经说过：经营满州边境的是俄边的游民 Khabaroff.……等不是俄国政府；所以这一次的战争，也只算是中国与一部份俄人之战，而非中俄之战。幸而胜了，算不了什么一回事。

一六八九年（清康熙二十八年）中俄和约成，划分国界，东自黑龙江支流格尔必齐河，沿外兴安岭至海；凡岭南诸川，入黑龙江的属中国，岭北的属俄国。西以额尔古纳河为界；河南属中国，河北属俄国。自此以后，外兴安岭一带，完全属于中国。这是外交上一大胜利，同时俄人之侵略满州，也稍和缓。但外来的侵略，虽稍和缓，而中国本身，对东三省仍

---

* 原载《南大周刊》第 63 期，1928 年 10 月 30 日，第 11—17 页。收入本书时有删节，其余保留文献原貌，未做文字处理。

不谋积极发展。一八五八至一八六〇（咸丰时）英法联军与中国对敌，后入北京，文宗避难热河，赖俄使居间调停，始得解围。事后俄国索酬，要求中国改定条约。乃于一八五八年先后定瑷珲条约及天津条约。在天津条约里，中国把乌苏里江以东地方给俄；在瑷珲条约里，中国把黑龙江以北地方给俄。自此俄国地境，乃与朝鲜接壤。这是俄国在东三省外交上一大胜利。

十九世纪末，俄修西比利亚铁路。俄国最初计划，本拟绕道中国北境以入海，但困难极多，乃于光绪二十二年（一八九六）与中国定北京协约，取得中东路在中国建筑权。越二年再定北京协约，取得旅顺大连租借权；而中东路也由哈尔滨至大连，延出一条支线。俄国在东三省外交，又一次的胜利。

查近代帝国主义之侵略，其原因不外资本太多，须设法向外投资；或国内工业发达，供给过于需要，乃向外发展去找市场来销国内过多的出品。但俄国之侵略东三省则不然。彼时俄国并不是很富：西北利亚之建筑，是从法国借款。彼时俄国工业也不算十分发达；供给既没超过需要，原料也感不到怎样的缺乏。俄国之侵略东三省，完全是政治的关系，军事的关系。中东路在日俄战前，毫无经济的价值；所以直到一九一四时，中东路总是年年赔钱；但俄政府却乐于如此，且甘愿每年出很大数的款，赔在中东路上。

不但中东路如此，其他俄国在东三省一切的建筑，也莫不毫无经济的价值或计画，他们直是一种在东三省立国的计画。虽然中东铁路建筑时，有三十六年后得由中国收回之规定；但俄国知道中国的经济情形是无力收回的，所以一切建筑，工程都极浩大，以便无形中阻止中国的收回。同时又要求铁路两旁七华里划为铁路附属地，在此界线以内，一切警察权，司法权，行政权完全由中俄合办！这是世界空前奇闻，也是俄国在东三省有政治野心之表现。这种奇异的特权，日俄战后，日本又承继俄国而享受之。今之所谓满铁附属地，即缘于此。自此而后，由绥芬河至满洲里，自哈尔滨至大连，沿路三千七百多里的国权，完全断送了！

一八九四中日战后，日本灭朝鲜。此时俄国在东三省，既有横贯三省的中东路，又有了辽东半岛的租借权。势力之大，远非日本可比！在这情形之下，日俄感情，日见恶劣，于是发生一九〇五之日俄战争。俄国大败，长春以南的俄国权利，完全转到日本手中；俄国在东三省势力，也稍减杀。这是俄国在东三省失败的开始。

一九一七俄国发生革命，新政府宣言放弃一切权利，愿另定平等的新约，中国政府乃于一九二四年与俄定中俄协定，收回中东路附属地内一切警察司法行政权，把中东路变成一个纯粹商业性质的公司。这是俄国在东三省失败的第二步。

一九二四中俄协定成立后，中东路的政治意味，消灭殆尽。在这公司里，最高机关为理事会，由十人组成，中俄各五人；主席则中国人。理事会主席，同时兼任中东路督办，督办下又有会办一人，俄人任之。理事会之外有监事会，由五人组成：中国人二俄国人三，主席是中国人。行政部最高首领为局长，俄国人任之；局长下有副局长二人，中俄各一人。但按中国人特性，这个副局长照例只是月拿甘薪两千元，不管政事的。局长之下设许多处，每处有一处长。以前处长完全为俄人，现工程卫生两处长已换中国人，其余还都是俄人。至铁道附属地自中俄协定后，中国可说是完全收回了。现在哈尔滨有特别区行政长官，就是管理这收回的附属地的，其地位与职权，有如一省省长。

公司组织已变更，所谓的铁道附属地也完全收回了，但全路的行政，甚至各站站长，还是完全由俄人任之，没有一个中国人任站长的！所以如此的，大约不外三原因；

（一）一九二四之中俄协定只有大纲而无办事细则。在新的细则未订定前，旧的细则，当然继续有效。现在中国方面，虽急欲重订新的办事细则，而俄方却一意推诿！

（二）中国人才缺乏。现在中东路是一切来往文件，还是仍用俄文；中国在这方面的人才，数固不少，但能用则极少。

（三）现在的组织，如理事会，至少要有七人到会才能开；而一件议案，至少要六票才能通过。换句话说，通过一件议案，至少要有俄方的一票。但是五个俄国理事，都是一个鼻孔出气，全受会办之指挥。所以一件议案通过之前，中国的督办须先与俄国的会办有一度接洽，而理事会之开会，也不过作一形式上的通过罢了。

另外还有一个原因，使中东路行政权完全落于俄人手中：就是东三省当局，年年向外用兵，军费浩大，于是想从中东路盈余中，提出一部分来充军费；而俄人则主张以盈余扩充资本，添置车辆。几经交涉，俄方允以盈余提充军费，但以不干涉行政权为条件。东省当局，需用军费甚急，于是竟不顾一切而承认俄方条件，铁路行政权，遂完全在俄人掌握中。但俄人势力，已远不如往年；中国人才如多，当局再稍有决心，则行政权完全收回，不算什么难事。

前边已经说过：俄国最初建筑中东路之目的，在以政治的手腕，侵略东三省。这完全是一种帝国主义者的办法。及一九一七革命后，劳农政府成立，遂一变其侵略东三省之目的而为宣传主义，鼓吹世界革命，即以中东路收入，作为宣传费。但是到了现在，共产主义及世界革命已因东三省当局之限制而不能宣传，铁路收入又不能自由支配，俄国在东三省，可谓节节失败！

俄国现在在东三省，可以说无政策，也无计画。只取一种观望态度。将来如何，须看东三省当局——或者说中国人——之努力如何。中国方面，如果能有计画有政策的发展东三省，那末俄国的势力，总是难于恢复的。到那时候，俄国或者联合日本以侵略东三省也未可知：这并不是故意的张大其词或脑经过敏，看俄国廿年来之外交，实在可能。如一九〇五日俄之战，俄国大败；深仇未复，又于一九零七年与俄订密约，反对英美在东三省投资。从这种地方看来，将来的日俄联合以侵略东三省，又何足为奇？所以欲打倒俄国在东三省势力，首要在能打破日俄之联合。

日本方面自一九〇五后，以南满路为大本营，积极侵略东三省。南满路若分析起来，也是一种政治的侵略。与中东路不同的是南满路虽是一种政治的侵略，同时也顾到经济方面；日本政府从来不愿如俄国的把许多钱来赔在铁路上。

日本在南满沿线政治的事业极多，如警察，学校，试验场，农场……等。一九〇五以来，侵略结果最大成绩为二十一条，现在又在进行第二步了。

日本在东三省铁路，现已有自长春至大连的南满路干线，一千三百多里；又有支线到抚顺，安东，营口等处，合计也千余里。近又计画由会宁筑路经敦化，吉林以达长春，与南满干线连接，以完成其两港两路计画。这计划若果成功，则东三省东南方面，完全为日本势力的包围，政治经济各方面，将失其保障了。

中国方面，因为要打破日本的包围，也正在进行奉海吉海二路，以与南满路抗。

同时为欲与日本两港两路计画争抗，又计画一个一港两路的办法：就是一方面从吉林的宁安筑一条路经敦化，吉林，海龙以达奉天，又一方面由黑龙江省的克山，筑一条路经昂昂溪，洮南，郑家屯（即通辽）以达打虎山，然后再两路会合而由平奉路达葫芦岛。此之谓一港两路。

中国一港两路之计画若能成功，则中国在东三省可与日俄并驾齐驱了。因为彼时在东三省势力，俄有一港一路，日有一港一路（或二港二路），中国则有一港二路；中国地位，不远在日俄之下。经济方面，中国可不惜减低运费——或直至免费运输，以与日俄抗。因为减低运费，直接受益的是中国人。且经济流通起来，农产的输出，不发生阻碍，则农人经济情形日佳。到那时候再增加田赋来补铁路的损失，只有剩余，绝无不足！

葫芦岛开港，东省当局现正在积极进行。据调查港口似乎比大连港小，但总可将就用，且胜于无多多了！

看这种计画，我们常说东三省当局卖国的误会，总可永释了。其实东三省当局，外交手段并不十分坏，只是太聪明了，所以常思借日本武力以统一关内。自皇姑屯炸弹案发生后，东三省当局大觉悟，觉得以前的政策是不对的；为要保持东三省的主权，非同中央政府联为一气不成功，盖三省势力太孤，实不足以与日抗。同时为要打倒日本在东三省的经济的势力，对于英美投资者，十分欢迎。所以现在东三省当局外交的趋势，不外两点……

一，同中央政府一致；俾得以全国势力对付日本。

二，对外开放——即欢迎英美投资——以减杀日本在东三省的经济权利。

战后初期日本社会的思想转向[*]

〔日〕藤田省三　石　璞等 译　杨栋梁 校编

　　1945 年 8 月 15 日，日本政府向盟国无条件投降。此后，盟国以武力为后盾，迫使日本国民改变了国家制度。包括苏联在内，盟国认可的日本重建方针是排除极端国家主义领导人，建设和平国家。在高压的政治环境下，不同程度地具有国家主义者属性的日本人，大多发生了转向。公职人员对国家主义的反思，则是战败后转向的主要课题。

　　占领军采取的强制性措施包括审判战犯、公职"清洗"、禁止使用军国主义内容的教科书，以及对广播、电影、报纸和杂志进行审查。再就是通过解散财阀和农地改革，使那些向国家主义运动提供财力支持的社会阶层失去能力，从而间接地促进转向。通过天皇发表"人间宣言"和颁布和平宪法，否定了所有国家主义者所依据的敕语和钦定宪法，迫使国家主义者转向。

　　1952 年 4 月 28 日，《旧金山和约》生效。占领军司令部撤销后，实际取消了压制国家主义者和垄断资本家的措施。在此之前的 1949 年，特别是朝鲜战争爆发后，占领军利用秘密警察机构，采取监禁、胁迫和武力手段，镇压共产主义者，"清洗"了在公共机构和重要产业任职的左翼人士。

　　[*] 本文为教育部人文社会科学重点研究基地重大项目"一战后日本的'转向'与对外战略误判研究"（项目号：17JJD770010）相关研究文献编译成果。日文原文为思想科学研究会编『転向』下卷第一章「昭和二十年、二十七年を中心とする転向の状況」（平凡社、1962）。本文的编译工作由南开大学日本研究院教授杨栋梁策划并组织实施，南开大学日本研究院硕士和博士研究生石璞、纪雅琦、袁鸿峻、张用清、刘思岑分担了笔译任务，杨栋梁教授核校全文，并对部分内容做了删节处理。

对此，共产党采取了冒险的军事方针予以还击。以 1952 年发生的"五一节流血事件"为顶点，双方的对抗多次激化到暴动状态。国民远离共产党和共产党内永无休止的派系斗争，许多战后靠近共产党的青年开始反思日本的左翼运动。当时，青年人离开左翼的原因，主要在于警察使用暴力，以及在政府和大企业中进行的政治"清洗"。再就是媒体"太平盛世下回归白领生活""建设美好家庭"之类的宣传起了作用。

1945 年后摆脱极端国家主义的转向，在公共机关及合法政党的转向方面，与 1940 年走向极端国家主义的转向相似。相较之下，1952 年后的日本共产党或共产主义转向，在满洲事变（即"九一八事变"）刺激经济繁荣并导致左翼回归社会方面，与 1933 年的日共转向相似。与战前的转向相关，战后转向主要是围绕下述问题展开的。其一，在包括天皇神话的日本传统思想中发掘和平思想，探寻非侵略的重新与亚洲和平合作的道路。代表人物有津久井龙雄、穗积五一、白鸟义千代、东井义雄、东亚联盟、今村均。其二，不做判断，对斗争坐壁上观。思想上摇摆不定，即便表现出理性思考，也不会在对立的两方中选边站队。代表人物有林达夫、花田清辉、吉田满。其三，改变现存的划分。鉴于战后日本已成为美国势力范围内的无核地区，希望开展超越美苏两大阵营对立的合作与交流。代表人物有战败之初的腊山正道，以及 1952 年之后的井上光晴和大野明男。其四，对失败的反思。基于战前、战时和战败后左翼的孤立及其转向的教训，提出统一战线理论。代表人物有神山茂夫、吉本隆明、大岛渚。还应指出的是，同时还存在战后转向已经在战争期间萌生的现象，以津久井龙雄为代表。

一 战后转向的概念

战后转向的研究有一定难度，这里拟指出四种原因。

其一，战后转向已不像战前的"狱内转向"那样以呈报书方式向国家权力做出保证，没有肉眼可见的客观标准。对此，杉浦明平在谈到战后的转向论时说："民主主义运动是在实践中学习、强化并不断进步的。但是，敌人也并未蒙头酣睡，而是在拼命阻止民主主义运动。因此转向也在进化，变得更为巧妙了。"① 战后的"民主主义"认为转向"自由"，但没有客观的转向标准，以致转向者自己都说不清其发生自由转向的脉络。特别是地位不断上升的人，这种转向更是会自然发生。

其二，在这种状况下，除了那些公开发表的具体意见外，其他的想法已经融入人类个体的世界，转向的轨迹变得模糊难辨了。战后的这种个体自由转向的特点，时下依然如此。即便是经常公开发表意见的人，他们的各种意见也不尽相同，最后的归结如何也不清楚。这意味着战后转向尚未完结，因此还不能进行概括性总结。

其三，同战前相比，战后转向可谓"自由的转向"。这种转向，与其说是屈服于权力，不如说是"打开僵局"，是"幻灭"、"挫折"或"成长"。如果说"个体"的移动是"个体"的自由，那么"幻灭"的责任就应由对方承担。这样一来，日本的战后转向就与阿瑟·库斯勒、安德烈·马尔罗、鲁思·费希尔和詹姆斯·伯纳姆等的情况相似，是伊萨克·多伊彻所说的"现代政治的问题儿童"。例如，从某种意义上说，从共产党声援团转变成反共声援团的林健太郎即属此类。当然，区别也是有的，库斯勒与马尔罗等人是政治运动和意识形态运动的旗手，而不是声援团的支持者。即便同是"问题儿童"，有人一般表现为傲慢，有人则表现出谦虚。即便同样是在转折点发生态度变化，也是有人竭力追究使自己改变的对手的责任，有人则只是默默地把自己称为"转变者的影子"。这意味着，转向的性质相似，但从根本上影响转向的自我认知却大不相同。政治上或思想机能的巨大差异是不可忽视的。只理解事物的共性，即像战前日本那样只把非转向作为认识日本转向的比较标准，是不够的，这也是引入"现代世界政治的问题儿童"这一标准的理由。

其四，相对于战前型转向意义的"自由转向"。有人采用了为战后的转向加引号的做法。林健太郎说到自己"行进"时想必就是如此。这种做法所包含的某种意思是，自己的思想是移动的，但不是转向。他在讨论

---

① 『近代文学』1948 年 7 月号。

"人的成长与'转向'"问题时说："不应该认为学术观点的变化就是转向。学术是随着不断的学习改变想法的，这或许应该称之为进步或发展。当然，也可能是退步，但至少在我这里不能算退步。"① 人在"学问上的想法的变化"不能说是转向，政治思想上的变化才可以那样表述。作为"学者"，只是支持了某种"政治意识形态"，也许不算转向。从支持某种特定的政治立场到转而支持与其相反的政治立场，如果把这种情况解释为"学问本来会变"，便是逻辑上的错误。看不到这种逻辑上的错误，就不像是有学问的。林健太郎将自己的"移动"同战前转向的现象进行比较后，认为自己不是转向，这有一定的依据。他在战争期间是一个反军国主义者，虽然没有积极抵抗，但思想上的确是反法西斯的。战前转向是在国家权力的强制和引导下发生的，是从反国家主义立场转向国家主义立场，但林当时没有转向（林和当时的多数人还没有多大影响，并不具备被强制要求转向的条件）。林的转向是在没有国家权力直接强制的情况下发生的，是随着自己的"个人成长"对新的立场产生了共鸣。所以，林否认自己存在战前转向概念下的那种耻辱和罪恶意识，才为转向打上了引号。这里的问题是，在追究转向的责任时，战前与战后大不相同。从战前的转向看，相较于个人，国家权力要承担更大责任；战后的转向相对"自由"，因此个人思想的责任更大。所谓"成长"也好，"退步"也好，其实莫不如此。但是，一种倾向可能掩盖另一种倾向，"转向"一词是对他者立场变化或食言的道德批判，对自我则是用"自由的移动"来解释，而各种"自由的转向"又很难做客观区别。如果把林健太郎和堤清二的转向作为转向的标准，那么井上光晴（1946 年以后）就不算是转向了。

　　基于上述考虑，对战后转向的研究，应以重新认识战前的转向为基础，探讨战后转向的阶段和多种形态。研究的重点，首先是战败后的制度转向（可以说是战争时期集团转向的延长），探讨国家人与制度人，即国家和制度构建者的转向；其次是对马克思主义团体以及马克思主义者的"战后转向"进行分析。

---

① 林健太郎『移りゆくものの影』、156 頁。

（一）战前被迫转向者守屋典郎的反思

战后展开的对战前转向的反思主要有两大倾向。一是反思曾经的转向，返回其转向之前的立场，对思想进行矫正，希望在新时代以非转向的方式生活；二是从转向的经历出发，发现新的思想世界，以此为导向，在新时代背景下改变曾经的转向形态，通过不断的变形克服曾经的转向。如此一来，前一种情况下的转向概念依然保持一义性，但后一种情况下的转向概念就具有多义性了。

首先探讨第一种情况。

守屋典郎曾在 1933 年"狱中转向"，但随后再次站起，在整个战争期间不转向，坚持反对军国主义。他在最近的回忆中说：

> 我虽然是共产党员，但迫于无奈向敌人屈服了，这使我的人格蒙上了污点。我为此感到羞耻，决心从头开始自我矫正。出狱之后，我将自己的活动限定在理论活动范围内。

守屋是在 1934 年、1935 年前后萌生这种想法的，此后便一直进行反军国主义活动，战后也是如此，同时不断自我反思，陶冶人格。他说："我于战后的 1945 年 12 月 2 日重新加入共产党，但是直到现在依然把陶冶人格作为自我成长的首要任务。我知道自己的弱点，因此不当领导，只想作为普通的党员生活。"他还说，"时至今日……对我来说，转向依然是伤痕。这个伤痕是致命的，但是因为我后来不断为这个可怕的伤痕进行反思，所以也能获得些许成长。为此，我是竭尽全力努力的，但我依然能感觉到自己的努力很有限"。从其"时至今日""依然""不断""竭尽全力""有限"等用词可以看出，他的努力已经成为永久课题。这确实是"首要"的课题，是伦理的态度。这一伦理不是《教育敕语》等权力教育的伪伦理，也不是旨在消弭社会内部摩擦的社会伦理（五伦五常），不是现代日本常见的不给别人添麻烦、温馨地处理人际关系的伦理。严格地说，这是一种基于个人的内敛修养和自律的"真正的"伦理。守屋既是将"阶级"

视为世界终极单位的马克思主义者，又是如此高度重视"内在伦理"（In-nerlichkeitsmoral）的人，其两种取向是如何并存呢？

有一种批判性观点认为，共产主义者是马基雅维利主义者，因此根本不存在个人的伦理。但是，这种"批判"在守屋面前只能沉默。伦理的高度内化，会导致外在社会行动只注重战略战术的有效性，共产主义者也有这种情况。正因如此，才会产生佐尔格那样伟大的抗争者，如果举出更正统的例子，便是产生了列宁谈论高尔基时表现出来的强烈不安。马克思主义者的伟大就在这里，危险也在这里（失去内在不安后的斯大林主义）。守屋典郎不向权力屈服，他的"首要目标"是加强内心世界。这一伦理性不是隐藏于内心，而是倾尽全部外在行动献给内在的伦理。这一态度或许是马克思主义者内在的，抑或属于守屋独特的性格。守屋典郎本来就是追求伦理的，他年轻时从"观念的个人主义者"（尼采、西田、有岛）变为马克思主义者，就是因为"在这一理论中看到了个性发展即人的成长之路"。当然，走上这条道路的不只守屋一人，同时代的知识分子、马克思主义者一般也是这样走过来的。那么，为何守屋等人会接受马克思主义理论呢？一言以蔽之，就是因为马克思主义的阶级理论具有悖论式的超越阶级的可能性。

当马克思主义阶级理论以普遍原理的形式成形时，其社会成果便会在若干方面显现。比如，得益于此，对国家权力的反抗已经不再仅仅出于气质、启示或直接的利害关系。相反，在这种情况下，不管是气质上厌恶反抗的人，还是那些在信仰上没有机会获得启示的人，抑或是从个人的直接利害关系上看无法与劳动阶级共同行动的人，都可能服从马克斯·韦伯所说的"概念的魔力"。或者如卡尔·曼海姆所言，这种理论的普遍化，具有"将远方之物团结起来的力量"，既能把跨越国界的全世界无产阶级团结起来成立共产国际，也能有意识地实现阶级移动。它所开辟的一条道路是：那些在直接利益上属于"小资产阶级"的知识分子，可以有意识地将自己归属于利益上的其他阶级，即归属于"无产阶级"，于是资产阶级也能成为无产阶级。一种理论，通过理论说明诸阶级的经济结构、社会行动方式、精神特质、历史命运，竟能产生如此巨大的结果！在阶级决定论的理论成立以后，人类又有了这种阶级移动自由的理论成果，而这却是个令人瞠目的反论。按照马克思主义原理去训练，就可以在自己身上创造阶级意识。也就是说，阶级意识具有超越阶级自身的力量。当然，如果只在理论思索的意识层面按照无产阶级的方式进行，在行动和生活的意识层面仍然按照原生阶级的方式行事，那就是一种欺瞒，是马克思主义所不允许的。阶级意识贯彻到整个肉体，才能达到超越原生阶级的境界。这是马克思主义伦理学的起点，马克思主义者的自我训练也由此开始，即通过理论的学习，获得新的阶级意识，进而把新的阶级意识融化在血液中，落实到行动上。守屋等人就是在马克思主义中发现"个性的发展、人的成长"道路的。因此，守屋决心"从头矫正自己"时，说出"自己的活动仅限于理论活动"，也就可以理解了。转向是思想动摇的表现，对于"小资产阶级"知识分子来说，则意味着未能通过学习产生新的阶级意识。守屋反思道："很遗憾，我身上还有很多小资产阶级的残渣没能清除，脑子里还深藏着精英意识。1933 年我被检举时，正是佐野、锅山转向的时候，于是便可怜地暴露了这些弱点。"① 因此，恢复立场后，他决定从马克思主义原理开始重新学习。

众所周知，福本主义重视马克思主义的这一原理，竭力增强"阶级意识"，不断开展"理论斗争"。如此重视"阶级意识"，显然是一种"小资偏向"，但一个不争的事实是，这一运动不仅为非"无产阶级"出身的人展示了新的世界，而且培育增长了"无产阶级"的知识。也就是说，在一定范围内，它使个人自主地选择其归属的阶级成为可能。这里，个人人生的新选择即伦理与阶级理论是并行不悖的。在这个意义上，可以说守屋典郎是大正末期至昭和初期福本主义的产物。当然，不仅是守屋，战前知识界的共产主义者几乎都是如此。未转向的共产主义者顶住国家权力和日本社会的压力，守住了自己在运动中锤炼的"阶级意识世界"，转向的共产主义者则由于各种原因，放弃了自己的"阶级意识世界"。如此说来，转向的终极责任应由国家权力和日本社会承担，但对转向的共产主义者本身

---

① 守屋典郎「私の思想改造」『読書の友』1961 年 9 月 15 日号。

而言，这也是"自己的意识世界""脆弱"所致，这一责任是无法转嫁给他人的。如此说来，就又回到了福本主义所强调的马克思主义者的训练问题上。转向的共产主义者返回原有立场，再次向自己所选择的阶级回归，由此共产主义得到继承和再生产，保证了日本共产主义思想的一贯性。不过，顺带一提，福本主义谢幕后，福本和夫本人的工作已经与当初福本主义所关注的问题毫无干系，这一点只要看一下他的著作就会明白。

守屋典郎是讲座派理论的继承人，也是著名的理论经济学家，在了解其本人对转向的反思基础上，最好能进一步考察其主体世界与社会经济理论之间的内在联系，但这个问题暂且不谈。这里要探讨的问题是与守屋典郎类似的共产主义者在战后采取了怎样的行动。答案是，他们采取了可称为"共产党主义"的行动方针。守屋典郎个人的情况不太清楚，但一般人在转向问题上都觉得自己负有主要责任，由此出现的一种倾向是，即使党中央的方针与自己的想法有所不同，也绝不批判党中央。这与竭尽全力重塑阶级意识是不矛盾的。对个人来说，阶级意识、共产主义思想，"依然"存在"局限"，因此才是不懈努力的"永久课题"。但是，"党"和那些保护"党"的未转向者并没有显露出这种局限。因此，在自己与党的意见不一致时，就会认为是自己有问题，于是与其说坚持自己的主张，倒不如通过自我批评来保持与党一致，这才是"锤炼自己"的道路。如此一来，就超越了那种应有的自我批评，即不是按照自己的想法行动，再根据行动的结果进行自我批评，而是首先进行自我批评，并且往往会出现自我批评过度的偏向。即使不是如此，很多时候也是一味保留态度，而一味的保留便意味着追随。于是，在战后的运动中，相当数量的共产主义者身上萌生出高水准的伦理性个人主义，再次舍弃独立个人的思想，走上了与党同一化的道路。

出现这种现象的原因之一，是转向者的自我反思与其对党中央及未转向者的歉意交织在了一起。越是痛切反思自己当初屈服于国家权力等外部环境而"脱党"，就越会坚定绝不再"脱党"的决心，从而采取避免被除名脱党的行动方针。"战前型脱党"中有不"反共"的类型。也就是说，因为有"脱党"的经历，反而会更坚定地向党靠拢，这种行动态度是很容易理解的。但是，不可忽视的问题是，这样一来，日本共产党也会失去"成熟"党员"谏诤"的机会。这种状态一旦常态化，内部没有"谏诤"，党会给人以很"团结"的错觉。长此以往，当偶尔有人"谏诤"时，这个人将不会被视为"谏诤的同志"，而会被视为"野心家"或"反共者"，以至于被除名。因此，"谏诤者"行动之前，要做好被除名的思想准备。要提出"忠告"，就必须准备"绝交"，于是这个"忠告"也就有了"绝交宣言"的意味，"忠告"本身超出了其原本的气度。

"谏诤"在共产党内部尚不多见，这对抵抗运动的集团来说是不理想的。确保日常中"谏诤"的机会，是团体民主化的必要条件。且不论近代民主主义的世界，即便是古代的名君或中世纪的名君，也都是喜爱"谏诤之臣"的。但是，在现代日本，那些连民主主义的"民"字都不懂的统治者却僭称自己的统治方法是"民主主义"，并为了"民主主义"而大呼打破"共产主义"和"社会主义"。对此，共产主义团体和社会主义团体应该把"这才是民主主义"范例公之于众。这不仅是打破统治者僭称的方法，也是最切实的自我防卫方法，是对日本走向社会民主主义的贡献。如此说来，共产党内部践行"谏诤"意义极大。而这种"谏诤"环境之所以还未出现，原因之一就是存在努力恢复立场的"成熟"党员的"党主义"。

（二）战前自主转向者龟井胜一郎的认知

前述的"转向"，具有清晰的一义性，它意味着"迫不得已向敌人屈服"，向本该竭力抵抗的天皇制国家权力屈服，意味着背叛了"世界人民"、"党"和"同志"，因此具有"未来也不会消失"的永久不变含义。[①]于是，就像守屋那样，克服这一问题成了永久的一义课题。本来，福本主义的"转向"，是指随着情况变化不断超越"狭隘的经验主义"，创造不变的思考世界，走向"目的意识"的社会，从而更加自主地开创一条"适应非转向"的革命道路。这里，"转向"一词，似乎是指自主的思想发展，但国家权力借用这一词语后，其便有了"屈服、变节或背叛"的意味。杉

---

① 中野重治「『文学者に就て』について——貴司山治へ」。

浦明平指出，欺骗是行不通的，"当局者也好，报社也好，都不称变节，而是使用转向这一从现实当中抽象出来的用词，但它事实上就是背叛，是放弃了其首选的道路，这是无法掩盖的事实"。① 杉浦没有转向的经历，但在转向问题上，其与中野、守屋几乎保持同一立场。

但并不是所有的转向经历者或转向论者在"转向"概念上都具有如此明晰的一义性看法。随着那个激烈的古典型"转向时代"的结束，言论自由为转向带来了多种解释的可能性。实际上，既往的转向中，既有面对镇压而"屈服"的转向者，也有"自由的"转向者。于是，转向的多因性自然就给转向论带来了多角度的解释，也使"转向"成为多义的概念。并且，只有从这一视角出发，才能发现第一种的一义观所看不到的"转向"情况。龟井胜一郎的转向论《罪的意识》，② 便是战后最早的此类典型。

龟井的转向论是如何体现转向概念的多义性的呢？他的转向意识中，有"屈服即背叛"、"回心转意"和"复归"等含义，这些都像交响乐一样复杂地交织在一起。当然，这不意味着他否认自己在转向过程中的"背叛"或变节。不过，那种背叛，不是"违心的背叛"，而是面对"坐牢和死亡"时下意识的"背叛"精神的暴露。龟井认为，说起来，他本来就不应成为"共产主义者"，只是客观环境没有让自己认识到"本然"，以致摆出共产主义者的"政治姿态"，以为找到了一条美好的实现反叛精神的道路。从这一意义上说，龟井在"坐牢和死亡"面前屈服时，已不仅仅是作为共产主义者的屈服，而是已同时发现，当自己作为共产主义者行动时，自己的本然思想已处于被迫屈服的状态。有了现在的屈服，才认识到过去的屈服。现在的屈服是迫于"绝对真实的"物理性权力，而过去的屈服则是来自奉献自己"精神"的意识形态压力。回顾自己的历史时，这种二重的屈服感，会产生一种伤痕累累的"惨败"之心。"背叛"的经历已经在精神上难以忍耐，由此又勾起此前也有许多鲜活的"背叛"记忆。由此，便出现了"背叛史观"，开始从"惨败"和"背叛"的角度看待人生与世界。龟井在谈到人的"奴性"时说："在此后的十多年间，我一直用放大

---

① 杉浦明平「転向論」『近代文学』1948 年 7 月号。
② 『新潮』1946 年 1—5 月号。

镜审视，思考着各种可能性。人在受到死亡威胁而希望保命时，脆弱的精神会思考狡黠的办法，此时的人真是太懦弱了！"中野重治和守屋典郎在一次"背叛"的苦闷中站起，重新向着"首要目标"奋斗。相比之下，龟井不能像守屋等人那样一次性地与"背叛"了断，而是不仅要在精神上忍受确曾"背叛"的煎熬，还要用放大镜寻找诸多隐微的"背叛"，结果发现所有方面的行动都发生了自己的或与自己相同的"背叛"。可见，前者有承担"背叛"所有责任的气魄，后者有现世的不无"背叛"、人类担责能力有限的感叹。"人是不能对人生负有'全责'的。"前者致力于让那个有局限性的自我承担起责任，后者把自我挫折的观察推及世界，进而把自己的伤心投射到世界。也许过度伤心的人缺乏自我抑制力，难以忍受"自我崩溃"，只有在这个世界上发现与自己相同的伤才能得到真谛。

　　为了便于解释，权且把龟井思想转向后所达到的新境界说成超越现世的宗教，但并不是基督教。达到超越的是神与现世为垂直结构的基督教，而在龟井那里是"神"（佛）与现世水平隔绝的佛教。众所周知，在日本佛教的诸教派中，最接近于基督教的是以亲鸾为代表的净土真宗，这恐怕就是佛教徒龟井怀有"原罪"意识的原因。他回归日本时，选择了介于基督教和佛教之间的本土宗教形式，既不是西欧的，也不是东方的，或者可以说既是西欧的，也是东方的，这似乎正是体现了日本文化的特性。由于这些回归者并不是埋没在传统中生存，他们在回归传统的时候选择了其中最独特的部分。

　　到达这种新境界后，再审视曾经信奉的共产主义意识形态时，会是怎样的情形呢？首先，它变成了一种政治上的意识形态。"所有的时代都会出现一些看起来不可抗拒的流行语。流行语的特点未必是众口一词，其本质在于省略了思考。因为省略了思考，所以才得以普及、确信不疑，具有政治力量。由此组合而成的词语以某种形式出现后，便试图以专制的力量割断一切，还要表现出'这不是流行，而是永恒真理'的傲慢神情。人们在说出这些话时，其本身也会受到这些话的威胁和摆布。青年人在这种魔术般的暴力面前是脆弱的。"龟井说，当时"因为对文化的憧憬来到东京"，"在失去特质而异常喧嚣的社会中，被塑造成所谓'群众'的现代人，接受着共产主义的洗礼"，即所谓现代政治意识形态。

不妨从龟井的新境界视角出发，看一下"堪称共产主义修道场"的新人会集训总部。那里洋溢着高唱革命歌曲时的"青春气息"和"激动"，"禁欲生活的背后，有某种互相关注或窥视的气氛"。龟井曾回忆道："我在不知不觉中学会了伪装自己，以至于学会了经常玩弄革命辞令，在同志面前竞相证明自己勇敢，有一种要引起他人注意或者看别人脸色行动的心理。结果导致内心精神力量成长的终止，从而也失去了个性。这是成为党派人士的必备条件。"龟井还回忆说，在这种"伪装"下，他懂得了以革命的名义"'利用'人"，并愉快地在这种"政治姿态"下生活。

这种情况在当时的共产主义团体中是存在的，现在恐怕也没有消失。其组织生活中要求意见统一，属于"他人引导"的行为模式。对此，共产主义者的自我批评，在日本是很少见的。在这个意义上，龟井的自我批评非常宝贵，共产主义者确实应该回答这个问题。那么，为什么失去内在自律的"他人引导"行为模式"成为党派人士的必要条件"呢？难道不失去独立精神就不能成为共产主义者吗？这些问题还没有答案。龟井的经验谈只是他的个人经历，并不代表全部，况且也未必所有的党派人士都是如此。内在自律性观念，是在已经形成国家和组织的近代才为人类认知和提倡。在机构和组织体中生活的个人，行动中既要遵守严格的纪律，又要保持自己的个性时，就会察觉到人类固有的精神独立性。只有与严密而牢固的行动规律体系相抗衡时，才会意识到自我原来存在如此强大的独立精神世界。在"禁欲的"规则下生活时，如果失去对抗的精神世界，那就称不上是独立。

龟井在国家权力的最典型物理性侧面"监狱的装置"中，发现了"人类发明的威吓艺术"和"权力产生的空想"。为什么在坚固的高墙下机械地网状分布的牢房里，只开出一扇小窗呢？在这种人为设计牢房中，开一扇偶尔能看见"蓝天和浮云"窗口，绝不是出于温馨的关怀，要是出于关怀，就应该把窗口设计得更大一些。这个窗口是为了"一种巧妙的拷问"设计的，至少对日本人来说是有这种作用。通过这个窗口，囚徒可以接触到一点被恩赐的"自然"，进而"唤醒内心质朴的回忆，激起对自然的渴望"。监狱通过这扇"窗"进行"自然的示威运动"。对于日常生活完全与自然脱离，完全没住过这种房间的日本人来说，这个"窗"的功能，恐怕远比监狱建立者最初的预想大。从健康和人权的角度考虑，它也具有大于酷刑的实际效果。

明治以来的统治者模仿西欧的近代国家建立了国家机构，虽然没有实现社会的近代化，却获得了超出预想的统治国家的能力。一般情况下，日本人即使没有受到直接的压迫，也会脱离自然环境而置身于人为设计的舶来体制之下，并因此产生心理畏惧，进而主动接受巧妙的拷问。对付一个心理上畏惧的人是很容易的，日本的官僚并不知道自己只是在做这种简单的事情，他们只是满足于房间结构差异所带来的视觉差而已。当然，这绝非平等的条件下的统治。

在龟井看来，囚衣也具有与"窗口"类似的功能。囚犯不能有自己的服装，其头发、胡须、营养、日光摄取量都是受限制的。近代日本人缺乏在严密的社会规范和组织纪律下维持精神独立的训练，因此在这种情况下，可能会觉得自己很悲惨。龟井说，看到蓬头垢面的自己，产生了我就是恶徒的想法。外表是内在精神的反映，于是"自己便被人认为是'罪人'了"。面对"胡子剃得干干净净，头发梳得整整齐齐，胸前口袋里露出白色的手帕，喷着香水又戴着戒指"的检察官和法官时，这种心理会更加强烈。于是，在"这种对照性意识"中，一方增强了"优越感"，另一方则扩大了罪恶感。"罪犯"就是在这种完备的"戏剧条件"下被创造出来的，因此可以说"一切审判都是滑稽剧"。那些让口袋里露出三角手帕、戒指闪闪发光的人是法官、检察官，恰好展现了现代日本统治阶级的风格，站在他们面前，留着苍白胡须的自己就突然像个罪人，这就是战时日本被统治者的形象。这一论述充分说明，官僚、大臣、大将、大元帅，只要改变服饰，都是一样的空空如也，正如战后天皇制崩溃之后我们亲眼见证的那样。古代帝王的尊严、中世纪统治者的德行、近代冷静透彻的权力理性，统统不复存在。说是要肃清封建精神，但他们连封建统治者应有的品德都没有，有的只是服饰和打扮上的级差。统治者疯狂地追求服饰和打扮，被统治者则穿着统治者所要求的阶级服饰，挥舞着与其地位相称的特权，进行必要的卑躬屈膝。日本人民首先要从服装的精神约束中解放自己，原因即在于此。然而，经济的稳定是否再次催生了外在装饰秩序决定精神等级的倾向呢？

龟井认为，在这样的制度下，会出现日常社会完全是"自由的世界"的"空想"，然后把"错觉"视为事实。当时的日本社会，完全没有政治、思想上的自由。"旅行的自由""读书、谈话的自由""饮食的自由"也都是残缺的自由，是"想象"的完全自由罢了。对此，龟井有客观的认识。他认为，监狱之所以能够发挥其功能，是因为它创造出了"空想的错觉"，这恐怕不太符合日本社会的普遍特征。龟井写道："如果监狱通过激起犯人对自由的幻想来折磨他们，那么反过来说，要摆脱痛苦和牢狱生活，只要改变空想就可以了。"在这种情况下，不转向者会说："看吧，我们的社会会比你想象的更早出现。"① 他们幻想着共产主义社会的出现，并试图从稀少的信息中解读出各种现实契机。那么，龟井会怎么做呢？他"掌握了……把文学想象力运用到极致并忍耐下去的方法"——读游记、看画册。因为"在这个让人联想到西洋古城的'旅馆'中，也还是像怀念遥远的祖国一样，缅怀着春樱与秋日虫鸣等日本式的风景。背叛了祖国日本的我，现在仿佛置身遥远的异乡孤岛，时光流逝，这种距离感变得越来越强烈，在这遥远的地方，我感到了乡愁"。就像很多出国的知识分子那样，监狱所具有的"距离感"使他们从心理上回归故乡。日本浪漫主义在此诞生，风景民族主义也同时兴起。龟井在转换之前的空想，可能造就了他的食物民族主义（喜爱寿司）及对家人的思念，但是这些转换成抽象的事物后，仍然是对特定"自然"的一种乡愁。如此一来，回归日本的民族主义特点就很清晰了。这样"距离意识"在现代日本的建构便有了答案。就像前面提到的窗口的功能那样，它会增加监狱的距离感。在日常社会生活中，交通、通信手段的迅速发展，使地理距离在认知上明显缩小，一旦交流手段受到限制，心理距离也会变大。从国领五一郎的情况看，他也许就是在与日本日常社会疏远的感觉中，感到社会主义社会的到来越发靠近

① 国领五一郎语。见『特高月报』1940 年 5 月号；『みすず』1961 年 6 月号。

的。马克思主义者相信历史发展有必然规律，如果日本社会已不稳定，那就意味着下一个历史阶段的革命时机已经来临。因此国领才会说："看吧，我们的社会将比你想象的更早出现。"他坚决不转向，因为在他的内心深处或许隐藏着与监狱的"距离感"。由此看来，龟井的"距离感"与马克思主义的距离哲学不同，因此才开始产生"我到底是什么人"的疑惑。"繁忙的政治行为中的那些压抑在自己心底的诸多幻影、因害怕领导者和同伴的目光而隐藏在心中的疑惑，现在都猛地浮现在脑海中。"当专注于此的时候，"我拥有了唯一的、自主思考的纯粹时间"。就这样，"我在狱中第一次获得了个人自由"。就这样，"自己所属的党派、自以为信奉的主义自不必说，当时的我对日本乃至全世界的未来都毫不关心"。在物理意义上的墙壁阻隔下，一个人独处，获得了"个人自由"。通过空间隔离获得自我时间，这是日本社会结构的典型表现。在这个内与外、公与私密切相关的日常社会生活中，只有在厕所和深夜才能获得这种"自我的时间"。监狱则扩大了厕所和深夜的功能，从所有时间都要共享的社会中强制隔离，个人的时间才得以成立，这是何其矛盾的问题！在这种社会中，只有通过监狱或隐居才有可能超脱于日常社会。对龟井来说，监牢是痛苦的，但也是从一切外在事物中解放自我的据点。他在这里"复归""本来的"自己，以对"全世界""漠不关心"的态度超脱了一切现世事物，并以这种方式的佛教上的"回心"，走完了其转向的三部曲。

（三）伪装转向与林达夫的名作《反语的精神》

龟井的转向，从其自身说，既是"背叛"，也是"自由的觉醒"，是建立在"自由"基础上的"回心"，展示了战后转向的原型，因为它已产生相对的"自由转向"的自我意识。如前所述，战后转向的一个倾向，是把转向视为"消极的个人自由"问题。如果说还存在积极的"自由转向"，那只能建立在完全拒绝权力对思想的专制基础上，但那样就不属于转向了。龟井的转向则不是这样，是在"自由的觉醒"基础上"回心"的，这个过程应该与政治权力所强制的路线没有直接关系，否则就不是"自由"。战后，不仅"个人自由"，即使在抵抗国家权力的恣意膨胀及其对思想内部的侵入方面，人们也获得了更大的自主。能够被称为转向直接关乎该转向的定义，与作为历史概念的转向也没有直接关系。那么，如何界定有别于战前的战后型转向呢？

解决这个问题可以从两个方向考虑。一是面对强大的权力压迫采取的表面追随方式，是抗拒权力侵入思想内部的"伪装转向"。二是坚决抵抗权力并为人类做贡献的转向方式。无论哪种方式，都要有与权力对抗的思想。这里的问题是，在当时状况下，无形、抽象且没有武器的思想，能够以怎样的社会存在形态与正在膨胀的国家权力对抗。当思想的存在形式成为问题时，精神领域的"社会沉默"即"不敢表现"意味着什么？不通过论文、文字、语言等正统的表现手段，而通过其他手段表现出来的思想等，也都可能成为问题。只有把这些东西组织起来，思想才能转化为巨大的社会力量。在这里列举的两个方向中，后者的历史实例是大正末年至昭和初年投向马克思主义的转向，战后则只是具有这种转向的可能性。在对"转向时代"的各种反思性认识中，只有前者的案例。因此，这里仅拟探讨"伪装转向"。

林达夫的名作是《反语的精神》。[①] 他看到大政翼赞运动中"知识阶级的行动选择"时认为"万事休矣"，于是效仿笛卡尔，将"伪装顺应主义"（Conformism Deguise）作为自己思想的"行动纲领"，进而基于这一体验，以"伪装转向"的形式，建立了挑战权力的"精神政治学"。当然，他的出发点只是自保。他看到一群知识分子在"新体制运动"中通过"巫术般的政治命令话语"而"轻举妄动"时，意识到"真正的哲学已经终结"，由此得出的判断是："今后留给思想家的道路，要么像苏格拉底那样情愿接受坐牢或死亡的命运，要么像笛卡尔那样采取顺应主义的政治伪装。"结果他选择了后者。林还通过观察和思考，发现了在"自保"过程中"进攻"、在"顺应"中"批判"的方法。当然，这个过程是逐步实现而非一蹴而就的。他的"精神政治学"思维，恐怕也是随着时间的积累逐渐成形的。首先，林从拒绝命运安排的苏格拉底身上，发现了他想要的

① 『新潮』1946 年 6 月号。

"思想战术"。在林看来，"苏格拉底是个讽刺家（反语者），总是做出自己属于多数派的样子，与群众一起齐声合唱，并且是自然地站在众人前面的领唱者，但是实际上，他却正在瓦解和嘲弄所有的传统、正统和权威"。苏格拉底最擅长的教育方法，是在与对方的谈话中，为了启迪对方，把对方发言中连其本人也未觉察到的真智提取出来进行理论升华，从而在苏格拉底本人得到启发的同时，展现了对方对"谬误"的自主性批判，而不是苏格拉底来进行批判。从这种方法和态度中，林读懂了苏格拉底的狡黠智慧和战术，他按照扬科列维奇的说法，将这种态度命名为"反语顺应主义"（Conformism Ironic）。那么，以这种"反语顺应主义"来对抗举全社会之力形成的"政治顺应主义"，为什么一定要"与大众合唱"呢？在"合唱"《君之代》时，林有苏格拉底那样的将合唱变为国际大合唱的力量吗？如果没有，那么"讽刺"的力量即启发真智的力量根本没有体现，"反语顺应主义"也就无法对抗"政治顺应主义"。由此说来，林达夫的伪装转向论不过是在为退步寻找理由。当然，这种理由在当时也是存在的，属于迫不得已的情况。

　　林达夫的"反语精神"的缺陷在于，他没有抓住苏格拉底的"反语顺应主义"和"伪装转向"之间的差异。苏格拉底的"反语顺应主义"，是让民众在怀疑和批判中觉醒的方法，是将大众组织起来走向理性的运动方式，具有教育学的内涵，是具有根本意义的启蒙方法。这与某种思想以智慧的政治手段全力攻击权力体系中枢的方法完全不同，也不同于某种思想为了自我防卫而采取的笛卡尔式"伪装顺应主义"。苏格拉底式的方法一直是实现正统知识组织化的必要途径，没有必要把它归入"伪装转向"的类型。他全然不伪装，是选择死在狱中的非转向者。与之相反，"反语顺应主义"作为一种运动方法，只在一定的条件下才能成立。即使在永久持续的情况下，特定的状况基础也会交替出现。苏格拉底确实使用了"反语顺应"，但他是站在民众知识组织化这一永恒的古典主义方向上，而不是要一个人钻进权力中枢并打倒它。林将苏格拉底也纳入他的"反语顺应主义"中是不恰当的。他从世界的自由精神中发现符合反语的表现，并加以收集，于是苏格拉底、笛卡尔、佐尔格都成为"反语顺应主义者"。这意味着，林对于苏格拉底方法、笛卡尔方法和佐尔格方法各自最有效的成立基础没有明确的意识。在林看来，在自由概念下反省转向时代时，"顺应"，或者说"转向"一词本身带有反语属性。"转向"不再是单一形式，而是以多种形式存在。但是，这样的认识，恐怕会导致转向主体、转向方式、转向性质及转向类型范围的无限扩大。

二　1945年的转向

通过对转向现象及其概念的多重探讨，我们看到一种现象是模糊转向事实，进而推卸个人的责任；另一种现象是比之于共产主义者向国家权力屈服、背叛的一义性转向，还可以从更广阔的视野出发来把握转向问题。如果是基于后一种观点看问题，首先映入我们眼帘的是第二次世界大战后天皇制国家及其"国民"的转向，以及直接掌管这一国家意识形态的"制度人"的"转向"。一个拥有物理性、社会性权力的当事人，能够强制共产主义者、反军国主义者转向，但是，当其本身失去权力而成为自由人时，将何去何从？当被新的胜利者强迫的时候，其作为没有权力的被统治者，又将何去何从？由此，我们有机会在平等的条件下，对现代日本统治者和被统治者的思想实力进行比较。

首先让我们从正面看一看天皇制国家。

（一）天皇制与转向

在八一五投降诏书中，最关键的"投降"一词根本就没有出现，这是个不能被简单忽视的思想问题。天皇制国家的决定通常以敕语的形式下达，敕语代表着统治者的决断。因此，八一五诏书的首要目的就是明确日本帝国的最高统治者做出了投降的决断。在第二天的报纸上，也能找到"天皇圣断"的字样。敕语中没有"投降"的字样，对"圣断"的"断"字也避而不谈，这意味着什么呢？

决断与理解或认识不同，决断不含多面性，行动目标是明晰的。决断的行动内容本身可能是合理的，也可能是不合理的。事实上，决断者往往不愿验证其行为是否正确（纳粹就是典型）。所谓决断的明晰，不在于决断是否正确，而是在于决断主体决定了什么行动，没有明确目标的决断是低劣的。"圣断"的诏书承认了"美、英、中、苏四国"的联合公告，却丝毫不提到底承认了联合公告的什么要求。因此，日本的行动到底决定了什么并不清楚，只有结束战争的意志是明确的（依据诏书中"为万世开太平"等词句）。诏书只是通过说明局势（"战局并未好转……如仍继续交战，则终致我民族之灭亡"）吐露心情（"朕欲忍其所难忍，堪其所难堪"），说明终战是因失败而结束战争，终战的意志是明确的，但只是说明了承认了战败所依据的主客观情况。

　　然而，这份诏书还不只是缺少决断的精神。从"战局并未好转"一句看，还缺乏直面不如意的现实的态度。马克斯·韦伯说过，直面现实才能保障认识的客观性，而在这份诏书中，现代日本统治者无视现实的缺陷暴露无遗。现实主义既有无目的追求现实利益的无理念类型，也有坚守信念面对现实的类型，后者是有明确目的的。因此，八一五诏书中暴露的现实主义缺陷，反过来看也许是信念不够坚定的表现。在这封诏书中，已经看不到什么超主观性的意志，"东亚解放"之类的虚伪意识（Ideologie）已经消失，只能看到"收拾时局"之类没有观念导向的词语。然而在事实上，"终战政治史"中是绝对存在这些问题的。在"和平工作"的名义下（众所周知的自我欺骗），投降的准备工作进行到 1945 年 6 月时，高松宫说："既然从新几内亚到塞班、小笠原的绝对国防线已经破灭，那就应该放弃过去的东亚共荣圈想法，'说白了'，战争的目的就是如何体面地战败。"[①]在统治阶层中，高松宫的看法和判断可谓最为明智了。

　　力量上的失败直接导致自发地放弃理想，日本转向的这些案例，不仅存在于左翼群体，而且发生在天皇制的最上层。实际上，在天皇制存续的三千年中，不知道多少次依靠这样的方法避开了危机。太平洋战争的"和平、终战"，也不过是沿袭这种传统的方法。因此，无论如何夸赞"终战功劳者"们的辛苦和功绩，也不会在思想史层面发现任何新的意义。这一

---

　　① 細川護貞『情報天皇に達せず』（下）。

点和左翼中的马克思主义者一比较就非常清楚了。后者因为力不能及的战败而"违心地"转向，在转向过程中面对"独立理念"和"生命为力量左右"的选择，内心充满了不安，转向后亦不断思考着选择的对错。相较之下，天皇制的上层没有这种内在的不安，是平静地完成转向的，因此不仅其本身未意识到转向，他人也未视其为转向。

但是，从同盟国的角度看，三年零九个月之前宣称"朕于此向美国及英国宣战"的那个雄心勃勃的统治者，现在做出了"战争不利"、不得不投降、连决定什么都不明确的极其懦弱的"圣断"。麦克马洪·鲍尔认为，从这份没有"投降"字眼的投降宣言中，可以看出日本统治者狡猾且周密的对外政策和战略，那就是"日本将侵略正当化的厚颜无耻的企图"。对此，鲍尔分析说："我注意到，从日本政府决定投降到占领军登陆为止的数周时间极为关键。我确信，在此期间，日本的统治者对于被占领时期采取什么样的战略和政策秘密达成了一致的意见，当然这是不会留下任何文字证据的。这一战略应该有两个要点，一是表面上完全服从征服者的命令；二是在精神上抵抗征服者的意志。"①

我们日本如果有像鲍尔这样出色的智者，恐怕也会有同样的见解，否则无法理解的问题就太多了。但是，从"终战史"以及战后史的过程来看，如果日本的统治者有"秘密地达成意见一致"的共同理性，那么早就应该选择投降了。战争末期，日本的统治者四分五裂，同为重臣的木户幸一和近卫文麿在感觉和方针上也有巨大分歧。重臣派干将富田健治和细川护贞与近卫文麿的意见也有不同。尽管在"保持国体"上全员意见一致，但在完全战败的情况下如何"保持国体"，谁也没有提出积极的方案。"终战派"认为，要接受《波茨坦宣言》，"该宣言须认可不要求变更天皇统治国家的大权"，若非如此，则不能做出决断。这是要倚赖"敌人"的温情。因此，即便规定"天皇的权限置于美国的限制之下"也没有办法。这是第一次由"朕是正确的"这句话来决定的。重臣们平时忌惮让天皇担责，但到最后关头，还是得靠"天皇亲政"，这是极为讽刺的。八一五诏书中，

---

① W. M. Ball, *Japan-Enemy or Ally*? 邦訳『日本——敵か味方か』筑摩書房。

还故作镇静地附上了"朕兹得以维护国体"的随意解释，直到最后仍然试图回避冷酷的现实，并且也没有关于在不利的现实中如何"保持国体"的方案。马克斯·韦伯提议，在战败后的这个阶段，如果想像德国那样保持名誉和生存，天皇就应该退位。即在"外部的压力"到来之前，皇帝自己宣布"我主张且必须践行基于正义和良心的行动，只是未能得到命运之神的眷顾。我不想妨碍国民构筑新的未来"，然后退位。① 这是所谓投降时以"维护国体"为主要目标的计划，但当时日本没有人提出这种计划，类似的天皇退位论是在占领军强制要求修改宪法时才出现的，虽然时间上只是晚了一年左右，但已反映了思想上的差距。当然，这种差距是受政治权力的性质和社会条件的差异制约的。尽管一年之后出现了天皇退位论等卓越的思想主张，但至少从战败处理上可以看出，现代日本的"保守政治家"没有主体的保守主义精神。

在这一问题上，鲍尔高估了日本的统治层。没有主体计划，又怎么会策划伪装转向呢？要做到"表面上完全服从"征服者，同时在"精神上不断抵抗"，靠的是统一的精神，而不是林达夫所说的"反语精神"；不是寄希望于敌人的温情，而是基于无条件投降的冷酷现实。然而，无论对重臣还是军部中强硬的"抗战派"而言，这些都是不可能的。后者的战争继续论更是认为这不可能。8 月 10 日的重臣会议上，东条英机说："如果把我们陆军比喻为海螺的壳，那么没有壳的海螺只会死去，解除武装也一样，结果是无法维护我国体。"② 也就是说，"国体"没有"壳"就无法独立存在，无条件投降后将无法存续，东条英机也没有保证其存续的办法。对于战争的结果，重臣的看法是现实的。相较之下，对于战败后"国体"的未来，东条英机的预见要比重臣们更加现实，这对以现实主义自诩的重臣们来说极具讽刺意味。东条英机和阿南惟几出于这样的预测，提出了二选一的方案，即要么为维护"国体"而"抗争到底"，要么选择"投降"而"放弃国体"。因此，当木户幸一询问阿南惟几继续战争有几成胜算时，阿

① Max Weber, *Gesammelt Politische Schriften*；相澤久『政治書簡集』未来社。
② 細川護貞『情報天皇に達せず』（下）。

南回答说："没有胜算，然而大义若存，日本国灭亡也在所不惜。"① 其负隅顽抗的决心已经超越了东条英机的言辞。在阿南这里，"大义"已经比国体重要。阿南的"无比忠诚的职业军人"性格，由此可见一斑。当然，阿南的为了"大义"而国民死不足惜的思想是令人讨厌至极的。不过，仅从转向或非转向的角度看，他属于非转向。很多军国主义的领导人是军人，战后以自杀方式表达了自己的非转向立场，这一切都是以阿南惟几为开端的。8 月 14 日夜间阿南的自杀与东条英机的自杀不同，和近卫文麿的自杀也不同。他不是因为拒绝接受战争审判而自杀，而是为了存续"大义"而自杀。从这一点上说，他是最坚决的非转向军国主义者。如果在日本的统治者中像阿南这样顽固不化的非转向军国主义者占了多数，那么我们许多人也许就不在这个世界上了。由此，我们痛切地感受到，当某种激进的非转向主义基于一定条件而取得统治地位时，是会否定人类的。因此，当我们决心不转向时，也需要在这方面自我警惕。总之，非转向主义者如果是在摆脱权力的前提下自己（本来就只是自己）维护"大义"，那是显示值得人类夸耀的精神或理想（再生产力）。但要是依靠权力迫使他人按照自己的意志行事，在极端的情况下甚至无意识地（恶的自觉）采取否定人类的行动，如果说前者的情况代表着人类的荣耀，后者的情况是"强制"全体人类的"必要恶"，那么也可以说勇于承认自己的罪恶才能推进人类的进步，但是，在"极端事态"下会完全相反，变成了人类的敌人。阿南的"大义"是军国主义，无助于人类进步。荣誉只有在远离权力时才能获得，阿南自杀时，没有要求别人也这样做，只有这时才更加显示出其不转向立场的强度。但是，这不能免除其作为军国主义领导人的责任，其不能审时度势在于智识欠缺。战前的共产主义者认为，只有始终远离权力，并与权力对抗，才是不转向。同时，不转向是领导者的责任。正因如此，反而忘记了"不转向"和"领导者的责任"在理论上讲属于不同的问题。

然而，阿南的不转向并非要对抗权力，其不转向的精神强度，也无法

---

① 細川護貞『情報天皇に達せず』（下）。

与共产主义者相提并论。他也不是鲍尔所想象的那种"伪装转向"的规划者。那种情况在明治时代出现过，面对"三国干涉还辽"，狡诈智慧的非转向统治者正视现实，为了以后的"腾飞"，"决心""卧薪尝胆"，"蛰伏"下来。但是，今天的情况已然不同，还在台上的统治者，几乎全体成了胜利者美国政府的忠实仆人，因为他们希望继续成为日本国内的统治者。鲍尔在解释八一五诏书的背景条件时说："在美国军队登陆日本之前，天皇还有一定的自由。"① 事实上，在军部领导人的强制控制力减弱、美军尚未在日本本土登陆期间，日本的统治阶级是有可能做出最自由的判断和行动的，然而事实是什么也没有发生，这一点翻阅 1945 年 8 月以来的报纸就会明白。从占领军登陆到 10 月初，日本报纸的内容十分单调，对各地发生的社会混乱视而不见，只是刻板地重复政府的腔调。对此，麦克阿瑟在 10 月 16 日的广播中说："没有什么比这种投降更加悲惨和令人沮丧了！不仅是外物上的彻底破坏，而且是摧毁了日本人的精神。"② 麦克·盖因调查了日本的地方社会，他在报告中生动地描述了当时的日本社会在战败的事实面前被压倒、无法自主地制定自己目标的情况，由此得出了与麦克阿瑟相反的判断，即"完全看不到可能发生革命的迹象"。③ 这与鲍尔的观点是完全对立的。如果只是从理解和适应的角度去探寻政府决定的真意，那是不会有批评政府的眼光的。不能批评政府的权力，就不会有民主。"自由"对于当时的日本社会来说，就是无所作为。

（二）美国占领当局与转向

1945 年 10 月 16 日，《纽约时报》题为《强制的自由》的社论中写道："占领日本的美军意识到，除非强迫日本人自由，否则不会有自由。占领军为了实现新闻自由，召集各报社的编辑，告诉他们如果不履行应尽的义务，或不改变以往的态度，就将会被取代。这些报社的一般倾向是压制那些批评天皇及皇室的稿件或评论，努力维持现状。看到像近卫文麿这样的

① W. M. Ball, *Japan-Enemy or Ally*？邦訳『日本——敵か味方か』。
② 『朝日新聞』1945 年 10 月 17 日。
③ マーク・ゲイン『ニッポン日記』。

人被选为日本新法的起草者，还能指望美国占领的终极目的实现吗？近卫多次出任首相，推行高压政治。"[1] 这篇文章提出了什么问题呢？在同盟国最初的对日政策中，曾提出"期望日本国民能够开展民主主义革命"。[2] 但是，一个多月后，这种期待完全消失，反而提出了对当时日本国民自由能力的"不信任案"。本以为打垮压制国民自由的权力后，民主运动会蓬勃发展，但事实是什么都没有发生，引导舆论的报纸处于无能为力的虚脱状态。因此，除非采用强制手段，否则无法实现自由。但是，围绕战后日本的自由问题，有三种对立意见。一是依靠外国军事力量实行"革命的独裁"，即反映"真正的"人民意志、居于统治地位的"积极自由概念"在日本战后社会的实现，不是依靠人民，而是依据来自外国的物质上具有强制力的军事力量。二是在对日本政治领袖的追随中也有自主性，至少在预判征服者的意向上是"自主""自立"的。三是国民消费性享受的自由。

　　第一种观点，会涉及美国占领军是不是"解放军"的历史争论问题。显然，占领军不是"解放军"，不会释放思想犯，不会允许自由评论天皇制，因此没有出现自发的民主主义运动，与人民革命的解放军性质不同。占领当局"强制"实现"自由"的根本原因，是"防止日本再次发动侵略"，是"为了美国自身的利益"。[3] 在推进民主化的美国人中，有些人的本意确是要扩大民主，但美国当然是基于国家理性行动，在日本推行"革命的独裁"，也不过要维护其自身国家的利益。因此，随着美国将防御重点放在苏联上，对日政策自然会发生变化。

　　战后的统治形态，具有"外国军事权力背景下的革命性独裁"特征。日本的社会革命形势是从 1945 年 10 月出现，于 1947 年 2 月走向终结的。换言之，战后日本的社会革命形势是以占领军的强制为契机启动，又是以占领军镇压二一大罢工为契机结束的。这意味着，占领权力的指导和日本人的合作，创造了革命形势，但是当革命行动走向自主发展时，占领当局转向保守，并以强权压制了革命。战后的革命与占领军的行动同步，领导

---

[1]　『朝日新聞』1945 年 10 月 29 日。

[2]　来自华盛顿的消息。『朝日新聞』1945 年 9 月 25 日。

[3]　这是 R. 史密斯的言论。『朝日新聞』1945 年 10 月 29 日。

者未能从人民的自主行动中产生，因此革命的成分要打折扣。这是一场法律革命，而非社会革命，从监狱时代起就为革命奋斗的非转向共产主义者并未成为领导者（leader），充其量是次级领导者（subleader）。这一点只要看一下德田球一的立场就会明白。他说："《波茨坦宣言》的原则是不可反对的，反对也没用。进步党、社会党、自由党都不行，共产党也只有我敢这么说。……你们说的大多不对，新的日本宪法草案和所谓的民意没有关系，它是由《波茨坦宣言》的原则规定的，原则必须坚决贯彻。"① 德田的看法有一定道理。占领时期，为了实施"强制自由"的对日管理方针，仿佛出现了"极力压制""右翼"和"资本家"，同时扶助民众的革命态势。当时，虽然军国主义势力已经崩溃，但一般的日本国民还迷迷糊糊地站在保守政治家一边。不过，值得注意的是，共产主义的领导者试图采取革命的独裁方式时，并不是依据共产主义的历史认识，而是根据占领当局的占领方针。德田不过是共产党员中的独裁领导者，对于其他党派和一般国民而言，只是《波茨坦宣言》的"代言人"罢了。总之，他只是占领当局最主动、最忠实的合作者而已。当然，这里不想追究德田何以满足这个地位的责任。重要的是，这种状况制约了战后日本的革命。截至战败，日本是"一亿总右翼"，战败后活动的少量民主主义者，可能或多或少都有像德田一样的思想倾向。正因如此，在由"改革者"控制的占领当局看来，日本人中可以依靠的只有以共产主义者为中心的少数民主主义者。一位国务院官员说："日本最好的人是蹲过监狱的人。"马克·盖因在巡视日本各地之后，也持有相同的看法。盟军总司令部情报教育局局长迪克上校就废止政治警察通牒问题答记者问时也说："依照对日管理政策，为了确立民主主义，原则上不反对使用武力。"② 当如果不采取革命独裁的方式就无法实现日本的自由化时，只能采取暴力革命。当然，迪克并不是要在日本建设共产主义社会。"我们不鼓励某种特定的'ism'（主义）。我们希望日本的舆论不受政府镇压，能够自由奔放地发展。只有这样，日本才能产生真正的民主主义。""我们没有强迫日本接受美国式或英国式民主的想

---

① 末弘严太郎·德田球一「時局縱横談」『社会評論』1946 年 5 月号。
② 『朝日新聞』1945 年 10 月 6 日。

法，我们的民主也有不少的缺点。总之，日本有机会吸收各种民主主义的优点，进而创造出优秀和独特的民主主义模式。"① 但是，战后日本除了共产主义者外，能够承担这种重任的势力稀少。十五年后的现在，业已投入美国政府怀抱的日本统治层，把"我们才是民主主义者，为了保护民主主义，要和共产主义斗争"的口号喊得震天响，但不知他们是否还记得自己当初的表现！如果现在的日本保守主义政治家承认战后主动承担民主化责任的政治团体只有共产党，那么他们自身从当时起便是保守的民主主义者。如果说他们是"近代保守主义者"的话，那么温斯顿·丘吉尔便是现代保守主义政治家的代表。第二次世界大战初期，在讨论共产党为非法政党的法案时，丘吉尔持反对意见，他说"英国共产党也是英国人组成的，那就不应该害怕英国人"，这种态度无疑推进了国家反法西斯统一战线的形成。由此，英国通过渐进的社会变革，以极小的代价促进了社会发展。这种态度在惧怕共产主义、热衷于激烈反共的美国现任领导者及日本统治阶层中是完全没有的，这自不待言。

（三）政府与转向

"占领军权力下的革命独裁"向日本旧统治机构下达的最初指令，是1945 年 10 月 4 日发布的《废止镇压市民自由的一切法规》备忘录，接着强行发布了废除治安维持法和特高警察、自由批判天皇制的指令。对此，日本是如何应对的呢？

在向日本政府发布"指令"的前一天 10 月 3 日，路透社记者采访了内务大臣山崎严，中国中央通讯社记者采访了司法大臣岩田宇造。显然，这些记者已经得到即将发布"通牒"的消息，因此要通过采访来显示其记者的敏锐和练达。如果能在"指令"发布之前了解日本统治者的想法，就能掌握日本统治者的真正政治意图，以便在备忘录提出后，也能判断其与日本统治者的政治意图的差异。显然，对日本的统治者来说，这样的采访很是棘手，对此山崎和岩田应该有一定的警觉。结果，接受采访的报道与

① 『朝日新聞』1945 年 10 月 7 日。

作为"通牒""指令"的备忘录在同一天报纸的头版上下排列刊登，对比鲜明，日本政治家试图以这种方式表明自己不是战犯，这就是他们的"自由主义"。

采访山崎的报道写道："内务大臣山崎明确表示，负责思想取缔的秘密警察还在工作，要坚决逮捕进行反皇室宣传的共产主义者，要逮捕企图颠覆政府者。政府计划立即释放政治犯，但那些共产党人还要继续监禁。主张改变政府体制，特别是主张废除天皇制的都是共产主义者，应按照治安维持法予以逮捕。"这一采访报道不知是翻译的原因还是记者先入为主观念的原因，出现了一些"误解"。第二天，10 月 6 日，山崎要求报道做出更正，更正的主要内容包括：特高警察不是秘密警察，而是"正常的"警察活动的一个部门（这样讲是有严重问题的）；不会取缔不否定国体的反政府运动，但是对于共产主义者的活动依然要取缔。总之，这个更正避重就轻，避开了市民自由的关键问题。在山崎那里，得到保障的自由的思想只有"不改变政府体制"和"不批判天皇制"，也就是说只有承认、认可现存统治体制的思想是自由的。如果这也能算是"自由主义"的话，那么古往今来的所有专制君主都可以是"自由主义者"。山崎好像与过去十几年的白色恐怖一点关系也没有一样，甚至大言不惭地说："我从不记得抓过共产党以外的任何人。"① 与此相对照，自由主义者则是挺起胸膛说，"我从未允许权力对思想、集会和言论的控制"。但是，有山崎这种"自由主义"思想的人并非个例，反倒是日本的大多数"自由主义者"都是如此。例如，在发布废除特高警察指令的第二天，素以"自由主义"自我标榜的《朝日新闻》在"天声人语"栏目中，以这样的口吻评论道："近年的日本宪兵和特高警察没有什么异动；取缔过激思想的行为可以理解，但不允许对形势有一点不同的看法是不对的；在重大国事上，由极其低下的官僚调查有地位的学者是难以理解的；把无辜的人当作罪人，这不是文明国家的行为。"谅解国家权力取缔"过激"乃至"稳健"思想，这算什么自由主义者？再者，怎样才能衡量思想的稳健度呢？如果此处所说的"过

---

① 『朝日新聞』1945 年 10 月 5 日。

激思想"是一般意义上的共产主义，那么社会组织若成为"社会主义社会"，岂不成了"稳健"的思想吗？对思想的评价，可以从"理性"（reasonable）或"非理性"（irrational）的角度展开，不应以"稳健"或"过激"为衡量的标尺。

这样的评价不过是关于某人的思想表现方法，更广泛一点说，或者只是关于特定的临时社会状况下的思想的社会功能。不能说表现上的担忧和对社会功能的考量是没有价值的。这很重要，但更重要的是知道它属于与思想本身不同的东西。日本的"Liberalist"（自由主义者）不能拥有"radically"（激进地）创造社会的自由，在思想上的一个原因就是他们不明白这一区别。避开所谓"过激"的道路，选择所谓"稳健"的道路，认为只有这样才是"自由主义"的人，真的不存在吗？如果"自由主义"只意味着左和右的物理中间点的话，那就应该是那样。战败后的"天声人语"就是这样的"自由主义"。但是就思想的社会功能而言，当时思想最"过激"的难道不是占领军的思想吗？所以可以说"天声人语"是要取缔占领军的思想吗？当然不是这样的。如前所述，意图是完全相反的。"天声人语"是根据总司令部的指令对特高统制自己的行为进行抗议，并不是针对一般市民的自由进行思考和表达主张。不用说，它的抗议是一点恶意都没有的。尽管这和上面说的一样，但它误认为自己站在与《关于废除政治警察的备忘录》相同的精神上，这就出问题了。不仅是对自己的立场产生了误解，也表示出对于备忘录没有"正确理解"的能力。这具有真正的象征意义。试与盟军总司令部情报教育局局长迪克上校的表述相比较。他对于"为了确立民主主义而使用武力原则上不反对"，同时认为"发展政治运动和维护人权的运动以至于采取暴力形式，是要依照刑法和其他法令予以处罚的"（《朝日新闻》10 月 6 日），在此作为取缔对象就只能采取行动了。相反，它强调了权力限制的含义，即勉强允许依法取缔的只有行动的意义。正因如此，才能与原则上承认民主主义的革命性暴力这一命题相结合。尽管如此，在同一天报纸同一版面的"天声人语"栏目中，对某种思想的取缔似乎得到了认可。"天声人语"的作者要是看过备忘录，还看过迪克的文字，再下笔的话可能会更好。这也太不幸了。但是日本国民的言论领袖（opinion leader）的思想到底是怎样的呢？这对于得到一个鲜明的比较轴是非常有益的。"国民"中的若干小组以这个裂缝为视角，关注战前所隐藏的历史经验，并在这个过程中转向了反军国主义。

"天声人语"的后段包含的问题，无须多言，一目了然。当然，这和上述内容有密切联系。在"稳健忠实"地适应旧社会等级感尚存的情况下，我们应该在哪里打击特级警察？一个代表性回答在文章的后段。也就是只需要批判"无法成为法官的下级官僚"取代"高级官僚学者"就可以了。那么如果是由天皇、敕任官和大臣来取缔的话就好了吗？特高并不是因为通过"低级的下级官僚"调查"有地位的学者"而是坏的，对于不知道"知识"（和信仰）是因为"权力"的调查而不好的人来说，事到如今已经没有什么可说的了。但是，在这种情况下，知识即 intelligence，是人的东西，与任何职位或社会阶层都没有必然的联系。因此，一方面，无论是贵族的知识，还是资产阶级的、无产阶级的知识，都必须被当作知识平等对待；另一方面，当知识从被剥夺所有社会特权的"最低级"社会阶层中产生的时候，它是最当之无愧的"真智慧"。陈述这一悖论的真理并非毫无意义，只有这样才能证明知识与特定的"职位"或社会阶层无关。这一点应该是自觉献身于人类知识的"学者"的目标。然而这个国家的"自由主义"言论领袖不是有这种自觉和目标的"知识分子"，而是把"知识分子"当作"有地位"的"知识分子"。现在的情况是怎么样的呢？

那么中国记者对岩田的采访又是如何呢？和采访山崎的情况不同，这次采用一问一答形式，不会出现误传：

中国记者问：为应对战后的新形势，有人认为应该立即释放包括共产党员在内的大批政治犯，请问当局的政策是什么？

岩田答：司法当局目前不考虑释放政治犯。在犯人刑期未满期间释放会使审判无效，我们没有这样的权力。这样的权力属于天皇，唯一的方法就是陛下宣布大赦。

问：许多政治犯虽然刑期已满，但仍被关押在拘留所，这种预防拘禁者很多。但我认为司法大臣有权释放他们，请问您怎么看这个问题？

　　答：司法大臣有这个权力，但现实情况下，我认为让他们继续留在拘留所是必要的，因此没有考虑释放。

　　问：政府会允许共产主义运动吗？

　　答：部分承认共产主义运动，但是对于企图改变国家体制、构成不敬罪的运动将坚决取缔。

　　问：日本的国家体制与共产主义运动势不两立，那怎样部分地承认共产主义运动呢？

　　答：就是在继续维持日本国体的前提下，可以实现共产主义的部分主张。我认为只要保持国家政体不变，即使修改私有财产制度也未尝不可。

　　从这一采访记录看，与山崎的表现类似，岩田虽然觉察到占领军的方针，觉察到要修改治安维持法以及关于共产主义的政策，但是他的"觉察"并不是原理性的觉悟，而是仅限于禁止某一特定的法律或特定的政策，他还不明白"市民的自由"到底是什么，因此也不是故作糊涂而采取的战术。正像"天声人语"那样，虽然看了备忘录后写了"自由"（追随性）的内容，但根本不理解"市民的自由"的原则。当时，不只是法务大臣，整个日本社会的认识就是如此。

　　岩田和山崎的区别在哪里呢？在岩田采访的前半部分对话中，岩田表示，根据"审判"和"权限"，不能释放共产主义者，即为了维护实效法的权威，要继续扣押共产主义者。战败后，岩田曾宣称日本要成为"法制国家"，他说，"很遗憾，今后不会允许靠武力和财力在世界上耀武扬威"，不能再靠军队的统治来维护"秩序"和"国家威信"，而是要"扩充"并"严格执行""检察和审判"，[①] 实现军国主义向检察国家转变的"法制"。当时，岩田还谈到"尊重人权"问题，认为："审判和检察更要尊重人权。"不仅如此，在岩田10月3日接受采访前，还发生了一件事。9月30

---

　　①　1945 年 8 月 20 日谈话，见『朝日新聞』1945 年 10 月 21 日。

日，三木清在狱中死去（26 日）的消息首次被披露，第二天即 10 月 1 日，要求释放思想犯的呼声高涨，接着警察审讯市川正一等"践踏人权"的行为曝光，到 10 月 3 日，已然是民声鼎沸，舆论哗然。当时所说的"践踏人权"，主要是针对共产主义者及其持有相同立场的受害者。也就是说，在那种情况下，他们享有"人的自然权利"，即"人权"是普遍原则，而抽象人权又是通过特定历史状况下特定的人来体现的。10 月 3 日的采访谈话隐含的意义在于，是否承认共产主义思想是一种思想，涉及日本这个国家能否保证"人的生存权"问题。在这种背景下，作为法务大臣的岩田竟然认为国家权力可以恣意地割裂人的思想体系。"人权"不是个局部概念，因此岩田的看法是无法成立的。其无法充分理解 10 月 4 日的备忘录，恐怕也是出于同样的原因。

如此看来，法务大臣岩田所说的"法制主义"的核心是"法"，这个"法"不是以"人类的法律"为基础，而是由国家来制定。在战后的这种形势下，国家立法的操作，如前述的释放政治犯，权限"属于天皇的大权，唯一具体的方法就是陛下的大赦"。换句话说，在国家立法下，重大问题的责任由最高立法者天皇承担，全力维护国家体制的大臣是人们批评的对象，却不过是天皇的"木屐"而已，近代日本统治者的"政治官僚"二重性由此彻底暴露。近代官僚的做法是，只在自己权力的范围内执行上级的命令，执行中绝不混入自己的主观意见，同时与所有的社会势力保持距离，在保持"中立"的姿态下，以主权者不在为条件，恣意地进行政治决定，这就是日本的官僚。

日本官僚的这种应对方法，在币原内阁上台后也没有发生质的改变。"受命"组阁的币原也说，"完全不接受战时处于中枢地位的人进入内阁是非常困难的"，① 他们试图通过政治技术的操作一定程度地保持与战争体制的联系。于是，新任内务大臣堀切善次郎就地方长官的变动说道："有人认为应当明确上层官员的战争责任，但这次人员任用不考虑这些。只是警察部部长一职不能由特高警察的专家担任。"② 日本要自主地明确战争责

① 『朝日新聞』1945 年 10 月 7 日。
② 『朝日新聞』1945 年 10 月 28 日。

任，这是一个好机会。投降之前，重臣们也一直都是这么主张的，认为这样做可以保存"国体"。"强制下的自由"的"第一弹"已经发射，但堀切善次郎依然没有认识到"第一弹"的原则性，还觉得只要不让特高警察担任显要的职务就可以了。中央政府希望将改革局限在较小范围，地方政府当然也会这么做。据马克·盖因的记录，特高官员就是通过在官厅内部的职务变动，得到官僚共同体的庇护的。

（四）国民与转向

若以转向或非转向为标准审视战后日本统治者的做法，则二者皆非。是转向吗？非也，山崎讲话与战前统治者的腔调别无二致。是非转向吗？非也，部分引进了"人权"的概念，将共产主义肆意切割后，又认同了其中的一部分。换句话说，某些部分属于转向，其他部分又不属于转向。当时的部分选择与其说是遵循自主原理，不如说是节节抵抗的"维护国体"，是随机选择。由此，战后转向概念的某些特征已在统治者的应对中得到充分体现。与此相关，"国民"的转向也随之产生，其转向的目标亦不尽相同。统治者固守"国体"的"概念"，没有是否应该转向的客观依据。国民的转向显然具有与战前的转向不同的新含义，换言之，并非屈从权力的思想变化（古典式转向），而是逐渐脱离权力过程中的思想移动，是"思想摆脱权力而独立"的过程。当然，这种进程在任何时代都是处在顺应权力的势力包围之中的。从全体国民的体量来看，这种转向虽属少数，却成为战后日本思想进步的土壤，没有这种土壤，任何思想家都会因为丧失社会交流对象而陷入思想窒息的状态。

除了统治者与国民的转向外，还有介于二者之间的转向形态，战后初期室伏高信、高山岩男等人的投机转向即属此类。从古典式转向的角度说，这是典型的战败转向。这类情况有其自我意识，但与国民转向不同，它具有延续统治目标的一面。在政治权力的统治下，政论或舆论概莫如此。在此含义上，此种转向接近统治者转向的类型。然而，在此类转向因"公职整肃"而停止后，很多人改变了转向的路径。

下面探讨一下国民转向的一两个类型，首先探讨一般性的情况。一言以蔽之，由战败导致的国家机构崩坏，批判天皇制自由，"国民"在战争中形成的日本主义世界观已然解体。在这个国家里，传统的思考方式是国家与社会不可分离，"国家"与"国民"并行不悖，因此国家机构的崩坏等同于国民共同体的崩坏。战败的国家中已经没有国民，剩下的只是山河与自然人。无论是外在还是内生，已经不存在规范自然的主体。天皇作为国家机构的顶点和国民信仰的中心，已被置于自由批判的境地。坚定的信仰是经受得起批判的，因此也不会嫌弃批判的自由。然而，天皇并非那样神圣。中世以来，天皇一直被小心翼翼地保存在京都的闭锁社会之中，如今仅仅是"可以批判"，就足以使其信仰崩塌，其作为信仰的乏力由此可见一斑。因此，打倒这一信仰并未引起强烈反感。于是，日本的"国民社会"以自由批判天皇为起点，脱离了积极的天皇信仰，进而转向消极的天皇制认同，从精神或规范上讲，这是完全符合尊重自然的日本社会传统的。因此，脱离天皇信仰，既非明确的转向，也非未转向，它作为统治者的应对方法，属于部分转向。

放弃信仰并非通过内在的自我与神明的斗争实现，而是以传统的欲望自然主义方式进行的。并且，这一过程不是因战败引起，而是原本就存在于天皇制社会，因此才要进行强制性教化（灌注式教学），而当教化失效时，便会自然地从日本社会的底层发生信仰的塌陷。

现实生活中出现的摆脱权力运动，往往需要以观念上的独立思考为前提，这种现象在井上光晴、城山三郎等作品的主人公身上已得到如实展现。这里不妨先看看城山的作品《大义之末》中所描述的柿见和森的战后思想变化。

井上光晴、城山三郎的思想深受战争末期杉本五郎中佐的遗作《大义》的影响，当时他们大概还是中学四五年级的学生。令其倾倒的《大义》是用"严肃活泼的命令形"（城山语）写就的，在表达对天皇的绝对崇拜的同时，要求读者绝对忠于天皇。这篇文章是对自己的命令，是对自己孩子的教诲，是对国民的预言，是对统治者的严格要求，仿佛囊括了一切。其行文既表达了绝对相信自己的信仰，又表达了为实现信仰而不断矫正自己的决心，可谓达到了日本天皇信仰的极致境界。在杉本那里，"不是天皇为国家存在，而是国家为天皇存在"。从德川末期转入明治后，天皇行使着儒家的"天道"（"天道"意为贯穿万物的普遍性，此类思想在德川初期已然存在），从而形成一君万民主义，集结了近代集权国家的力量。与此同时，自由民权运动中的民主因素也被明治国家吸收（天皇之下的平等）。然而，这种天皇和国家业已融为一体的《大义》世界后来出现脱节，天皇被再次架空，成为超国家的存在。从意识形态上看，这一变化符合"八纮一宇"方向，但从另一个角度看，"绝对者"也可以借助天皇的权威打开日本国家的颓废局面。国家官僚被痛斥为"甘做官位名利的奴隶"，但其试图改变日本国家社会颓废状况的原初性"义"的意识也是客观存在的。受此影响，尽快靠近"绝对者"便成为柿见等青少年的憧憬。"官位名利的奴隶"假借天皇之名的状况确实令人愤慨，这里含有以绝对的天皇来批判天皇制（度）的指向。此外，正如独裁者固执地做出非理性决策却能够吸引理性不成熟者那样，杉本中佐的文章所展示的决断性和表率性（这一点与独裁者不同）是有吸引力的。

柿见满怀豪情地闯入了这个世界，森则在加入《大义》世界的同时下意识地有所保留。从柿见的角度看，森的行为不无疵点，这也意味着森拥有本质上属于费尔巴哈命题的特质。柿见等人经过数月的预科生活后迎来了战败。柿见在军队的刺杀训练中与好友种村搏杀，为了防止被刻有菊花纹章的枪划伤，重击了种村的胸部，导致种村死去，这成为他无法摆脱的一种负罪感。森对舍命保护菊花纹章不无反感，然而不会有人赞成森的看法。柿见转向的直接契机，是他接触到被释放出狱的共产主义者：

　　战争结束后，柿见等人获得了很多信息，其中最受刺激的新闻是释放共产党干部。最让柿见等感动的是，只是为了一种信仰，便能度过十多年的牢狱生活。柿见等人有几个月某种程度上远离俗世生活的体验，因此理解狱中人的苦楚。他们内心深处的想法是，杀人、抢劫之类的罪犯理应受到惩罚，但明明没做什么坏事却……这是一种没做错事却遭残酷对待的心情。对于这种无论思考什么，只要有想法就要处以十几年牢狱处罚的冷酷行为，柿见等是怀着少年的正义感进行反抗的。

　　这里的描述并不全面，也不能说只有柿见等人有这番触动。柿见等人源于新闻的触动是朴素真切的，由于战败，"以往被自己填满的世界不经意间破碎，忽然发现自己的世界不过是高空下的一块小小石子"。这种触动更在于他们接触《大义》世界后又接触了被释放的共产主义者，并且这绝非"右翼容易转为左翼"的问题。左翼的思考方式与右翼截然不同，毋宁说是相反，其思考方式上有一种不理论化、教条化誓不罢休的特点，而柿见等也具备这种思想特质。战争期间，柿见等人出于"大义"，对国家官僚和翼赞社会下掌握地方权力的法西斯分子的腐败不满，对特高官僚的敌意，只能在《大义》世界中隐蔽起来。因此，当这些想法接触到历史性新闻后立即表面化，以至于感性的深处积蓄在表层溢出，当然此时还未达到理性归纳的程度。强烈的触动激起了柿见等对"共产主义究竟为何物"的兴趣，但当其得知赤色是要"设立没有天皇陛下的共和国"时还是会感到愤懑。当然，这种愤懑与反共斗士们的愤怒并非同物，其中便有诸如"在我们奋战的时代竟然还有这样思考的日本人啊"的惊愕。在这种惊愕中不无艳羡之意，即我们根本没想到的事，他们是怎么想到的呢？他们究竟是在何时何地如何想到的呢？他们的愤懑在于，不懂的问题实在太多，而迄今为止却所知甚少。第二部《大义之末》中写道，柿见见到中学时代的英语老师（战争中伪装起来什么也没有说的共产主义者），老师在听到《大义》的文章后，轻描淡写地说："嗯，是职业军人写的，近来有不少这种神奇的书。"于是柿见反问道："神奇？那老师为何不教给我们这些神奇的事呢？"这种提问含有艳羡和愤懑的情绪，同时也反映了柿见的优等生特点。

　　要思考的问题是无限的，"突然认识世界之宽广"时，时间也无限地开阔了。人没有意识时会陷入沉睡，柿见感到"无限的空闲"时，只想"什么事也不管地睡去"。但是，想睡去的理由还不止这些。也有"活着能看到泼妇撒泼""种村死掉而小岛死后又活的负罪感""从此今生无论能做多少善事也无法改变我导致种村和小岛之死的事实"等想法，因此除了沉睡别无他法。这可能是一种与"空虚"有所不同的精神构造，即睡眠中蕴藏着各种可能性，让"天皇制和共产党都休息"，"不必惊慌失措"，寂静的秩序和决意需要时间。

再次进入高中学习，是柿见等人从睡眠中被唤醒的第一个契机。当时在占领军的指令下，经常召开以"天皇制的得失"为题的辩论会，气氛相当热烈。柿见和森被轻蔑地视为"小孩子"，此乃形容从陆海军转入学生的"思想单纯肤浅之人的别称"，即"精神上的小儿"。当时，他们结识了高年级的才子大久保，并在与大久保尖锐冷静的论辩中甘拜下风。大久保是左翼人士，是天皇制否定论者，他一直称呼皇太子为"毛孩子"。柿见与森的战后转向，与大久保的转向形成交叉并反向而行。

柿见在这所高中见证了皇太子的来访。他静静地看着皇太子走来，对这个"朴素的少年"产生了"亲近感"，这是一种与《大义》相连接的感情。不过，在皇太子身上，是看不到《大义》中的激进主义形象的。《大义》中的天皇是更接近愤怒的神明，杉本认为日本天皇是愤怒之神、命令之神，是绝不姑息的普遍者。这种认识虽然是错误的，却确曾使柿见等为之倾倒。

导致柿见急剧转向的第二个契机，是1951年11月天皇行幸京都大学时发生的事件，这一事件打破了其自身一贯的思想。当时，学生自治会准备提出天皇是否为放弃战争和停止再军备而尽力的问题，于是警察闯入校内驱散了学生。从这时起，柿见开始真正认识到超越天皇个人的天皇制问题。与此前的"一个朴素少年"皇太子不同，他对天皇"没有亲近感"，不过是从众而为地供奉。大学当局和警察全体动员，将天皇层层包围起来，柿见感觉"天皇被人遮蔽了"。少年时代打动柿见的"一君万民"观念，已然向天皇射出一箭。此次京大事件，再次触动了柿见的神经。在学生自治会准备的提问中，写有"当日本发生强行再次武装的情况时，您作为宪法中宣布放弃武装的日本国的天皇，是否准备拒绝"等内容，对此，柿见是什么态度呢？城山写道，柿见认为"'您'属于文法上干净利落的问法，从中能感到与天皇对话的紧张感。柿见联想到《大义》，认为关于天皇的文书皆有紧张感。……《大义》的措辞不是'天皇陛下'，而是'天皇'"。面对天皇和天皇制问题，从第一次转向以后，他的思想不断深化，已经在思考"为了东亚和平"而如何选择的问题。经过六年时间，战后思想自由已逐渐在柿见的头脑中生根，因而站在了讴歌"保护和平"的学生一边。

柿见的思想具有直线发展的特征，当战犯町长试图利用皇太子行幸达到其政治目的时，他学着大久保的口气大喊皇太子是"毛孩子"。其行为并非针对天皇和皇太子，而是要质疑天皇制社会。在此期间，大久保改变立场，站在了柿见的对立面；森是生活上的强者，也是柿见的保护人。在种村之母敲念着十九只钟（种村死时 19 岁）、町长等迎接皇太子的欢呼声和柿见发出"毛孩子"的喊声所合成的交响乐中，故事进入尾声，小说的情节达到高潮。但是从柿见的思想史看，京大事件才是其山之顶峰。

那么，应该如何评价柿见的举动呢？柿见在学习《大义》时，是满怀良心和真诚来审视直面天皇制，而今同样以良心和真诚审视天皇制时，却采取了完全不同的行动。从良心和真诚的角度而言，前后两种不同的态度皆发自柿见的内心。在这一点上，作者城山与柿见也很相似。讲谈社版的"后记"写道，《大义》一定程度地抨击了当时的军部领导层，而军部领导层对杉本中佐也很气恼。然而，柿见既然承认其对待天皇制的态度始终是出于自己的良心和真诚，那就应该批评《大义》中把虚拟的绝对者认定为真实绝对者的谬误，但他并未做到这一点。柿见曾经真诚地向往《大义》的世界，因此才会有其战后自我否定的苦恼。仅有少年时代的正义感和良心是不够的，因为这种正义感和良心须基于理性，否则其转向会成为非理性的跟风，会与古典转向一样在权力面前低头，战前、战时多属此类迫不得已的情况，因此不必苛责在战前强权下的失败。所以，要研讨的问题不是失败本身，而是失败后思想上是否发生了转向。战后则不然，只有理性认识以往的正义感和良心才能实现转向，否则其转向也会屈服于权力，既不是思想进步，也不是回归本然（"回心"）。《大义》的正义感结构，是日常与意识形态"矛盾的自我统一"（正好与西田哲学相反）。柿见在日常生活的世界里坚持正义，而社会上滥用权力欺凌弱者的现象比比皆是，朝鲜人、码头工人、贫穷佃户的孩子就是被压迫的对象。作品中没有说明柿见家属于哪个社会阶层，但从战后他家的田地被町长肥田占有都不敢出声的情况看，显然其家庭是受肥田压迫的小农，即便其父亲没有战死也没有反抗的能力，柿见对被统治者所蒙受的无端迫害肯定也感同身受，有同情心，并从小就产生了与强权做斗争的想法。柿见的这种日常感觉，构成了其正义感的组成要素。与强权对抗要依据有权威的理由（人类理性之法、自然法或者国家理由等），这种理由的选择要考虑社会性或知识性，要尽可能扩大自由社会的共识范围，让所有人能看见其必要性和可能性，从而实现高度的自主选择和自律思考。若此，则投向"大义"名分时出现谬误的可能性会大为降低。然而，害怕对抗的统治者选取了完全相反的方向，以致最后走向了太平洋战争时期的天皇制国家。在此期间，柿见的选择是坚持"大义"名分与强权斗争，成为《大义》宣扬的"一君万民主义"的信徒。"一君万民主义"的虚伪，不仅在于人上之人的说教，还在于不讲民主及不能自由批评一切权威和权力。尽管如此，这个主义依然成了柿见与日常世界的敌人即中间剥削者的强权斗争的武器。当然，这种斗争的结果是权力集中于一君及其心腹（侧近），中间权力者因"来自下层的"冲击而式微，这无疑是帮了圣上的大忙，总动员的发动也很顺利。下层民众以人民的名义或超越国家的理由为根据与当权者斗争，是圣上最害怕的，大正民主运动便是如此。大正民主运动与《大义》的主张原则性区别不大，甚至可以说除了部分的差异外基本相同。然而，正是因为部分差异所引起的社会功能差异巨大，社会走到了相反的方向。柿见的意识形态（从广义角度看）选择，其出发点上存在的些许谬误终而酿成了致命性错误。当然，这种社会责任不应由柿见承担，而应归咎于天皇制国家。

三 1952年的转向

柿见的转向之所以是自主性转向，在于他并非因接触占领军这一异质权力后才觉醒，而是在1951年占领军为其国家利益而转向反共、压制日本的民主主义运动，日本国内亦追随美国时，他与之对抗而发生了转向。柿见及其同代人是接触异质权力后才觉醒，这种非自主性令人叹息，但与前文谈到的战后国民动向如出一辙。在这种非自主转向已经发生但尚不成熟时，占领军的态度发生了一百八十度大转弯，从"革命独裁"变为"反革命独裁"。战后革命运动实际上不过是从属于占领政策的合作运动，然而参加革命运动的人并未意识到这一点，他们没有自主制定的目标，却还莫名其妙地陷入自恋，一门心思地要建立人民共和国。遭到占领权力的镇压后，战后民主运动只能凭借自身之力开展反抗权力的运动。当然，革命运动本该如此。当时，围绕运动的自主性问题产生了意见分歧，内部矛盾激烈，日本共产党"五〇年问题"便是集中体现。所谓集中体现，是指在日本战后民主主义运动中，同质的事物却暧昧地表现为分散的形式。从这种意义上说，为了推动自主运动，必须阐明"五〇年问题"。日本共产党是工人阶级的先锋队，因此更有责任阐明这一问题。然而，时至今日，这个任务还未完成，有关阐释还止于"零打碎敲"的阶段。

或许可以确认，在这场斗争中，战后革命运动的不同流派未能求同存异达成共识，因而无法形成合力。例如，德田和宫本的思考方式、文体、表达方式完全不同。前者体现了日本传统的庶民式民主，后者是一切行动遵循列宁和斯大林教导的严格的"原则主义者"。双方都认为必须统一思想，但一旦出现矛盾就无法调和。如此一来，在自主行动时，二人就如何行动的问题自然会产生分歧。在管控内部矛盾上，严格的"原则主义者"在"党的统一"原则下会抑制自我，任凭总书记决断。"庶民的大叔派"成为下级时是不会妥协的，因此矛盾无法化解。实际情况是，发生"五〇年问题"时，宫本是"下级"，因此一定程度上避免了矛盾激化。然而，矛盾不只存在于德田和宫本之间，我们不得而知的争斗最终还是酿成了众所周知的结果。原则主义者的自我抑制可以缓和矛盾，却不能决定运动的方向。在党的高层中，虽然矛盾有所缓和，但在出现党内斗争时，由于矛盾的症结无法客观反映，反而会引起混乱和主观厌恶情绪。马克思主义内部禁止个人决斗，但主观思想的对立必然受客观影响，无论铁托主义、托洛茨基主义，还是极左冒险主义、右翼民族主义，概莫如此。这也说明，某个思想体系的巨大优势，也可能受体状况的局限而产生机能上的最大缺陷。

　　在一片混乱中，井上光晴的表现令人瞩目。他善于独立思考，能站在人民的立场上对抗占领军的帝国主义权力和日本的国家权力，并且摆脱了党内"官僚制"的制约。1956 年，井上提出如下见解："坦率地讲，我很清楚党喜欢在主题和方法上有某种前瞻性的作品，但我做不到，因为我知道所谓具有前瞻性的作品是多么有害。不用前瞻也不用后顾，文学就是文学，文学的本质就是向人类和革命（不只是对党）展示未来的可能。历经三年的探索和坎坷，我总算首次推出了《长靴岛》这一跨入此种境界的作品。"① "文学"是井上精神思想（抽象的东西）与现实世界交融的具体支点，是为理想而战的需要。井上的"文学"如此，优秀文学家的"文学"如此，优秀学者的"学问"、优秀鞋店的"制鞋"、优秀职业革命家的"革命运动"也是如此。只是当下日本学者的"学问"与文学家的"文学"相比，往往更具现实性和具体目标。当然，"文学"的写实并不合理，若此井上的叙述会失去根据。经过艰苦探索，井上从"党的主义"中解放出来，其践行的"文学主义"认为党很重要，但"人民及其革命"更重要。

　　井上光晴在战败之年加入共产党，其本人说"入党的原因是当时只有20 虚岁"。② 井上原本完全不了解共产党及其反战主义，阅读中野重治的《雨中的品川车站》时才知道共产党的存在及其思想活动，当时的感受是"仿佛孩童开始记忆语言一样，所有事物都很新鲜，看什么都很新奇"。③他在中野的诗中发现了"真实的诗"。但是，井上和《双头鹫》的主人公野木深吉一样，"不知道自己向往的世界是什么样子"，"生于黑暗时期，法西斯的号令是摇篮曲"。井上在战败后四个月就加入了共产党，有其内在的原因。与柿见不同，柿见主要受《大义》的影响，井上则体验过更为混乱的战时生活，尽管柿见和所有日本人也都有过那样的生活体验。井上的成长过程中，有与朝鲜工人一起在煤矿中劳动的悲惨经历，因此才会认为不仅右翼不行，批判"一君万民主义"最高权力的伪民主主义（Illiberal

---

① 《长靴岛》发表于 1953 年。
② 年龄很重要。"20 岁不只意味着年轻，而且意味着要接受大日本帝国的征兵体检。"井上光晴「人間の生きる条件——戦後転向と統一戦線の問題」『書かれざる一章』あとがき。
③ 井上光晴「人間の生きる条件」『すばらしい人間像』まえがき。

Democracy）也不行，只有站在人民的立场上战斗才行。井上在煤矿劳动时学习了《小野圭的英语》，结果通过专业考试考上了七高。少年时代的井上肯定是想通过努力学习摆脱煤矿的悲惨生活。这种志在摆脱苦难、出人头地的想法，在地主、资产阶级、中产阶级上层乃至战前职业知识分子的子弟那里是没有的。

井上从"一君万民主义"转向共产主义，意味着否定了自己少年时期出人头地的欲望。他没有脱离煤矿的工友，而是把他们组织起来，一边忍饥食用"伶人草"，一边想着"为创造平等社会而贡献青春"。① 这种极力自我否定现世利己欲望的思想始终存在于井上的头脑之中。井上退党后，仍然坚持否定这种出人头地的利己主义。② 从这个意义上说，战后的井上并没有转向。这倒不是说其个性或感受丝毫没有变化。井上的精神体现了一种政治思想立场，那就是站在下层人民一边，同朝鲜工人联合，而这不正是典型的人民国际主义吗？这种国际主义，显然不同于日本统治者所理解的"留洋"即"国际主义"。

在极端民族主义（Ultranationalism）横行的战时日本，也有人发现了富有思想意义的国际化。例如，战前 I 氏在朝鲜成立工会后被关进监狱，在狱中遇到朝鲜的共产主义者，受其影响并成为同志。I 氏出狱回到日本时已经是战时状态，因为找不到工作，便在横滨做码头搬运工，与冲绳人和朝鲜人一起劳动。I 氏与这些人为伴，在生活的交流中成为彻底的国际主义者。战后，I 氏成为共产党员，不想在社会体制内生活，靠做些木匠的杂活为生。他之所以做出这样选择，与其战时的苦难经历有关。

井上的思想在战后也没有变化，他退党到东京成为职业作家后，特别担心自己的思想会因为成为"中央职业作家"而变化。其作品《饥荒的故乡》就显露了这种危机。井上没有描写平民的悲惨状态，而是写了劳动者在斗争失败后依然保持昂扬的态度。由于写作力度不够，其并未对九州煤矿工人的"片岛煤矿斗争"产生重要影响。井上光晴成为中央专职作家后，担心会失去与人民的联系，丧失作家的基础，显得很不自信。但是，

---

① 井上光晴『すばらしき人間群』。
② 井上光晴「あとがき」『ガダルカナル戦詩集』、1959。

这并不奇怪，在日本，有哪个作家会如此真诚地想与人民直接联系在一起呢？又有哪个作家会如此强烈地感受到"专家"的危险呢？专业的分工合作，有助于增加人类整体利益，但是一个特定的专业若脱离实际，对人类就没有意义，从而成为空洞而抽象的概念。对此，内村鉴三的认识得很透彻。他说："不能只做有信仰的人，要做有信仰的劳动者，做相信神明的农夫、商人、工人或者水手，不到万不得已不要做传播信仰的人，否则世界会变得危险且不健全。今天已没有传教士职业，只有信仰或只会劳动的人是不完全的，我很忌讳除了圣书和信仰什么都不懂的人。"[1] 内村信仰基督教，终身以传教为业。井上深知，若非不得已，不应成为"不完全的人"，然而，他被党驱逐，"万不得已地"成为职业作家后，感受到了这种危机，[2] 他的杰作《村泽窑之血》很好地表现了人类的颓废和罪恶如何支撑职业艺术家体内自然迸发的艺术至上主义。职业艺术家（学者也同样）只要坚持职守，自然会走向艺术至上主义。与其说是艺术至上主义，不如说是自我职业至上主义，而其他的一切将全部化为自己职业的手段。这就是专业，也可以说是专业利己主义。井上用小说表现了这种关系，从而正面冲击了小说的传统。他认为，为了"人类的解放"，为了这种"革命"，"必须豁出生命"，但不能容忍为了"文学"而杀人，不允许国家权力批评"文学"，否则就会阻碍人类的自由和解放。维护"文学"的自由，就是为了人类自由和实现自由的革命，如若颠倒二者的关系，就只能从专业利己主义的角度与国家权力统制斗争。这种斗争很有局限，这正是自然主义小说家们无法积极地抵抗日本帝国、只能消极封闭的原因。在《村泽窑之血》中，井上充分运用了内心对话的手法，引发了读者的自我反思，读者读了这篇文章后，往往会重新思考自己的过错，从而发挥一种宗教功能。当然，这不是现世利益宗教，毋宁说这部作品批判的是日本现世利益宗教的态度，因为这种态度支持了罪孽深重的职业利己主义。

　　井上对文学或专业有危机感，因此没有被卷入上述的"文学主义"旋涡，但是，脱党的转向显然使他内心不安。其脱党的心路历程，一定程度

---

[1]　内村鑑三『感想十年』。
[2]　收入井上晴人作品集《瓜达尔卡纳尔战役诗集》。

地反映在其作品集《未写的一章》《手推车与海鸟》，以及《夜》《手段》等作品中。其中《双头鹫》、《长靴岛》和文学评论《奇妙的友情论》等尤为出色。这三部作品要比《为写的一章》《生病部分》《夜》《手段》等更贴近社会的现实。诗集《优秀的人群》则清晰地展现了其内心焦虑的变化过程，这一过程与战后史及战后革命运动史（也可以说是民主运动史）的变迁是完全吻合的。

　　诗集《优秀的人群》的主题是这样确定的。首先，1946 年发表的诗集《伶人草》中描绘了战后日本资本原始积累时期的状况，中农以下的无产者既无黑市交易的资金，也无存款，挣扎在过一天是一天的艰苦生活里，其中有"幸福属于云上人"（《天上人》）的诗句。这里，已表现出其与上层阶级隔绝的意识。因为他们与靠吃"盐水蒲公英叶"过活的我们是不同的（《天上人》）。这是一种清晰的阶级意识，这种意识的产生，不是因为我觉得"我是无产阶级"或"我是资产阶级"，而是在无产阶级意识到了与资产阶级的对立之后才会成立，资产阶级也是在与无产阶级发生对立后，才有了身为资产阶级的意识。在此之前，资产阶级认为我们即世界，而不会认为自己只是世界的一部分。所以，资产阶级把自己视为市民。

　　井上及其类似生活状况的人产生的隔离意识，表明了阶级意识的产生。但是值得注意的是，诗歌《天上人》中并没有"资产阶级幸福"的诗句。诗歌《坂下门》中"仁德且和睦，宫城赤旗飘"的诗句，表达了井上作为无产者同包括天皇、新兴贵族及怀有新兴贵族精神的资产阶级相隔绝的意识。靠出卖劳动生活的人意识到了自己的生活状况，于是从社会下层萌生出阶级意识。十五年后的今天，资产阶级虽然不同于日本式贵族，但已傲慢地承认了这一现实。这种阶级社会关系明朗后，无产阶级将扛起社会发展的重任："我等是肩负着人类和世界未来的市民。"

　　1945 年至 1947 年是日本国民性阶级意识发展的具有划时代意义的时刻，井上也在其中发挥了自己的作用。

　　继反映出此种思想倾向的《伶人草》发表之后，井上的诗歌《人类》值得瞩目。倒不是说这首诗有多么高的造诣，而是说诗中反映了井上脱党后的思想，以及这种思想与其战时思想的关联。诗中写道，"工人也好，穷人也好，大家都是人"，不要"敲骨吸髓"，让他们"雪上加霜"。这与其战时所想的"一君万民主义"颇多相似之处。《伶人草》中就写道，"穷人也是臣民""部落民也是臣民""朝鲜人也是臣民"，所以不要让他们"雪上加霜"了。这里的用词是"也是"而非"是"，表明井上在战争时期的阶级意识还处于初级阶段。

在政治社会中，"也"在逻辑上处于从属位置。比之于对抗，具有劝解和安慰作用。即使怯怯地说出"部落民也是平等的下臣"，其逻辑本身也已经承认前"部落民"是作为"下臣"存在的。因此，在对抗的情况下仍然说"也"的人心地善良，无法对抗"我才是股肱之臣"的军国主义。战时的"一君万民主义"，只是动员国民的意识形态手段，"既然穷人也是平等的下臣，那就作为勇敢的士兵死在你的马下吧"。"天皇主义"有其固有的社会基础，对此体制外的人并不理解，他们在想"我也是万民中的一员"，实际上只能作为追随者被"股肱层"随意驱使，这就是"也"的问题的实质。

《伶人草》中的人文主义与"一君万民主义"有相似的结构，强调了人类的共性，这就导致井上在战后不能彻底"回心"。"烽火还未起"，用《伶人草》中《狼烟》的诗句来形容当时井上和日本人民的精神状态实在是太恰当了。因为"烽火"并未点燃，主流思想也不认为应该发动武装起义。从这个意义上来说，井上也是一个可怜的日本国民。

井上的这种"人"的观念，后来有所升华。《优秀的人群》主要收录其1947年和1948年上半年的诗，其中的《严酷之路》开篇写道："当然，一己之身亦不可忽视、不能忽视，然而必须忽视。"在这部诗集里，他有意识地不再使用"也"字，其歌颂的主角是与"人类"命运苦苦抗争的"工会组织者"。这些组织者是"优秀的人类"，是人中豪杰，"从来不为自己考虑"，因此能够代表人民。

今后，关于井上的研究拟从以下方面展开。一是在完成对井上诗集的时间段分析后，通过研读其《瓜达尔卡纳尔战役诗集》《虚构的吊车》《死者之时》等作品，追踪他脱党转向后的主要实现倾向及其社会影响。二是分析井上对于脱党的自我认识，追踪他回应各种脱党批评的思想指向。三是从人民、市民或国民的某一立场出发，明确区分投向统治者或统治体制立场的转向和人民内部立场的转向。当然，也会讨论党籍和个人思想变化之间的关系在战前与战后的差异。这样一来，也会涉及各种转向论的政治性社会功能问题。

（译者：石璞、纪雅琦、张用清，南开大学日本研究院博士生；

袁鸿峻、刘思岑，南开大学日本研究院硕士生。

校编：杨栋梁，南开大学日本研究院教授）

书 评

开国与改革多重协奏下的日本近代转型

—— 《讲谈社·日本的历史》第 9 卷《开国与幕末变革》述评

瞿　亮

以往人们更多关注的是明治维新之后日本在近代国家建设中的得失成败，但后来发现仅关注这一时段的历史，难以对近代日本兼具近代与前近代的双重性及其在"脱亚"与"入亚"中徘徊有整体性认识，也很难找到其由东亚一隅的小国转变为搅动世界大势的庞然帝国的内在动因。近年来学术界和民间进一步上溯，关注到在前近代并不耀眼的日本如何迅速地实现近代化转型，如何发挥其前近代积蓄的经济、制度及文化传统能量，在列强纷争的 19 世纪占有一席之地。国内先后引进翻译了威廉·比斯利《明治维新》、詹森《坂本龙马与明治维新》、唐纳德·金《日本发现欧洲(1720—1830)》、三谷博《黑船来航：对长期危机的预测摸索与美国使节的到来》、佐佐木克《从幕末到明治（1853—1890）》、坂野润治《未完的明治维新》等相关著述，中国的日本学界也对明治维新的双重性质、明治前后的国家构想、19 世纪世界局势对日本国内的影响展开了新探索，推进了对 19 世纪日本近代转型期的再认识。而《讲谈社·日本的历史》第 9卷，京都大学毕业、北海道大学教授井上胜生所撰《开国与幕末变革》（文汇出版社，2021，下引该书只注页码），则从 19 世纪日本的内外双重变局出发，打破以往研究关注精英与维新政府胜利一方的局限，试图从江户幕府、虾夷地、西方列强、东亚周边国家及民众运动多方面角度，还原天下泰平幕藩体制内部瓦解的历程，审视和批判以往以萨长中心史观、皇国史观为中心书写近代转型的不实之处，为重新认识日本近代化的起源提供了重要参考。

一　重新定位江户后期幕府的开国与改革

受明治以来《维新史》等强调近代日本迅速崛起和突出维新政府功绩的史著影响，"闭关锁国—佩里叩关—幕府屈从—尊皇攘夷—开国倒幕—王政复古"这条被建构的贯穿 19 世纪日本变革脉络，成为关于江户幕府崩溃和明治维新的通识。江户幕府在这条被建构的脉络中，一直以内政上顽固守旧、外交上卑躬屈膝的封建势力面目示人。

德富苏峰、和辻哲郎认为幕府锁国守旧致使日本错失雄飞海外良机；田口卯吉在《日本开化小史》中将德川幕府打上"禁锢人之天性、压抑人的欲望"的封建烙印；① 而《维新史》则痛陈江户幕府"内偷安耽享太平，外轻视外警"，②"至列强持武威来临，顷刻周章狼狈……察觉执政情势之穷迫，择开国通商之途径，其轻举专断致使议论纷争扩大至极"；③ 平泉澄将发动"安政大狱"的井伊直弼等幕政核心势力无视朝廷与列强签订条约视为专营自家私利、镇压爱国志士之举，认为这导致其面临尊皇倒幕时大势已去；④ 连诺曼的《日本维新史》也把江户幕府执政后期改革失败原因归结于封建派系斗争。⑤ 井上胜生该著却向读者展示了江户幕府开放且缜密，具有远识并通晓"万国公法"的国际规则，致力于近代化建设的改革先驱面貌。

该著序章开篇便强调了幕府主动应对 18 世纪末沙俄东扩，在疆域版图上做出了积极调整。此前，阿依努等民族在"虾夷地"等江户幕府管辖疆域以外的北方地区依靠海产品和毛皮自由生活，幕府意识到沙俄沿着堪察加半岛、阿留申群岛、阿拉斯加一路侵袭到达千岛群岛，得知沙俄成立俄

---

① 田口卯吉：《日本开化小史》，自写本，1884，第 16—17 页。
② 维新史料编纂事务局编《维新史》卷一，1939，第 393 页。
③ 《维新史》卷一，序言，第 4 页。
④ 《物语日本史》卷三，第 613—657 页。
⑤ 〔加〕诺曼：《日本维新史》，姚曾廙译，商务印书馆，1992，第 207 页。

美公司掠夺该地资源并与阿依努人围绕毛皮税展开争夺发生"得抚岛事件"后，改变原本宽松的"夷人制夷地"自治政策，主动将虾夷地列入直辖（第16—18页）。这实际上已经将平安时代以来处于版图之外的虾夷地区纳入本国疆域范围，与江户后期知识分子的"北方开发论"构想达成契合。它打破了近代日本塑造的幕府锁国偏安、闭塞无知的虚像，力图用事实证明面对沙俄早期威胁，幕府在第一时间就逐渐运用"万国公法"先占有属地原则，为明治时代设立北海道打下基础。从这一角度讲，幕府也是明治以来"海外雄飞"的始作俑者。

　　以往通说认为幕藩体制下的民众生活窘迫，无法超越低下的身份等级，幕府对于农民的严厉处置和压迫致使幕末他们与豪商追随下级武士配合了倒幕运动。但该著指出，基于江户初期业已具有地方农户可向幕府直接诉讼的下情上达基础，以及后期幕府应允的一系列取消行会和自由贸易原则，农户、下级村官已具有了权利意识。天保改革以后农民起义频发，也是因为农户通过有章法且破坏性不大的捣毁活动可以令幕府达成他们的诉求，即便起义失败对参加者的惩罚也相对较轻（第60—77页）。相较于长州藩严酷镇压处死奇兵队反叛者以及明治政府盘剥压榨农民，幕府相对宽松的对民政策给江户后期内外危机下的民众留下了多元表达（第336—346页）和上下互动的空间（第73—74页），这与明治之后国权至上、皇权毋庸置疑而民权萎缩的状况形成鲜明对比。井上用丰富的史料力图表明即便在内外交困的江户时代后期，权力相对中空的幕政结构也并没有将一元化的意识形态和不容置疑的绝对主义王权渗透至民间，这为民众的多层信仰和"改世运动"① 留下了空间，也为近代废除身份等级制之后人尽其才的社会变革积蓄了能量。

　　开国问题一直是日本近代史研究讨论的主线，常识认为美国佩里舰队

---

① 日文词为"世直し"，专指幕末到明治初年民众变革社会的意识与行动，强调它与江户时代农民一揆共同性的立场时常被称为"改革一揆"，强调与农民一揆异质的特征时常被称为"改革暴动"。原本是民众通过祭祀"改世大明神"表达不满，而后逐渐发展为对抗性暴动。幕末时期"改世运动"呼吁保护小生产者利益，对幕藩体制的崩溃起到了推动作用，到明治时代发展为对抗明治政府的反体制运动。参见佐佐木润之介『幕末社会論』（塙書房、1969）。

"黑船来航"的外力叩开了日本国门，幕府在列强压力之下被迫签订丧权辱国的条约，对外问题令幕府丧失权威，加速了幕藩体制的瓦解。[①]但井上胜生结合近来史料和研究论述证明，幕府不仅主动开国并力图维护国家利益不受损失，而且主导洋学事业，为近代化开辟新的道路，幕府的维新事业为明治时代的殖产兴业、富国强兵和修订条约打下基础。该著指出，佩里执意以为美国船只补给燃料和淡水为由催促日本开国，并借人道主义向幕府施压要求扩大通商口岸时，无论是担任"与力"的下级官吏中岛三郎助，还是负责谈判的林复斋，都根据兰学获取海外形势的知识，吸取中国鸦片战争的教训，在比较锁国令"国法"与万国公法后，运用谈判、礼仪和酒宴等各种手段极力做出各种周旋，降低了损失并为幕府与各藩争取了应对时间（第 164—187 页）。而在沙俄普提雅廷和美国哈里斯以威逼利诱手段进一步要求开国的压力下，幕府坚守有限度的开国底线，避免与列强开战遭到比清王朝割地赔款更为惨重的后果，最终日本虽开港，但列强船只的活动被限定在允许范围内（第 202—211 页）。井上认为，即便是井伊直弼签订系列条约之后，由于幕府的坚持与争取，通商条约中禁止了外国商社在居留地之外的经商行为，这种类似于今天的贸易保护壁垒举措，防止了以英国为首的列强的产品倾销，也为经营生丝、茶叶的豪商创造了进出口条件，这扭转了传统论调一味强调开国通商致使日本传统产业遭受毁灭性打击并给社会带来不安的片面印象（第 274—281 页）。

　　该著虽然通过各种史料与证据表明幕府通过与列强的外交斡旋和有限开国手段积极应对殖民危机，但也指出天保以来的历次改革因为权力内部失衡、难以统合民众和财政流失而最终失败，认为这最终导致引领实现近代化的主体转向天皇、朝廷和以萨长为首的维新政府。天保改革力图限制町人经济和市民娱乐活动以防止奢侈消费，并且将业已流动的农户限制在本村庄以确保上缴年贡，这种试图扩大财政收入、重建武家威信的措施反而加剧了幕府与商人、豪农、下级武士的对立，是其内部失去控制力的发端（第 124—132 页）。在沙俄、英国多次侵犯领海，打破锁国令以来的

---

① 〔日〕信夫清三郎：《日本政治史》第 2 卷，周启乾等译，上海译文出版社，1982，第 111—124 页。

"祖宗之法"时，幕府尝试调动各藩参与海防事业，企图强化中央集权，但由于建设炮台、派遣船只和巡防人手需要大量资金，幕府无力承担巨额财政开支，遂将重担转交各藩，遭到各藩联合其地方农户的集体反对，海防事业难有作为（第133—142页）。对外问题已经凸显各藩与幕府的紧张对立，幕府为排除非议并将贯彻祖法的权力集中于自身，处置、打击了大批异见人士，"蛮社之狱"致使高野长英、渡边华山相继死去后，看似集权加强却适得其反，迎来水户德川齐昭以攘夷为由力图影响幕政，也失去了部分有识之士的人心（第219—222页）。围绕将军继承人产生的派系斗争加剧了幕府内部的分裂，阿部正弘、川路圣谟、岩濑忠震、水野忠德等主张以开国促海防的幕府核心层与岛津齐彬、山内丰信等改革派大名联合拥立水户藩一桥庆喜，打算争取朝廷认可和雄藩参政，开展制度上大刀阔斧的改革（第222—224页）。而井伊直弼等却联合谱代大名力推纪州藩庆福，在庆福成为将军取得政治斗争胜利后，井伊直弼担任老中之后不仅压制处置一桥派，令幕府失去了大批稳健开明之士，而且其不顾朝廷反对私自签订条约的举动招致失势的改革派与志士借攘夷之名声讨施压，难以维系威信（第237—241页）。井伊发动"安政大狱"处死吉田松阴、桥本左内，反而令长州藩站在了倒幕第一线，也促使萨摩藩大久保利通、有马新七、松方正义等团结起来与岩仓具视接触，迈出"王政复古"的第一步。"樱田门外之变"不仅昭示着井伊失败身死，也将主持内政外交的合理性和主动权拱手让给天皇、朝廷和尊皇攘夷派（第241—244页）。

　　该著对幕府改革与开国的重新定位，一方面改变了幕府对内镇压、对外妥协的印象，另一方面也表达了在内外危机时代政府着力主导改革首先需要内部权力的集中和团结一致，在允许各方势力参与的新体制下开展各种近代化举措。否则，松散的权力、贫弱的财政、难以调度的军事力量和涣散的人心会加剧内外危机，旧制度的改革者也最终成为自己的掘墓人。

二　解构皇国史观和萨长中心论塑造的尊皇攘夷运动

　　明治维新确立了天皇专政体制，而为了从历史上找寻合理合法依据，保守主义的尊皇论者和政治精英们为了强化天皇政权和长州、萨摩等西南强藩在"王政复古"和"勤王倒幕"中的历史合理性，将幕末时期天皇和公卿塑造为强硬对抗西洋列强的贤君能臣，并将西南强藩主导并参与的尊皇攘夷运动构建为明治时代的国家精神底色。

　　随着日本的富国强兵和殖产兴业政策略见成效，大隈重信满怀自豪地通过《日本开国五十年史》宣传倒幕维新的改革伟业，甚至到战后国家重建稍有起色时，吉田茂《激荡的百年史——我们的果断措施和奇迹般的转变》依然盛赞以天皇为中心的维新政府带领民众激发了社会活力并令日本走向强国之路。① 战后马克思主义学者分析了日本资产阶级政权的确立过程，也突出强调以萨长为首的西南强藩结合以孝明天皇为首的皇室公卿以"尊皇攘夷"为旗号开拓出自强独立道路，最终推翻幕府建立维新政权，建立亚洲首个近代独立的民族国家。② 中国晚清以来的志士寻求救国图存方案时，也将萨长主导的日本明治维新模式视为对外抵抗列强的典范。③但该著认为，无论天皇、朝廷还是西南强藩，他们起初并没有近代民族主义式的抵抗外来列强的意识，孝明天皇是在对抗摄家鹰司孝通干预其政事中采取了攘夷立场，而长州和萨摩也仅仅是借尊皇和攘夷之名谋取政治活动主动权，岩仓具视不过是出于重新回到权力顶峰目的借天皇之名发布"王政复古"诏令，朝廷与西南强藩抗击列强的行动要远低于争权夺势、谋求利益的内斗。

　　自《禁中并公家诸法度》颁布之后，天皇与公家贵族集团的国家性职能被限定在改元、授官、祭祀和祈祷性活动上，几乎没有参与实际政治和外交的权限。④ 但佩里叩关后，幕府为了排除强硬攘夷派的阻挠，争取更多开国支持，老中阿部正弘主动向朝廷上呈美国国书，企望在朝廷应允批准的形式下与各强藩合作。但孝明天皇拒绝批准条约和绝不妥协的态度，

① 〔日〕吉田茂：《激荡的百年史——我们的果断措施和奇迹般的转变》，孔凡、张文译，世界知识出版社，1980，第 8 页。
② 〔日〕井上清：《日本历史》，闫伯纬译，陕西人民出版社，2011，第 193—204 页。
③ 《唐才常集》，中华书局，1980，第 98 页；《黄遵宪集》，天津人民出版社，2003，第 16 页；《蔡锷集》，湖南人民出版社，1983，第 17—18 页。
④ 〔日〕横田冬彦：《天下泰平：江户时代前期》，瞿亮译，文汇出版社，第 28—36 页。

就为改革派雄藩大名提供了联合朝廷向幕府施压进而贯彻他们主张的路径（第216—225页）。而孝明天皇在条约问题上明确表态与太阁鹰司政通对立抗衡，打破了德川家光时代以来幕府通过包括关白在内的五摄家监视、控制天皇和朝廷的格局，使得公卿逐渐聚拢在主张攘夷的天皇帐下，加强了朝廷内部的凝聚力（第226—235页）。正是孝明天皇在对外问题上显示出与幕府开国截然不同的强硬态度，也致使无法参与幕政的水户、长州、萨摩藩士，以及原本被排除在朝廷核心权力层之外的岩仓具视，以"王政复古"和"尊皇攘夷"为旗号，撬动权力底盘，掌握实权（第226—235页）。当德川庆喜主政，笼络公武合体派、英法列强和孝明天皇开展步骤有序的新政时，岩仓具视和萨长两藩再不能坐视朝廷大权旁落和攘夷势头陷入低谷。该著甚至指出岩仓毒杀不肯倒幕孝明天皇并假借睦仁幼帝之口发布"王政复古"政变密诏（第326页）。可见，井上胜生认为天皇、朝廷最初不过以攘夷为名行参政之实，他们只是凭借"神国优越论"和"国体论"来笼络幕政权力层之外的强藩、志士，并没有从海外形势的实际情况出发，为日本寻求合理对抗列强的方案。而当孝明天皇违背岩仓具视和萨长意志，令重新夺回政权良机消失时，他们甚至替换孝明拥立幼帝，为彻底贯彻倒幕夺权扫清道路。从这个意义上说，企图以攘夷夺权的朝廷反而被萨长和岩仓具视等公卿裹挟，为近代之后元老和藩阀主导政治埋下伏笔。

全书多处致力于揭破《维新史》塑造的萨摩、长州"尊皇攘夷"神话，认为萨长主导的倒幕维新之所以成功，并不在于他们比幕府具有更长远、更稳健的国家构想和更有利于日本的外交手腕，而是他们自藩政改革以后长久把持专属贸易、聚敛财税、举贤任能和改变策略争取同盟。具体到萨摩而言，自天保至安政时期，藩内打破身份等级制度，任用调所广乡进行税制和债务改革，减少了财政负担，并通过黑糖专卖制度和走私贸易获取巨额利益，兴办工厂和购买武器（第226页）。正因为萨摩具备雄厚的硬实力，无论岛津齐彬借攘夷参与幕政，还是岛津久光主导公武合体，萨摩始终距离朝廷、幕府的权力核心最近，成为影响攘夷与开国势力走向的最大势力。而当德川庆喜的开国举措和列藩公议政治体制令萨摩利益极大受损时，西乡隆盛和大久保利通领衔，立刻转变立场与幕府决裂，走向萨长同盟并左右了倒幕时局（第 316—319 页）。井上还指出，尽管发生过萨英战争，但影响萨摩政治动向的并非攘夷，而是政治权力和经济利益。相比 19 世纪的萨摩在政治中居于核心位置，长州起初被排斥在幕政外。经过能力主义居优位的人事改革，聚拢了村田清风、周布政之助、木户孝允等对藩政"精勤专一"的贤才（第 155—160 页），利用长井雅乐"航海远略策"从贸易中获取实利，为藩内的军队建制打下了基础（第 248—251页）。为了在内外时局中发挥作用，长州才借攘夷谋取政治资本，而从久坂玄瑞到"天诛党"的极端主张和暗杀行动都力图借勤王旗号与幕府对抗（第 259—268 页）。井上批评长州鼓动刺杀和违反万国公法袭击美国商船属于鲁莽之举（第 259—268 页）。他还指出高杉晋作组建奇兵队虽然声称"草莽崛起"招募农、商入伍接受严格有素的训练，但其实施严酷的镇压处刑和灌输"神风"观念进行集体洗脑令其倒幕活动具有不光彩的一面（第 305—314 页）。从井上的论述可以看出，日本近代陆军的前身长州奇兵队，在草创阶段就带有严苛的压迫性质和对内暗杀、对外袭击的极端主义色彩，近代日本陆军的种种专制、侵略极端活动是其延长线上的进一步扩大。

通过该著可以看出，纵观朝廷和萨长两藩 19 世纪的发展动向，"攘夷"只是他们排斥幕府、自身进入权力决策核心层的方式，"尊皇"也不过是聚拢人心、号令天下的手段。在对外问题方面，朝廷和萨长采取的激进攻击策略与压迫手段，较之尽量避开冲突为渐进改革争取时间的幕府更为逊色。而在对待民众上，也并未如《维新史》所言通过宣扬不屈民族气节和崇高攘夷理念，令广大农民、商人加入其中。从井上的论述可以看出，以往史著强调的萨长和朝廷"尊皇攘夷"运动作为东亚早期民族主义崛起的意义并不凸显，其"救国济民"性质也大打折扣，这与近年来中国学界关于明治维新给日本带来正负双重效应的研究相吻合。①

---

① 杨栋梁：《权威重构与明治维新》，《世界历史》2019 年第 2 期；武寅：《明治维新给世界双重震撼》，《南开日本研究（2018 年卷）》，天津人民出版社，2018，第 3—9 页；宋成有：《明治维新若干问题的再思考》，《日本学刊》2019 年增刊。

三 19世纪多重势力协奏视角下的新旧交替观

该著的另一大亮点是突破了传统史著聚焦于佐幕开国和"尊皇攘夷"两大势力的角逐，而将物产资源、北方少数民族、周边国家、西方列强、各阶级民众也纳入近代转型视野，认为在多重势力相互作用与影响下完成的日本政治体制、社会结构、疆域版图、对外关系等方面新旧交替，不只具有进步性，其相比江户时代的负面影响也不容小觑。

物产资源是19世纪各国角逐东亚的重要动因，也是促使幕藩各势力改变路线的关键。该著开篇就指出包括今天库页岛、千岛群岛、北海道在内的虾夷地盛产毛皮和各类海鱼，其本身可观的贸易利润和副产品带来的农业价值，牵动沙俄和幕府加剧在该地的角逐。原本在松前藩半自助半管理的"商场知行制"下，阿依努人进行有限有节制的开发与活动，通过肥料、鱼类、毛皮贸易，阿依努人在环霍克兹克文化圈中发挥着核心作用。无论遭遇幕府、松前藩还是沙俄威胁，阿依努人都会牺牲巨大代价去进行反抗，未失去其民族活力（第6—12页）。但幕府和俄国双方意识到该地的重大经济价值后，都加大了开发与争夺，沙俄趁机反复向幕府施压要求其开国，致使幕府直接将其纳入版图，以阿依努为首的"北方民族"失去了自主性。对当地居民而言，新旧交替让他们被迫绑定到日本近代国家的发展轨道上，无法再自由静谧地支配原属于自己的土地和资源（第6—12页）。

棉花和生丝是豪农豪商利用开国的契机发展壮大的重要物资。该著通过数据和图画史料分析得出，自18世纪起日本近畿地区的手工业者就逐渐雇佣劳力进行纺织生产，随着规模不断扩大，已经培养出娴熟的纺织工人并进行了一系列机械化革新，只是因为以米粮实物为主的年贡经济和有限贸易政策，如此成熟的产业才不得不局限于国内市场（第25—43页）。到横滨成为通商口岸后，豪商和冒险商云集港口，他们趁美国南北战争和欧洲蚕种匮乏之机大量出口棉花和蚕种，出现垄断格局并吸引幕府和三井豪商投资，这为明治时代以纺织业为首的"殖产兴业"打下了坚实基础（第

25—43 页）。井上认为，有了以上工业基础加上对外通商条约中保留了"民族贸易壁垒"，幕末时代的日本工商业已经具有抵抗外来产品和资本的实力，并不像传统论调所称开国通商使日本传统产业遭受毁灭性打击（第 279—280 页）。这也从某种程度上解释了为何幕末时代日本虽与印度、中国一样被迫开国，但在新旧政权交替的不到二十年时间内就建立了政府主导型工业体系。

以往研究比较分析明治维新和洋务运动成败时，多关注中日政府和知识分子对西方文明的取舍。该著认为，列强在日本的殖民步伐远远小于中国，这为幕府和维新政府提供了发展机会。沙俄自 18 世纪后期起就频繁要求幕府开国，但距离遥远加上拿破仑战争和克里米亚战争的牵制，零星的威胁和开国诉求对日本实际影响尚小，还促使幕末民间和官方通过强调俄国外患扩大了开发和吞并北方的野心（第 108—112 页）。美国佩里舰队首先通过军事威胁打开日本国门，但在添加了捕鲸船只燃料、得到生活补给和片面最惠国待遇，商品通往太平洋地区的窗口打开之后，由于南北战争和"南方重建"，其对日殖民步伐也减缓（第 196—199 页）。英国虽然也加入开放日本通商口岸行列，但太平天国运动、克里米亚战争需要利用日本为其提供助力。而法国在协同英国限制沙俄的同时，与幕府进行了武器和技术人员交流（第 190—196 页）。因此，井上胜生认为，相较于中国在鸦片战争之后付出的巨大代价，幕府广泛获取列强侵华情报做出主动妥协，以及萨长等强藩利用列强军火商的谋利本质大量购置武器，使得幕末日本殖民危机并不如《维新史》强调的那么严重（第 285—286 页）。而当列强意识到攘夷战争并干预倒幕运动时，维新势力具有先进舰炮和民众参与的新式军队已足以排除外来干涉，与列强谈判解决国内政权更替问题。

而自天保改革以后，生活受到豪商和武士挤兑的小百姓与佃农不断进行有组织有章法的上告和起义，井上通过图画资料证明江户时代后期的底层民众并非被动、盲目的（第 77—98 页）。而在奇兵队宣传的打破身份等级和改善境遇之下，部分民众原本温和有序的起义逐渐卷入攘夷和倒幕的流血牺牲中，由于民众和攘夷志士在目标上的分歧，加入奇兵队的许多士兵因不满待遇而脱队和起义，在长州采用极为严酷的镇压方式后才有所收敛，但各种捣毁起义一直持续到自由民权时代（第306—310页）。尽管如此，民众活动尚且未被统一思想统合，幕末的民众反而是以多元宗教和捣毁起义的方式进行"改世运动"，未如同近代天皇制确立之后接受"皇国思想"熏染的民众那样一致地支持并投入战争（第306—310页）。

四　结语

在战后民主化、近代主义语境下，欧美和日本学者关注到日本江户时代的历史发展具有一种异于欧美近代化的发展路径，尤其是箱根会议之后，思想史学界逐渐肯定江户时代与近代世界的对接性和连续性。如丸山真男突出了其类似于西欧主客二分、合理主义和民族主义；① 子安宣邦则认为"作为方法的江户"构建了与西欧和明治日本不同的另一条近代化路径。② 受到此学术思潮的影响，历史实证派亦通过大量史料证明，江户时代日本已经发展出成熟的都市、绚烂的市民文化、发达的学术体系和文教水平。而井上胜生该著则是在此延长线上，认为19世纪的日本自身孕育了近代的因素，对幕府在开国后的外交做出了正面评价，反而对朝廷和萨长等雄藩仅为谋求政治主导权的尊皇攘夷和倒幕进行了批评。实际上，这与三谷博主张幕府是近代化先驱、③ 佐佐木克揭示破约攘夷与夺取政权关系有类似之处，④ 反映出战后日本史学界进步人士在反思明治以来的"脱亚入欧"、富国强兵和对外扩张政策时，赋予了江户幕府异于帝国日本发展路径的意义。然而，近代尊皇论、国体论、主权疆域意识和扩张思想亦形成于江户时代后期，井上略去了本居宣长、本多利明、佐藤信渊、吉田松阴等对近代日本国家意识产生关键作用的人物及主张，是该著的一大遗憾。但正因为

① 〔日〕丸山真男：《日本政治思想史研究》，王中江译，三联书店，2000。
② 〔日〕子安宣邦：《江户思想史讲义》，丁国旗译，三联书店，2017，第8页。
③ 〔日〕三谷博：《黑船来航：对长期危机的预测摸索与美国使节的到来》，张宪生、谢跃译，社会科学文献出版社，2017，第267—274页。
④ 〔日〕佐佐木克：《从幕末到明治（1853—1890）》，孙晓宁译，北京联合出版公司，2017，第105—117页。

像井上这类著述的翻译出版，中国读者们看到了旧制度、旧统治者的维新面，更期待有新的研究著述来揭示日本近代转型的新旧交替中复古倒退与进步革新的力量角逐，揭开决定新旧力量变化那个"执拗低音"的面纱。

（瞿亮，湘潭大学哲学与历史文化学院副教授，

湘潭大学东亚研究中心研究员）

Contents

History and Culture

Unbalanced and Out of Control of Military Power: The Disintegration of
Japan's Military-Administrative Parallel Mechanism Before the July 7 Incident

Wang Xiliang

Abstract: Since the Meiji era, under the rule of "Independence of the Supremacy" and the regulations of the Meiji Constitution, Japan implemented a military-administrative parallel mechanism. However, this parallel mechanism had been always under constant impact with changes in the domestic and international environment. In the Huanggutun Incident in June 1928, the Kwantung Army blatantly violated the decrees of the government and diplomatic agencies, setting a precedent for troops stationed abroad to defy decrees, which also meant that the military-administrative parallel mechanism was challenged by military power. In 1930, taking the signation of the "London Disarmament Treaty" as an excuse, the Japanese military and social right-wing forces set off a controversy over the "Independence of the Supremacy". Following this, the "National Transformation" movement centered on the elite factions of the army and navy and the young soldiers, planned a series of military coups and violent terrorist activities aimed at establishing a military dictatorship, such as the "March Incident", the "October Incident" and the "May 15th Incident", etc., severely damaged the authority of the constitutional system and led to the collapse of the political party and cabinet. The "September 18 Incident" that broke out during this period was an actual combat which the Japanese military contempt for the regime and even kidnapped the regime. When the "February 26 Incident" broke out in 1936, the constitutional system existed in name only, and the military-administrative parallel mechanism disintegrated. The above-mentioned major historical events between China and Japan that seem to be "isolated" are not only an important node in the disintegration of the parallel mechanism of Japan's military and government, but also show a hidden clue, which outlines the historical trajectory of Japan's military power from imbalance to out of control. It is precisely in this way that before the July 7th Incident, Japan's military-administrative parallel mechanism finally disintegrated, and the military dictatorship cabinet came to power. Through which, Japan constructed a command tower for a quasi-wartime system from the national system level.

Keywords：Parallel Mechanism between Military and Government；"Independence of Supremacy"；"National Transformation Movement"；February 26 Incident

Hubei Government's Loan from Japan in the Early Republic of China： Centered on the Negotiation between Li Yuanhong and Nishizawa Kimio

Yan Longlong　　Qiu Peiwen

Abstract：With the advance of the revolution, Hubei began to face a financial shortage after the Wuchang Uprising. In order to relieve the financial dilemma, Hubei governor Li Yuanhong planned to borrow money from Japan with Hubei government-owned mines as collateral. To ensure Japan's monopoly position in this area, Nishizawa Kimio, as Japanese stationed in Daye technician, actively instigated Japanese high-level activities of loan-launching. However, the plan was exposed by public opinion and eventually failed. At least three points can be found through the investigation of the negotiation activities between the two in the relevant Japanese references：Firstly, the Japanese technician Nishizawa Kimio actively engaged in the loan to Li in order to absolutely monopolize Daye iron mine. Secondly, in the early years of the Republic of China, although the Japanese Ministry of Foreign Affairs and the Ministry of Agriculture and Commerce had differences on China policy on the surface, it was logical for both sides to grab benefits from China. Thirdly, the awakening of patriotic consciousness of Chinese people and the strengthening of public opinion power during the Great Revolution were the principal reasons for preventing the establishment of the loan.

Keywords：The Revolution of 1911；Li Yuanhong；Nishizawa Kimio；Loan From Japan；Daye Iron Mine

The Policy Fundament for Postwar Japanese Employment System: Based
on "the Three Labor Acts" and "the Three Employment Acts"

Kang Xuezhen

Abstract: After World War Ⅱ , Japanese economy got almost destroyed. With the quantity of domestic unemployed population and that of people retreating from overseas rocketing suddenly, productivity stagnated, and labor market failed to function. Under the GHQ's domination, Japanese government implemented a series of democratizing actions and, in the meantime, formulated and carried out a series of policies and laws. During this period, "the three labor acts" and "the three employment acts" set a crucial policy and law fundament for the formation of modern labor-management relations and employment system in Japan, as well as the fundamental framework for postwar Japanese employment system. Specifically, "the three labor acts" and "the three employment acts" played their roles in different ways. The former aimed to adjust and balance the labor-management controversies so as to make them arrive at an agreement. The latter affected the labor market outside firms and allowed government to directly intervene the labor market and adjust the labor allocation under the condition of labor market failure, becoming the center pillar of postwar Japanese employment security management with significance of stabilizing employment and occupational lives. Not only did these employment policies contribute to the fundamental framework of postwar Japanese employment system but also formulated the Japanese giant enterprise internal life-time employment system, which therefore set the institutional fundament for Japanese economy to get rid of the chaos of the early post-war period, achieve independent economic development and enter the phase of industrialization and rapid economic growth.

Keywords: Employment System; "The Three Labor Acts"; Labor Relations; "The Three Employment Acts"; Unemployment Insurance

Japanese Imperial Succession: Multi-Cognition and Conservative Measure

Xu Wansheng   Zhang Yuxin

Abstract: From the perspective of multi-cognition, the Japanese people discussed a lot about the succession issue in the Japanese imperial succession in 2019. A vast majority of Japanese people support the retirement of the Emperor of Japan and want to make the retirement a normal procedure. Thus, the Japanese government complied with the aspiration of the people and made a "special law" to empower Emperor Akihito's retirement. The Japanese government has been attempting to make appropriate institutional mechanism to relieve the burden of the emperor, which triggers many social discussions. Meanwhile, to guarantee the stable succession of the imperial throne, debates surrounding the establishment of empress or choosing the emperor from the maternal side are renewed. It is suspected that the enthronement ceremony violates the constitutional principles of the separation of religion from politics, popular sovereignty, gender equality and so on. These discussions and debates, to some extent, will continue to influence the reform of the emperor system of Japan.

Keywords: Emperor System of Japan; Emperor of Japan; Imperial Succession; Japanese Imperial Family

On the Japanese Writing of Chinese Female Writers since the 1990s

Chen Xiao

Abstract: Since the 1990s, in the group of female writers in China, some people have observed, compared and evaluated the customs and systems, policy and ideological culture of Japan through their survival experience and cultural awareness in China. For example, the works of female writers such as Ye Guangqin, Meng Qinghua, Wang Anyi, Kong mingzhu, Lin Qi, Tie Ning, Chi Zijian, Pan Xiangli, Tang Xinzi, Su Zhenshu, Fang Xuefei and other female writers have a lot of content involving Japanese writing. Among these works that reflect the image of Japan, there are not only the portrayal of Japanese characters and the depiction of Dongying scenery, but also the description of Yamato folk customs and the writing of Fuso art and daily life. Besides, it reflects the author's unique "otherness" experience of living in Japan. The interculturality provided the possibility for the writers to investigate Chinese and Japanese culture in the way of conflict and mutual respect while maintaining the independence of their own culture.

Keywords: Female Writers of Chinese; Japanese Writing; Interculturality

《南开日本研究》稿约

南开大学日本研究院学术集刊《南开日本研究》诚邀学界同人投稿。

《南开日本研究》(集刊) 1996 年创刊,迄今已出版 27 辑。从 2022 年起,本集刊从一年一辑改为一年两辑(第 1 辑和第 2 辑),敬请学界同人多多支持,共同促进中国日本研究事业的发展。

本集刊设有日本历史、日本政治、日本经济、日本社会、日本思想及文化等专题研究栏目,以期为中国的日本学研究者提供一个公共学术平台。

本集刊稿件篇幅一般为 1 万字左右,观点新颖并有理论深度的学术论文不受字数限制。稿件一经采用,即致稿酬。

投稿时请注意以下要求(注释规范等详见《南开日本研究》论文技术处理规范):

1. 请附 300 字左右的中、英文内容提要以及 3—5 个关键词。

2. 请使用中文简体 word 文档,A4 幅面,5 号字,固定值 18 磅行距。

3. 注释请使用脚注,格式一般为作者、书名、出版社、出版年份、页码。

4. 注释中引用外文文献时请按照外文规范直接使用原文。

5. 如属课题项目成果请注明课题项目名称及项目号。

6. 本集刊实行双向匿名审稿制度,来稿请用电子邮件发送,论文请加封面,注明中文标题及作者的姓名、工作单位、职称(或职务)、通信地址、邮政编码、电话、电子信箱等。正文部分不得出现上述信息,不要出现作者署名及其他有关作者的信息(包括"拙著"等字样),以便于匿名评审。

联系地址：300071，天津市南开区卫津路 94 号，南开大学日本研究院《南开日本研究》编辑部。

投稿邮箱：nkrbyj@ 126. com。

联系电话：（022）23505753。

图书在版编目（CIP）数据

南开日本研究. 2023 年. 第 1 辑：总第 28 辑 / 刘岳
兵主编. -- 北京：社会科学文献出版社，2023.5
ISBN 978 - 7 - 5228 - 1897 - 9

Ⅰ.①南⋯　Ⅱ.①刘⋯　Ⅲ.①日本 - 研究　Ⅳ.
①K313.07

中国国家版本馆 CIP 数据核字（2023）第 091694 号

南开日本研究　2023 年第 1 辑（总第 28 辑）

主　　编 / 刘岳兵

出 版 人 / 王利民
责任编辑 / 邵璐璐
责任印制 / 王京美

出　　版 / 社会科学文献出版社·历史学分社（010）59367256
　　　　　地址：北京市北三环中路甲 29 号院华龙大厦　邮编：100029
　　　　　网址：www. ssap. com. cn
发　　行 / 社会科学文献出版社（010）59367028
印　　装 / 三河市龙林印务有限公司

规　　格 / 开　本：787mm × 1092mm　1/16
　　　　　印　张：15　字　数：224 千字
版　　次 / 2023 年 5 月第 1 版　2023 年 5 月第 1 次印刷
书　　号 / ISBN 978 - 7 - 5228 - 1897 - 9
定　　价 / 89.00 元

读者服务电话：4008918866